AtV

Netty Reiling, die sich später Anna Seghers nannte, wurde 1900 in Mainz geboren. 1920–1924 Studium in Heidelberg und Köln: Kunst- und Kulturgeschichte, Geschichte und Sinologie. Erste Veröffentlichung 1924: »Die Toten auf der Insel Djal«, 1928 »Aufstand der Fischer von St. Barbara«, Kleist-Preis. 1933 Flucht über die Schweiz nach Paris, 1941 von Marseille nach Mexiko. 1943 schwerer Verkehrsunfall. 1947 Rückkehr nach Berlin. Georg-Büchner-Preis. 1950 Mitglied des Weltfriedensrates. 1952–1978 Vorsitzende des Schriftstellerverbandes der DDR. Ehrenbürgerin von Berlin und Mainz. 1983 in Berlin gestorben. Zu ihren bekanntesten Romane gehören u. a.: Die Gefährten (1932); Der Kopflohn (1933); Das siebte Kreuz (1942); Transit (1944); Die Toten bleiben jung (1949); Das Vertrauen (1968). Essayistik und zahlreiche Erzählungen, u. a. »Karibische Geschichten« (1962).

Fakten und Persönlichkeiten dieser Antillen-Novellen sind historisch. So steht in der ersten Erzählung Toussaint Louverture im Mittelpunkt, der die Befreiung der Negersklaven auf Haiti zur Zeit der Französischen Revolution anführte. Während in Paris die Trikolore wehte und der Konvent die Leibeigenschaft abgeschafft hatte, war in den französischen Kolonien alles beim alten geblieben. Welches Mißtrauen fanden die beiden vom Konvent entsandten Komissare auf Haiti vor, welche Hürden hatten sie zu nehmen, ehe der zündende Funke der Sklavenbefreiung auf die anderen Inseln der Karibik übersprang. Von der Wiedererrichtung der Sklaverei auf der Insel Guadeloupe, vom Widerstand der in die Berge geflüchteten Neger berichtet die zweite Erzählung. Die dritte führt auf die Insel Jamaika. Es ist die Geschichte einer Freundschaft zwischen zwei Weißen, die, von den Ideen der Französischen Revolution begeistert, für die Sklavenbefreiung kämpfen. Doch der geplante Aufstand scheitert, noch ehe er zum Ausbruch kommt.

Anna Seghers

Karibische Geschichten

Aufbau Taschenbuch Verlag

Mit einem Brief von Anna Seghers
zur Entstehung der Antillen-Novellen

ISBN 3-7466-5154-9

1. Auflage 1994
Aufbau Taschenbuch Verlag Berlin

Reihengestaltung nach einem Entwurf
von Sabine Müller, FAB-Verlag, Berlin
Umschlaggestaltung Torsten Lemme, Berlin
Satz LVD GmbH, Berlin
Druck Elsnerdruck, Berlin
Printed in Germany

Inhalt

Die Hochzeit von Haiti

I

Die Juweliere Nathan und Mendez standen am Kai von Le Cap und warteten auf die »Trianon«. – »Da ist sie«, sagten die schwarzen Dockarbeiter. Die beiden Alten starrten das Pünktchen an, als könnten sie es vom Horizont abpflücken. Das Karibische Meer, grausam blau, stach mit Pfeilen aus Licht in ihre Augen zurück. Sie hockten sich in den Schatten zwischen die Lagerhäuser.

Der Vater Nathan stand von Zeit zu Zeit trotz der Hitze auf, um festzustellen, ob man die Maste schon unterscheiden könnte. Der Westen trennte sich widerwillig von dem, woran ihre Herzen zwischen Himmel und Wasser am meisten hingen. Das war für Nathan der einzige Sohn, für seinen Schwiegervater der Enkel und was er brachte: eine Sammlung von Edelsteinen, der Grundstock ihres Besitzes, der in den unruhigen Zeiten hier auf der Insel am sichersten war.

Michael Nathan war in Paris geblieben, als Großvater, Mutter und Schwestern vor zwölf Jahren dem Vater nach Haiti nachreisten. Er sollte daheim erzogen werden und den Brillantenhandel lernen. Ihr vornehmster Kunde, Graf Evremont, hatte zwei Jahre zuvor den alten Nathan zu seiner Hochzeit bestellt mit einem besonders kostbaren Schmuck für die Braut. Er war allein durch die Mitgift zu einem der reichsten Grundbesitzer der Insel und dadurch zu einem der reichsten des französischen Königreiches geworden. Er hatte Nathan die sichere Ablieferung und die etwa von der Braut gewünschte Änderung anvertraut. Nathan hatte bei dieser Gelegenheit eine

Anzahl in der Bestellung nicht vorgesehener Steine mitgenommen. Die Stadt war reich und kauflustig, es wimmelte von gelandeten und gestrandeten Edelleuten. Die Söhne einiger guter Familien spielten hier von neuem die Rolle, die sie sich in Frankreich durch Liebes-, Geld- und Ehrengeschichten verscherzt hatten. Die Reste alten Besitzes wurden vorzüglich in Plantagen angelegt, in seltsamen, daheim zweideutigen, hier geläufigen Kolonialgeschäften. Man ließ seine Kinder oft in Frankreich erziehen. Man fuhr, von neuem zu Geld und Macht gelangt, auf Besuch nach Hause, man ging dort mit seinesgleichen zu Hoffesten, man kehrte nach Haiti zurück, um sich auszuruhen und mit den Verwaltern abzurechnen. Seit man in großem Maßstab, unter restloser Ausnutzung schwarzer Sklaven, Kaffee und Zuckerrohr pflanzte, war auf dem französischen Teil der Insel das häusliche Leben in den Gutshäusern so ausgeklügelt, so abgewogen, daß man, damit verglichen, sogar in Paris manche Annehmlichkeit entbehrte. Die Frauen und Töchter erinnerten gar nicht mehr an die Frauen und Töchter der ersten französischen Siedler. Um der Ansiedlung nachzuhelfen, hatte Paris damals die Insassinnen der Salpeterie, die wegen allerhand Diebstahls- und Prostitutionsdelikten bestraft worden waren, auf die entlegene Insel verfrachtet. Die Nachfolgerinnen schaukelten sich in Hängematten zwischen Decken und Dielen der Gutshäuser. Sie waren verblüffend weißhäutig unter der rasenden Sonne geblieben. Aus den Maschen der Hängematten guckten Zehen und Finger und Locken und rosa und gelbe Seidenwölkchen hervor. Pariser Schnittmuster fanden rascher Absatz als sonst ein Heimatprodukt. Die Haussklavin, die ihre Herrin mit einer Tasse Kakao oder Kaffee, mit einem Fächer oder mit einem Fliegenwedel bediente, fürchtete sich, etwas falsch zu machen oder zu verschütten. Ein geringes Versehen hieß, zur Feldarbeit versetzt zu werden, wenn nicht halbtot geschlagen. Sie bestaunte zugleich das unerklärliche weiße Weiß, dem man kaum zutrauen konnte, daß es dazu da war, noch einmal ähnliche Engelein zu gebären.

Die Hausbesorgerin des Gutes Evremont trat unter dasselbe Vordach, das die zwei Männer beschattete. Sie war selbst eine kräftige junge Frau gewesen, als sie geholfen hatte, ihre siebzehnjährige Herrin für die Hochzeit einzukleiden. Jetzt war sie vorzeitig alt. Ihr Gesicht war genauso gefältelt wie ihr Kopftuch. Sie verbeugte sich vor den Männern, weil sie ihnen als Schwarze im Rang unterlegen war, aber ohne Regung in ihrem ohnedies harten Gesicht, weil sie in diesen zwei jüdischen Händlern die kleinsten der »kleinen Weißen«, ihrem Herrn an Rang tief unterlegen, begrüßte. Ihr Rücken war auch sofort wieder stramm. Das Alter würde ihn kaum beugen; erst recht nicht die harten Schläge, die sie in ihrer Jugend empfangen hatte, als sie selbst noch leichtsinnig gewesen war. Sie pflegte die jungen Sklavinnen anzureden, wenn sie aufbegehrten: »Ihr dummen Dinger, seht mich an! Was habe ich früher alles im Hause Evremont ausstehen müssen! Ich kann mich erinnern, was mir geschah, als ich vor fünfzehn Jahren bei einem Fest mit einem Kaffeetablett ausrutschte. Man band mich im Hof fest und peitschte mich bis aufs Blut. Und als ich vergessen hatte, verwelkte Blumen auf dem Spinett der gnädigen Frau rechtzeitig mit frischen auszutauschen. Weil mir dasselbe schon einmal passiert war in meiner Vergeßlichkeit, machte man mir einen Kranz aus den welken Blumen und knüpfte mich an den Pfahl in der prallen Sonne. Ich lag wie tot, als man endlich abends die Stricke durchschnitt. Ja, damals, ihr jungen Dinger, damals hab ich aufbegehrt, wie ihr es jetzt tut bei jedem Dreck. Ich habe geschrien und geflucht; ich habe auf meine Herrin geflucht und auf alle Herren. Und einmal sogar auf ihren Gott. So hab ich ihn damals in meiner Erbärmlichkeit genannt, unseren Heiland, ›ihren Gott‹. Das ist zum Glück nur dem Vater Jusieux zu Ohren gekommen und keinem anderen, dem gütigen Vater Jusieux, der gerade bei unserem

Herrn Grafen zu Gast war, um seine Bibliothek zu ordnen. Er ist nicht davor zurückgeschreckt, in unser Quartier herauszukommen und meine Hand in seine zu nehmen, meine elende, schwarze Hand, und mich sanft zu ermahnen, wie mich mein leiblicher Vater nie ermahnt hätte. Was ich mir denn bei diesen schrecklichen Worten vorgestellt hätte: euer Gott. Gerade für eine wie mich, für mich, für mich sei ER gequält worden und gegeißelt unter Pontius Pilatus und ans Kreuz geschlagen. Was mir widerfuhr, das sei ja eine milde Strafe für meine eigene Schuld, mit den Hieben verglichen, die ER schuldlos empfangen hätte, freiwillig, um meine Seele zu retten. Der Vater Jusieux hat sich auch nicht gescheut, mit der gnädigen Frau zu sprechen. Er hat auch ihre weiße Hand in seine genommen, wie ein Vater die Hand seiner Tochter. Bedenkt doch, ihr Mädchen, an einem Tag zuerst meine schwarze Hand und dann ihre weiße, als seien wir beide seine Töchter. Er hat sie auch ohne Scheu angeredet, genau wie mich: ›Meine Tochter. Lassen Sie doch dieses unwissende Kind nicht noch einmal büßen für Worte, deren Sinn es gar nicht verstehen kann. Überlassen Sie einer Mutter die Sorge, überlassen Sie unserer Kirche die Ermahnung. Für ihre häusliche Ungeschicklichkeit ist sie gestraft, die schrecklichen Worte, die ihr dabei im Zorn entfahren sind, fallen in unseren Bereich.‹ So hat der Vater Jusieux damals und später oft schreckliche Folgen abgewandt. Ihr könnt noch jetzt den alten Mann mit seinen Büchern und Schriften im Klostergarten im Schatten sitzen sehen. Ich bin mit der Zeit ruhiger geworden; ich habe gelernt, die Zähne zusammenzubeißen. Ich habe gelernt, meine Hausarbeit geschwind und ordentlich zu erledigen, so daß auch die gnädige Frau nichts mehr beanstandet. Ich bin ihr unentbehrlich geworden. Ich bin jetzt die Hausbesorgerin. Nehmt euch ein Beispiel an mir. Gebt besser acht auf eure Finger und Mäuler, denn jede von euch, wenn sie vernünftig ist, kann es, wie ich, zur Hausbesorgerin oder zur Oberaufseherin bringen.«

In einer Stunde, bei der Landung der »Trianon«, würde die alte Veronika wahrscheinlich etwas Ähnliches zu dem erwarteten Ankömmling sagen. Denn dieses Schiff sollte von einer Zwischenlandung in Martinique mit allerhand Waren eine kleine, in der Zuschneidekunst für ihr Alter erstaunlich begabte Haussklavin bringen, die eine Großkusine der Gräfin Evremont endlich für ein wertvolles Erbstück, eine eingelegte Spieluhr, zu tauschen bereit gewesen war. Zwei sehr junge Haussklaven, halbe Knaben, hatten bereits die verpackte Uhr hinter Veronika auf den Kai getragen. Der Agent von Martinique, der alljährlich zu gemeinsamer Abrechnung eines beiden Familien zustehenden Besitzes die paar Tage Schiffsfahrt von Martinique nach Haiti machte, hatte sich verpflichtet, die kleine Schneiderin nur von der Hand zu lassen, wenn die Spieluhr an Bord war.

Der alte Nathan konnte das Stillsitzen nicht mehr aushalten. Er hörte schon Militärmusik. Der Gouverneur schickte seine Garde zum Empfang der »Trianon«. Er wußte, wer an Bord war. Die Ankunft des Marquis de la Roque war als Überraschung geplant, mit königlichen Vollmachten. Der festliche Empfang sollte aber bekunden, daß der Gouverneur nicht so leicht zu überraschen war. Das zwischen den Warenhäusern gespannte Brokattuch beschattete allerlei Uniformen und seidene Ordensfräcke; in einigem Abstand warteten Gruppen unter weniger prunkvollen Baldachinen, geringere, aber doch angesehene Insulaner, kleine Plantagenbesitzer und Kaufleute. In größerem Abstand gab es auch Leute genug, die sich den gewöhnlichen Schatten suchten, weil für ihre Wartezeit nicht vorgesorgt war, Mulatten von unbestreitbarem, aber zweifelhaftem Reichtum, die aus Geschäftslust oder aus purer Neugierde warteten. Nathan stand an der richtigen Stelle, obwohl er viel zu erregt war, diese zu suchen. Er wurde weder beachtet noch angesprochen, er wurde auch nicht deutlich gemieden, er gehörte zu keiner bestimmten Gruppe von Weißen und zu keiner Gruppe

Mulatten. Auch wenn er nicht ganz von Wiedersehensfreude benommen gewesen wäre, hätte er sich darüber ebensowenig gewundert, wie sich ein Mangobaum wundert, der zwischen den Kokospalmen steht. Das war, wie es war. Als ihn der Graf Evremont vor fünfzehn Jahren herbestellt hatte, war eine Menge Sorgen und Ängste, Bedenken und Zweifel in seiner Familie aufgetaucht. Sie hatte ihm damals abgeraten. Wie konnte er plötzlich so weit weggehen? Weg von den Seinen? Weg von der Gemeinde? Auf eine Insel, wo es keine Gemeinde gab? Wie sollte ein Mensch wie er, wie Samuel Nathan, dort leben können? Was gingen ihn die französischen Herrschaften an, die dort auf der Insel gediehen? Was ging ihn die Negerwirtschaft an? Was ging ihn das Mulattengemansche an, von dem man manchmal einen Ableger in Paris zu sehen bekam? – Sein Schwiegervater, sephardischer Herkunft, äußerte unter dem Gejammer die Meinung, man könnte vielleicht auf der spanisch regierten Inselhälfte einen Anschluß finden. – Doch dieser Teil war verkommen und arm, der Besuch hatte nur geschäftlichen Zweck auf dem französischen Teil. Der schlaue Alte verstand recht gut, daß sein Schwiegersohn dort sein Glück suchte.

Die Aufregung wuchs. Verspätete Wagen rollten an mit den durchdringenden, beinahe kühnen Rufen der Negerkutscher. Die traurigen, langgezogenen Angebote der Verkäufer drangen durch den Lärm und die Militärmusik wie einförmige Klagelieder. Man drängte sich ans Meer. Man winkte, obwohl die »Trianon« eben erst in die Bucht gelotst wurde. Nathan klebte am äußersten Rand der Kaimauer. Er war allein, der Hafenklatsch ging ihn nichts an. Die halbe Stunde, die noch bis zur Ankunft des Schiffes verlaufen mußte, deuchte ihm unerträglich lang. Die letzte halbe Stunde Trennung von seinem einzigen Sohn. Er konnte sich nach ein paar Scherenschnitten und zwei Gravuren nichts unter dem Jungen vorstellen. Er hatte auch keine besondere Lust, sich etwas unter ihm vorzustellen. Es war sein einziger Sohn, und er kam zurück. Das war eine einfache, klare Vorstellung in dieser verworrenen, unerklärlichen, sinnlos bunten Welt. Er hatte in den vergangenen Monaten manchmal an beides gedacht: an seinen Jungen und an das, was er mitbringen sollte. Die kostbaren Steine, die Grundlage des Familienbesitzes. Jetzt hatte er diese Steine vergessen. Er hatte nur Angst, die Ankunft des Sohnes könnte in letzter Minute durch irgend etwas verhindert werden. Über den bunten Kopftüchern und den weißen Perücken, über den Uniformen und seidenen Fräcken, über spitzenbedeckten und nackten, schwarzen und bräunlichen Schultern wuchs schon auf dem Hafenmastbaum zur Begrüßung das Lilienbanner. Ein schwacher Wind zerknäulte es unlustig. Auf der »Trianon« hing es schon schlapp und verdorrt in der glühenden Morgensonne.

Nach der ersten Begrüßung blieben alle Familienmitglieder über das Essen hinaus befangen. Mendez, der Älteste, Klügste und Schlaueste in der Familie, sah sich mit zusammengekniffenen Augen spöttisch belustigt den Enkelsohn an. Michael Nathan war für einen jungen Mann seiner Herkunft und seines Standes beinahe zu sorgfältig frisiert und gekleidet. Er wäre eitel erschienen, hätte er sonst nicht gar zu wenig Gewicht auf seine Haltung und seine Gebärden gelegt. In seinem beinahe häßlichen, nachdenklichen oder nur trägen Gesicht war alles dadurch noch mehr verlänglicht, daß er die Unterlippe schlapp hängen ließ, jetzt schon mit zwanzig Jahren, genau wie sein Vater mit fünfzig. Er war überhaupt dem Vater leider ähnlicher als dem Großvater; Mendez sah eher spanisch als jüdisch aus. Wenn Michael seine Unterlippe nicht hängen ließ, dann kaute er daran herum, oder er ließ von Zeit zu Zeit eine Bemerkung fallen, die gewöhnlich gekaut und träge hervorkam, doch manchmal unerwartet genau war, mit einem Straffen der Mundwinkel und einem Aufleuchten seiner sonst schläfrigen Augen. In dem Fuchsgesicht des Alten gab es dann, je nachdem, zwei verschiedene Ausdrücke. Was nicht ist, kann werden, schien er sich selbst zum Trost zu denken, oder, wenn ihm eine Bemerkung des Jungen gefiel: Was ein Häkchen werden will ... Nathan war der einzige, der nur glücklich war. Doch war er nicht durch die Freude verjüngt wie Menschen sonst; er sah sogar älter aus als Mendez, sein Schwiegervater.

Isabel war teils stolz auf den erwachsenen Sohn, teils ängstlich vor ihm, der keine rechte Stelle zum herzhaften Lieben bot. Er war nicht so schön, wie sie gehofft hatte; er hatte aber ein gutes Auftreten. Sie würden ihm abgewöhnen, daß er plötzlich zusammenfiel wie ein Alter und in die Luft starrte. Michael war insgeheim enttäuscht von der Mutter, die in seiner Einbildung mit den Jahren ein Wunder an Schönheit geworden war. Bei ihrer letzten Umarmung war sie überaus reizend und jung gewesen. Ihre Jugend war in der Erinnerung nicht verwelkt, sondern erblüht. Ihr helles Lachen kam jetzt etwas gepreßt, nicht aus der Kehle, sondern aus der Brust. Ihre zwei Löckchen hüpften nicht mehr von selbst aus der Frisur, sondern waren mit einiger Sorgfalt auf den Schläfen gekräuselt. Sie versuchte als das zu erscheinen, was sie damals gewesen war: die einzige, wunderschöne Tochter von Mendez, der sein Kind ohne Mitgift und dabei doch mit einer Geste von Großmut an Nathan gegeben hatte, der für reich galt. Emigrantenfamilien waren sie beide, aber aus entgegengesetzten Enden von Europa. Die Eltern Nathans hatten in die Hochzeit gewilligt, obwohl die Mendez keine gesetzestreuen Juden, aber schließlich doch welche waren; die Mendez hatten eingewilligt, obwohl die Nathans keine spanischen Juden, aber angesehen und reich waren. Isabel war noch so jung und kindisch, daß sie sich all den sonderbaren Gebräuchen fügte, denen ihr Mann aus alter Gewohnheit anhing, während das alles in ihrer eigenen Familie notdürftig nur an hohen Festtagen ausgeführt wurde, weil man nun einmal zu dieser Schicksalsfamilie gehörte.

Die Schwestern saßen bei Tisch Michael gegenüber. Mali war älter als er und Miriam viel jünger. Die Kleine sah ungefähr aus, wie er sich seine Mutter vorgestellt hatte, nur war ihre Schönheit weniger ernst und gewichtig. Mali, leider, glich ganz dem Vater. Ihr Gesicht war so häßlich, daß ihr zartfarbenes Festkleid beinahe lächerlich wirkte. Man sah ihren Händen an, daß ihr die Hauptsorgen um den Haushalt und um die Küche oblagen. Sie war schweigsam. Die häßlichen Zähne entblößt, mit tiefhängender Unterlippe, starrte sie ihren Bruder mit nie zu erschöpfender Zärtlichkeit an. Dafür war sie sofort belohnt, ohne daß sie es merkte. Michael schloß sie in sein Herz. Er hatte Augen, die zu sehen verstanden. – Seine Mutter erklärte ihm alle Früchte, zeigte ihm, wie man den Mango aufspießt, den zarten, goldfarbigen Halbmond: durch ein winziges Loch am Ende des länglichen Kernes auf eine silberne Gabel.

Da war im Vorzimmer Lärm; man bestellte die Herren zu dem Grafen Evremont. Mendez hatte ihm längst erzählt, sein Enkel komme aus Frankreich zurück mit einer Sammlung kostbarer Steine. Der Graf empfing gerade die eigenen Schiffsgäste zu einem großen Fest auf dem Gut. Er schickte den Wagen für Nathan Vater und Sohn und den Großvater Mendez mit zwei Schwarzen und einem weißen Franzosen in eigenem Dienst. Die drei Männer brachen sofort die Mahlzeit ab; sie packten schnell aus und um. Die zwei Alten stellten jetzt bei der geschwinden Umordnung fest, daß der Junge in geschäftlichen Angelegenheiten ihren Erwartungen ganz entsprach. Anweisungen waren unnötig. Er verstand sofort, welche fertigen Schmuckstücke, welche ungefaßten Steine sie aufs Gut bringen und vorlegen könnten, welche sie besser rasch absonderten und in Familiengewahrsam hielten. Sie merkten auch an der Anordnung seiner Frisur und Kleider, bei der ihm die Mutter und die kleine Schwester halfen, daß er an solche Geschäftsbesuche gewöhnt war.

Wagen und Negerkutscher waren von mäßiger Qualität, den drei Händlern angepaßt. Der weiße Lakai stellte sich hinten auf. Die Schwarzen rannten ohne Gepäck voraus, da die Kaufleute ihr kostbares Gut nicht aus den Händen ließen. Vom Fuhrwerk aus, auf dem Weg in die Berge, blieben die beiden Schwarzen immer sichtbar in ihrer flimmrigen Staubwolke, kaum die Erde berührend, wie schwarze Engel. Den Hügel herab kam schon Musik aus dem Gutshaus. Die Kutsche war gleich bei der Ankunft von Schwarzen umdrängt. Die Händler hielten sich dicht aneinander, ihre Päckchen an sich gedrückt. Die Schwarzen wollten ihnen sofort jede, aber auch jede Last abnehmen. Sie gaben sich beim Hineinbegleiten mit den Schuhen, Hüten, Frisuren und Röcken der Kaufleute ab, damit sie ordentlich in das Empfangszimmer treten konnten. Der Graf rief durchs Haus, man möge sie gleich ins Eßzimmer bringen. Alles war noch bei Tisch in dem weißen und flachen Saal. Die Notwendigkeiten des Klimas waren der Gewohnheit der Herkunft in einer Art angepaßt, die den Augen wohltat. Die schwarzen Diener standen hinter den Stühlen, als hätte jeder der Gäste seinen wachsamen Schatten mitgebracht. Da Evremont endlich die Anekdote erzählte, um die man ihn lange gebeten hatte, wurden die Händler beiseite geführt. Ein kleiner Tisch war schon aufgeschlagen, auf dem sie ihre Waren ausbreiten konnten. Sie warteten also, bis sich der Beifall gelegt hatte. Dann kamen einzelne Herren an das Tischchen herüber und nahmen die Steine in Augenschein. Der alte Nathan bewunderte die Geschicklichkeit seines Sohnes beim Vorführen und Erklären. Michael hatte offenbar gleich alles richtig beurteilt, die Kaufkraft und das Urteil der Käufer, auch, wo man nachgeben, wo man festbleiben mußte. Ein Gast, der Herr Antoine, betrachtete die einzelnen Stücke mit gierig-traurigen Augen, man merkte ihm an, daß sein Vermögen nicht reichte. Er galt als entfernter verarmter Verwandter der Bréda, deren Gut er verwaltete. Evremont legte seiner Tochter den längst in Paris bestellten Schmuck an. Die ganz gefällige, nicht bedeutende Schönheit des Kindes, das noch unfertig in Wuchs und Gebärden war, funkelte plötzlich auf, als stünde sie unter einem neuen, vollkommeneren Licht. Sie verzog den Mund, als ihr der Vater mit einem Zwinkern gegen die Nathans den Schmuck wieder abnahm. Er war zu ihrer Hochzeit bestimmt wie einstmals ein ähnlicher Schmuck für die Mutter.

Geschwatz und Getrinke gingen weiter. Die Sklavinnen bewegten die Fächer heftiger. Der Einbruch der Nacht verlangte, daß man die zahllosen Kerzen anzündete.

»Nun hast du's gleich selbst gesehen«, sagte der Vater Nathan daheim, »wir stehen euch in Paris in nichts nach. Unsere Herrschaften leben genau wie eure. Ihre Feste stehen den Festen nicht nach, die eure Herrschaften in Paris geben. Genauso gute Toiletten, noch bessere, genauso schöne Frauen, noch schönere.« – »Wie sie bei Tisch alles laut erzählen«, sagte Michael Nathan, »was bei uns in Paris passiert ist.« – »Die Gäste sind doch genau wie du auf demselben Schiff gekommen«, sagte der alte Nathan. – »Mit den Schwarzen im Rücken«, fuhr der Sohn fort, »die hören doch alles an, was sie von daheim erzählen, von Bauernaufständen, von Ansammlungen, von Steuerberatungen, von der Unfähigkeit des Hofes, von der Wut des Volkes. Da machen sich doch diese Sklaven ihre Gedanken und werden auch später in ihren Baracken darüber sprechen.« – »Was du dir einbildest«, sagte der Vater, »Gedanken machen, das ist eine Beschäftigung für die Weißen. Die Schwarzen stehen hinter den Stühlen, die Stuhllehnen machen sich keine Gedanken über die Tischgespräche.« Der alte Mendez sah seinen Enkel belustigt an. Er dachte: Ach so, daher weht der Wind. Der Junge hat in Paris, wo es kalt ist, gelernt, sich so viel unnütze Gedanken zu machen, daß er denkt, alle anderen machen sich auch so viel unnütze Gedanken.

Die Kutsche des Herrn Antoine hielt an einem der nächsten Tage vor Nathans Tür. Er wollte das Unbesitzbare wenigstens noch einmal sehen. Sein Blick blieb an einem ungefaßten Brillanten hängen, den man am Festabend gar nicht vorgezeigt hatte. Nathan und Mendez schlugen ihm eine Anzahlung vor. Er möge den Stein ruhig mitnehmen, bis der Rest aufgebracht sei, der Stein sei bei ihm ebenso gut wie bei ihnen aufgehoben. Antoine fuhr sehr zufrieden weg.

Die Kutsche kam um die Mittagszeit zu den Händlern zurück. In ihrer Wohnung war ein Stoffeinkauf für die Familie vergessen worden. Der schwarze Kutscher wartete, bis das Paket gesucht und gefunden war. Michael Nathan fiel es auf, wie dieser Kutscher eines der Büchlein betrachtete, das er heimlich aus Frankreich mitgebracht hatte. Die Zollbeamten waren zu stark mit der Überprüfung seiner wertvollen Waren beschäftigt gewesen, um in seinem Gepäck nach anstößigen oder verbotenen Schriften zu stöbern. Er fragte den Kutscher: »Kannst du lesen?« – Der Kutscher war ein mittelgroßer, gedrungener, nicht alter, nicht junger Mann, von biederem, etwas mürrischem Aussehen. Er antwortete: »Ein wenig.« – »Wie hast du's gelernt?« – »Der Vater Jusieux hatte die Güte, mich, als ich jünger war, etwas lesen zu lehren. Mein Herr hatte damals die Güte, mir den Unterricht zu erlauben. Der Herr ist außerordentlich gütig.« – Dem jungen Nathan hatte bis jetzt an dem Herrn Antoine der unverhohlene, beinahe kindliche Wunsch gefallen, auch einen seltenen Stein zu erwerben. Er hatte offenbar außer den Eigenschaften, die bei dem Brillantengeschäft zutage traten, noch andere, die auch nicht übel waren. »Wenn du willst«, sagte Michael, »kannst du manchmal mit meiner Hilfe ein wenig üben.«

Der Kutscher lächelte über den Vorschlag, der einen ganz unerfahrenen, ortsfremden jungen Menschen verriet. Er antwortete höflich: »Ich danke, Herr Nathan. Dazu bin ich jetzt zu alt. Meine Zeit ist jetzt auch zu sehr von meinem Herrn in Anspruch genommen. Mein Herr kann mir jetzt höchstens noch dann und wann erlauben, den Vater Jusieux im Kloster zu besuchen.« Er nahm das Bündel und ging.

»Was mag nur im Kopf eines solchen Schwarzen vorgehen?« dachte Michael. Er dachte es sogar laut. Der Großvater Mendez lachte. »Ich schwöre dir, Junge, gar nichts.«

Es stellte sich bald heraus: Michael hatte gar nicht die Absicht, dauernd zu bleiben, wie seine Familie hoffte. Der Großvater tröstete Samuel Nathan, sein Sohn könne gar nicht weg, selbst wenn er wollte. Ein kleines Wort an den Grafen Evremont, und der Gouverneur verbiete ihm das Verlassen der Insel. Und ohne Erlaubnis irgendwie abzufahren, zu einer solchen Torheit sei der Junge nun doch nicht fähig. Die Mutter drängte: »Was fehlt dir denn bei uns? Was gefällt dir denn nicht daheim?«

Es war jetzt ohnedies nicht mehr ganz einfach, nach Frankreich zu fahren. Die Nationalversammlung hatte die Unruhen nicht gelöst, sondern in sich verknotet. Man war für jeden Überflüssigen froh, der aus der dichten, unruhigen Bevölkerung ausfiel.

»Es gefällt mir bei euch«, sagte Michael still, »mir fehlt nichts.«

Es fehlte ihm aber sehr viel, wenn nicht alles. Es gefiel ihm gar nicht. Der Großvater war zu listig und zu spöttisch, um ihm das Herz zu öffnen. Der Vater war gar zu schlicht, die Mutter zu töricht, die kleine Schwester Miriam zu kindisch. Blieb nur die ältere Schwester, Mali. Sie redete zwar so wenig, daß man nicht wußte, ob sie viel oder gar nichts dachte. Ihre beredten Augen, bald traurig, bald vorwurfsvoll, folgten ihm unverwandt.

Die Männer waren zu einem Goldeinkauf in Le Cap. Die Kleine ging mit ihrer Mutter nach Putz in viele Geschäfte, ihr liebster Gang jeden Tag, wenn die Hitze nachließ. Die Älteste richtete, wie immer, das Abendessen. Michael sagte in ihrem Rücken: »In Paris habe ich mir hier alles anders gedacht.« – Sie drehte sich um. Ihr häßliches, gelbes Gesicht war durch die Anstrengung noch viel gelber und häßlicher. Als ob sie sich alles ausdenken müßte, was sich ihr Bruder anders vorgestellt hatte. Zugleich wurden ihre Augen noch schöner, als ob sie schon abglänzten, was sich ihr Kopf erst ausdachte. Zustimmend und fragend sagte sie: »Ja?«

»Seit ich in Paris wußte, daß ich bald zu euch fahre, habe ich mir ständig vorgestellt, was hier auf der Insel sein wird. Wie kann man an einen Ort auf der Erde fahren, ohne sich vorher auszudenken, wie die Menschen dort leben? Man denkt sich das ja schon von Orten aus, an die man bestimmt nie fahren wird. Gewiß, unsere Mutter zum Beispiel würde sich höchstens ausdenken, wie sie selbst dort lebt.« Die Augen der Schwester strahlten in großer Schönheit. Sogar ihre lange Nase, die sie von dem Vater geerbt hatte, verging in dem Glanz, der unbestimmbar und durchdringend war wie das himmlische oder das innerste Licht. Sie zog auch nicht mehr ihre Mundwinkel und ihre Stirn vor Nachdenken zusammen. Sie horchte bloß. Ihr Zuhören machte den Bruder beredt wie nie.

»Mein Vetter Léon, der so alt ist wie du, und die anderen Vettern und ihre Freunde, die denken auch in derselben Art. Sie denken, wie sie an Stelle von dem und jenem leben und ihre Geschäfte betreiben würden, wenn sie dort immer weiter sie selbst wären. Ich muß immer denken, wie ich wäre, wenn ich dort der andere wäre. Sie denken zum Beispiel jetzt: Bald kommt auf der Nationalversammlung das Gesetz für die jüdischen Kaufleute durch. Sobald ich wußte, daß meine Reise feststand, hab ich versucht zu verstehen, wie es hier aussieht. Ich habe versucht, mir vorzustellen, wer so ein Neger sein mag. – ›Mit einem Neger wirst du bestimmt nie Geschäfte machen‹, hat Léon gesagt, ›höchstens mit einem Mulatten. Von denen soll mancher dort Geld gemacht haben.‹ Nun gut, da hab ich versucht, mir auch vorzustellen, was das ist, ein Mulatte. Es fing vor zwei-, dreihundert Jahren an, als die ersten spanischen Siedler sich Neger aus Afrika herbestellten, weil ihre Indios die Zwangsarbeit nicht vertrugen. Manch eine Negerin schlief mit dem weißen Herrn. Der Herr hatte dann diesen Sohn besser behandelt als Kinder von Negereltern, die wieder nur Sklaven wurden. Ein solcher halbweißer Sohn hat manchmal beinahe weiß aussehen können oder beinahe schwarz. Wie Gott will. Der Herr hat ihm vielleicht eine halbweiße Frau verschafft. Wenn es kein Sohn war, sondern eine schöne Tochter, sogar einen weißen Diener, oder was weiß ich. Wenn die dann Kinder bekamen, dann waren die Kinder nicht schwarz und nicht weiß. Mulatten. Wie denken die? ›Was geht dich das an‹, sagt der Vater. ›Du hast Sorgen genug. Was soll aus einem Menschen werden, der ständig von einem Land ins andere zieht und sich über jedes Gedanken macht?‹ – Er hat vielleicht sogar recht, der Vater, Mali. Er ist ein guter Mann. Er bleibt überall gut, sicher. Doch wo er auch hingerät, ihm ist es nur wichtig, daß seine Geschäfte und seine Familie gedeihen.«

Die Nacht war so plötzlich gekommen, wie sie in den Tropen kommt. Die Sonne sengte noch einmal rasch die letzten Spitzen auf den Polstern, die entlegensten Sofaekken, die Henkel der Porzellantassen, die Frau Nathan in ihrem Glasschrank aufbewahrte. Die Scheiben des Glasschranks glühten in ungebührlichen Farben. Dann war die Sonne fast ohne Dämmerung unter der Erde. Mali rührte sich nicht. Michael unterbrach sich nicht. Er fühlte die Augen der Schwester mehr auf sich, als er sie sah. Er fuhr fort: »Ich habe mich in Paris um all das gekümmert, als sei ich bereits in Haiti wohnhaft, ja, hier geboren. Ich wurde ein ständiger Gast in dem Café, in dem die Mulatten sitzen. Sie waren nicht übel; sie wußten manches zu denken und zu sagen. Ich war ein Gast in der ›Gesellschaft der Freunde der Schwarzen‹. Du hast vielleicht in der Zeitung den Namen von Lafayette schon gelesen. Vielleicht auch von Robespierre, der ein Anwalt ist. Er fordert die Bürgerrechte sogar für die Schwarzen. Er hat sie noch nicht für sich selbst, und er will sie für alle, für Juden, für Indios, für Neger, für Mulatten. ›Jetzt sind sie alle verrückt in Paris‹, sagt Léon, ›und deine Verrückten, Michael, sind die Allerverrücktesten.‹

Verstehst du das, Mali? Jetzt, wo so viel von den Bürgerrechten die Rede ist, will sie zwar jede Gruppe für sich, aber um Gottes willen nicht für alle. Jeder will schon im voraus, daß sie etwas Besonderes sind, falls er sie auch bekommt, verstehst du?«

Mali hatte zuerst nicht viel, aber etwas verstanden. Sie gab sich keine Mühe mehr, nachzudenken. Sie hörte nur in dem dunklen Zimmer die Stimme des Bruders, die vor Erregung zischte. Sie saugte diese Erregung auf, ihre Augen strahlten in einer Schönheit, die nutzlos war, weil man nichts mehr im Zimmer sah. Der Nachthimmel glänzte hinter dem Hoffenster. Die Sterne blinkten schon in den engen Maschen des zwischen die Rahmen gespannten Fliegennetzes, und einsamer als die anderen Sternbilder blinkte das Wahrzeichen dieses Himmels, das »Kreuz des Südens«. – »Die Evremonts von Paris, die findest du im Club Massiac; dort sitzen die reichen Großgrundbesitzer der Kolonien, die Aristokraten. Das ist es, was unseren Léon angeht. Dort gehen die Leute aus und ein, von denen er hier auf der Insel etwas für den Brillantenhandel erhofft. ›Du mußt dir eine Verbindung suchen, Michael.‹« – Er äffte den Tonfall nach. – »›Das sind die Leute, die dir die rechten Papiere beschaffen. Die mußt du kennenlernen.‹« – Mali sagte zum erstenmal etwas: »Das hast du ja auch gelernt. Großvater sagt, wie gut du mit ihnen umzugehen verstehst.« Michael sagte: »Das ist wieder etwas für sich. Man muß mit den Menschen umgehen können, mit denen man leben muß.«

Mali zündete alle Kerzen auf dem silbernen Leuchter an. Es brummte gegen das Fliegennetz. Mali war einen

Augenblick äußerst häßlich im Licht, mit zugekniffenen Augen. Ihr Bruder gab gar nicht auf sie acht. Er sah vor sich hin und dachte nach. Als er den Kopf hob, traf ihn wieder ihr voller ergebener Blick. Er redete laut, was er dachte: »Ich kam mit äußerster Spannung her. Mein Herz war voll. Mein Kopf war voll von allem, was ich gehört und gelesen hatte. Doch schon am ersten Abend, als wir heraufgeholt wurden zu den Evremonts, war ich enttäuscht und betroffen. Es schien mir, ich hätte in Paris mehr über die Neger erfahren als hier, wo ich unter ihnen lebe. Es schien mir, die Negerfrage spiele eine größere Rolle in der ›Gesellschaft der Freunde der Schwarzen‹ als hier in den Tropen. Die Neger sind euch hier vollständig gleichgültig. Unter ›euch‹ verstehe ich nicht nur die Aristokraten, nicht nur die Familie Evremont, sondern auch unseren Vater und Großvater, ob Juden, ob Christen, ob Franzosen, ob Spanier, ob Amerikaner, ob Europäer, alles, was weiß ist.

Die Neger aber, wenn sie, hinter jedem Stuhl einer, hinter den Gästen stehen, eingießen und fächeln, hören zu, was bei Tisch gesprochen wird. Die Gäste des Abends waren auf meinem Schiff; sie haben erzählt, was in Paris los war: Unruhen in den Straßen, im ganzen Land, Drohungen der Leibeigenen, über die man an diesem Tisch noch lachte.« Michaels Stimme wurde lauter, er sah einen Augenblick auf die Schwester. Falls er auf ein Wort gewartet hatte, wurde er enttäuscht. Mali sah ihn nur zärtlich an. Die leise Empörung in seiner Stimme beteuerte ihr noch stärker, daß ihr Bruder, der einzige, unermeßlich geliebte Bruder, mit ihr im Zimmer allein war, Vertrauen hatte und zu ihr sprach. Sie regte sich nicht, als könnte sie ihn mit einer Bewegung stören.

»Die Schwarzen haben doch Ohren am Kopf. Gewiß, sie waren stumm. Wie hätten sie auch ihre Aufmerksamkeit zeigen sollen? Sie haben sicher nachts über alles gesprochen, was sie hörten! Großvater lacht und sagt nein. Ich sage ja. Ich lache nicht. Ich bin für den Grafen Evremont auch nur der Sohn seines Händlers, nicht einmal das; er hat die Verwandtschaft wahrscheinlich schon vergessen. Die Schwarzen werden sowenig ihre Gedanken beim Servieren abgestellt haben wie ich beim Verkaufen.«

Man hörte die Haustür klinken, zusammen mit Schritten und Lachen. Die Mutter und die kleine Schwester kamen heim, zwei langhälsige Vögel, von dem Vergnügen des Nachmittags aufgeplustert. Die Krinolinen füllten das Zimmer mit Weiß und Lila; es gab eine Menge kleiner Pakete und Schals und Fächer und einen neuen süßen Geruch, der sogar Michael lächeln machte. Mali hielt schützend beide Hände vor die Kerzen, die der vergnügliche Wind zu löschen drohte. Die Mutter sah einen Augenblick in dem Zwielicht so schön aus, wie sich der Sohn ihrer erinnert hatte. Mit Schatten von langen Wimpern auf ihrem matten Gesicht und mit Pünktchen von Gold in den Ohren. Die Kleine kicherte noch eine Weile weiter; es gab da irgendeine Geschichte von einem Fremden, von einer Blume, die in dem winzigen Busen hinter dem Halstuch steckte.

Die Gebetskapseln, die Nathan nach dem Gesetz seiner Väter auf Haiti wie in Paris in den Türrahmen angebracht hatte, als er daranging, ein Heim zu gründen, bewahrten die Wohnung nicht davor, zu werden wie alle Wohnungen von Kolonialeuropäern. Auch wenn sie für zweit- oder drittklassig galten und sich auf den Stadtrand beschränken mußten. Dieselben Wolken von Spitzen, dasselbe Kichern, derselbe süße Geruch. Michael fühlte so stark wie nie die Unentrinnbarkeit des Heimes, in das er geboren war. Er hatte sich nie so eingekreist gefühlt von den häuslichen Verhältnissen, von den Lebensbedingungen und Geschäften und den Verwandten. Das war ein Netz, in dem er herumzappelte mit allem, was sonst noch hineingeraten war, an Ohrringen und Krinolinen, Halstüchern und Kerzen. Mali ging hinaus, um das Abendessen zu beenden.

II

Der alte Mendez wäre jetzt, wo es auch in Le Cap unruhig zuging, gern auf den spanischen Teil der Insel übergesiedelt, wenn nicht das Verbot für Juden dort noch bestanden hätte. Die Evremonts hätten wahrscheinlich die Reise trotzdem geregelt; sie waren aber zu sehr von eigenen Sorgen in Anspruch genommen.

In Paris machten die Mulatten alle erdenklichen Anstrengungen, ihre Gleichberechtigung mit den weißen Plantagenbesitzern in der Nationalversammlung durchzusetzen. Sie hätten den Weißen an Landbesitz und Vermögen gleichkommen können, wenn sie die hinderlichen Gesetze abschüttelten. Manche von ihnen trugen Namen, die in Kaufmannskreisen guten Klang hatten. Sie setzten Kaffee und Zucker ab wie die Weißen. Sie hielten Sklaven. Sie blieben der »Gesellschaft der Freunde der Schwarzen« fern. Sie legten ja auf die Ebenbürtigkeit mit den Weißen Wert, auf den Abstand von den Schwarzen. Es gab auch einen jungen Mulatten Ogé, der Land und Sklaven in Haiti besaß und trotzdem die Freiheit der Schwarzen befürwortete. Dies erschien den Mulatten unklug und übertrieben. Sie konnten ihre Ansprüche nur gefährden, wenn sie sich mit denen vermischten, mit denen sie unter keinen Umständen verwechselt werden wollten. Der Plan Ogés ging in der Tat so schlecht aus, wie sie geahnt hatten. Als ihm die Heimreise von dem französischen Gouverneur verweigert wurde, trat er sie dennoch an in fremder Uniform und auf fremde Papiere. Er war so verrückt, nach seiner Landung die eigenen Leute zu bewaffnen, nicht nur die Mulatten, sogar die schwarzen Sklaven. Es gab Zusammenstöße mit den Soldaten des Gouverneurs, es kam zu Unruhen, sogar zu Blut.

Das waren die Tage, in denen Nathan und Mendez sich und die Ihren in Sicherheit bringen wollten. Wenn Evremont die drei Männer ins Gutshaus fahren ließ, um mit ihnen seine Geschäfte durchzusprechen, beschleunigte Lieferung, sichere Aufbewahrung oder Versand, dann liefen wie früher erregte Gespräche um die wie früher gedeckte Tafel. Die Händler warteten an ihrem seitlichen Platz. Der Hausherr und seine Gäste gaben dabei ebensowenig auf sie acht wie auf die Schwarzen hinter den Stühlen. Mendez und Nathan, Vater und Sohn, wiederholten daheim, was sie den Gesprächen entnommen hatten. Die Evremonts trugen sich mit dem Gedanken, mit englischen Freunden in Verbindung zu kommen, falls ihnen der Boden unter den Füßen heiß wurde. Das zogen sie aber nur für alle Fälle in Betracht, vorerst schätzten sie die Gefahr gering ein. Wenn sie die Verbindung hielten, dann stünden sie auf jeden Fall unter dem Schutz der englischen Flagge, glaubten sie, und könnten zu Schiff nach London, nötigenfalls über Jamaika. Bei dieser Gelegenheit gab es den ersten Wortwechsel in der Familie. Samuel Nathan und Mendez waren sich einig, man müsse die Evremonts um Schutz bitten, damit man sich ihnen anschließen könnte. Michael erklärte plötzlich: Wenn er wirklich die Insel verlassen müßte, dann würde er höchstens zurück nach Paris fahren. Wenn das nicht möglich sei, bleibe er hier, in Le Cap. Sein Vater erschrak. Was er denn, um Gottes willen, vom Bleiben erhoffte? Mendez betrachtete ihn spöttisch.

Mit dem jungen Mulatten Ogé ging es zu Ende, wie es seine Freunde befürchtet hatten. Seine bewaffneten Banden wurden schnell aufgerieben. Er wurde gefangen und gehängt. Er hatte also die Durchsetzung der Mulattengesetze eher gehindert als gefördert. Die Abneigung der Mulatten gegen die Schwarzen wurde von den Schwarzen erwidert. Sie arbeiteten sogar lieber unter den weißen Aristokraten, die an ihre selbstverständliche Macht zu sehr gewöhnt waren, um sie immerfort wie die neureichen Mulatten durch Willkür und Grausamkeit zu betonen. Die weißen Aristokraten verstanden sich auf die Geschäfte der Welt, die länger als tausend Jahre in ihren

Händen lagen. Es zeigte sich bald, wie gut sie gerechnet hatten. Man zögerte schließlich auch in Paris, die ausgebrüteten Freiheiten hier in Haiti gewaltsam durchzusetzen, weil sonst die wertvollste Insel zu den Engländern übergehen konnte.

Die Siedler und Stadtbewohner lagen nachts in kaltem Schweiß wach und horchten auf den durchdringenden Wirbel der Negertrommeln in den entferntesten Bergspalten. Sie wußten nicht, ob er eine Botschaft an alle schwarzen Brüder auf der Insel bedeutete oder ein Gebet zu den heidnischen Göttern. Er machte das Innerste jedes Menschen in unerträglicher Spannung beben. Einzelne Sklaven ließen Hütten und Arbeit liegen und zogen aufs Geratewohl dem Wirbel nach in den Wald. Es gab auch weiße Siedlerfamilien, die auf alle Fälle in die Stadt zogen.

Die unbestimmte kalte Angst wurde zu einer greifbaren heißen. Zuerst kam von einer entlegenen kleinen Farm die Nachricht, daß die Sklaven sich plötzlich zusammengetan und mit Frauen und Kindern und Bündeln den Marsch in die Berge begonnen hätten. Ihr Trupp vergrößerte sich auf der nächsten Farm. Wo sie vorüberzogen, schlossen sich Scharen von Negern an, zuerst mit Rufen und Jubel und Liedern, als sei die Freiheit ein Ort in den Bergen, den man in zwei Tagen und Nächten erreichte, wenn man gerade darauf zuhielt.

Auf dem vierten oder fünften Gutshof fiel ihnen ein Mann in die Hände, der über die eigenen Felder hinaus verrufen war. Sein Herr war meistens in Frankreich, er war der Verwalter. Er war einer von denen, die für ihren Herrn unausdenkbare Roheiten begingen, nicht nur, weil dabei etwas für ihn selbst abfiel, sondern weil er seinen Ehrgeiz daransetzte, aus der Feldarbeit, die ihm unterstand, noch reicheren Ertrag zu erzwingen als irgendein anderer Verwalter. Er schätzte die Sklaven viel zu gering ein, um einen Aufruhr zu erwarten. Als man ihm den Anmarsch meldete, kletterte er auf einen Baum, in dessen

Krone er sich längst eine Art Wachposten eingerichtet hatte. Er sah, wie die Staubwolke näher kam, schreiend und singend, sich in die Länge zog, auseinanderfiel, wieder zusammenschmolz. Die eigenen Leute waren inzwischen zusammengelaufen. Er wurde in seinem Baum entdeckt. Er wurde heruntergeschüttelt wie eine Kokosnuß. Er wurde zerknackt. Ein Neger setzte die Zähne an und sog ihm den Saft aus. Der hatte noch eine Woche vorher zugesehen, wie seine zwei Töchter, aneinandergebunden, von einer Hundekoppel rund um den Hof gejagt wurden.

Bevor der Negermarsch dieses Gut erreicht hatte, stand das Verwalterhaus in Flammen. Der Marsch in die Freiheit war nicht mehr licht, er war jetzt ein roter Schweif. Nach ein paar Tagen waren die Felder und Güter ausgebrannt. Das Zuckerrohr, das die Machete, das große Messer, wütend zerhackt hatte, statt es unter den Peitschen der Aufseher im befohlenen Rhythmus weiterzuschneiden, züngelte von der Erde weg. Die Stadt war nachts glühend hell von dem Funkenregen aus sprühendem Stroh und Schilf. Der Wind trieb Schwärme von Funken über die Dächer. Die Stadt fing an vielen Enden zu brennen an. Lastträger, Arbeiter, Haussklaven, was in ihr an Negern lebte, zitterte vor den Weißen, die Weißen zitterten vor den Schwarzen. Hier aber, in der Stadt, innerhalb des Gürtels von brennenden Farmen, hatten die Weißen Macht und Waffen. Ein Ungehorsam, ein verdächtiger Ruf genügte, um einen Neger an den Galgen zu bringen. Das Lilienbanner wehte noch immer unversehrt über den Galgen, über den Weißen in Uniformen, in Waffen, in Kaleschen, inmitten des Funkenregens.

Herr Antoine sagte, einer seiner besten Sklaven, Pierre Simon hieß er, der ihn jahrelang brav kutschiert hätte, sei plötzlich von seinem Gut in die Berge gelaufen. Vorher hätte er noch Madame Antoine und ihre Kinder in die Stadt in Sicherheit gebracht. Er hätte auf dieser Fahrt kein Wort über seine Pläne fallenlassen, sowenig wie sonst auf einer Fahrt. Antoine dachte, es sei vielleicht gut, daß sein Negerkutscher, ein ordentlicher, ruhiger Mann, jetzt nicht in der Stadt war. Er hätte ihn kaum vor den eigenen Freunden schützen können, die ihre Wut an jedem Neger ausließen, der ihnen zwischen die Finger kam.

Für kurze Zeit war alles noch einmal beim alten, oder man stellte sich so, als könnte noch einmal alles beim alten sein. Die Zeitungen und die Matrosen erzählten zwar, in Paris sei der König eingesperrt, sein Kopf sitze nicht mehr fest. Die Gutsbesitzer wußten zwar, daß dicke Haufen entsprungener Sklaven in den Wäldern steckten, sie ließen sich aber einstweilen, wie früher, von Negern bei ihren Gastmählern bedienen. Sie hielten ihr gewohntes Stadtleben aufrecht. Sie fingen sogar hie und da mit Resten von Feldsklaven an, ihre Güter frisch zu bestellen. Sie glaubten, das Leben fließe von selbst weiter, wenn man die alten Gesetze bewahre und nicht zur Kenntnis nehme, sie seien woanders schon abgeschafft.

Die Regenzeit hatte begonnen, der Himmel war endlich geborsten, eines Nachmittags um vier. Das Wasser stürzte mit einem Schlag auf die ausgedörrte Erde. Die zarten Pflanzen in den Gärten kamen gar nicht zum Aufatmen; sie waren gleich am Ersaufen. Die Hütten am Stadtrand waren im Nu aufgeweicht. Ein paar nackte Füße klatschten noch durch die verlassenen Straßen. Die letzten Fahrgäste duckten sich in die Kutschen. Die Pferde schnauften und wußten nicht, ob die Hiebe vom rasenden Regen kamen oder von den verzweifelt lustigen Peitschenhieben. Lustig verzweifelt war alles, weil endlich der Regen auf die ausgedorrten Plantagen fiel, aber so wild, so unmenschlich wild. In den regenverdunkelten Häusern gingen die Kerzen am frühen Nachmittag an. Die Flüche von Lastträgern, die gerade noch ungeschoren oder doch schon durchnäßt irgendwo unterschlüpften, vermischten sich mit dem Gekicher von Mädchen, die rechtzeitig ihre Krinolinen in die Türen gezwängt hatten; der nasse Tüll in den Drahtgestellen machte sie steif und schwer wie Glocken.

Michael kam atemlos heim. Er hörte schon in der Haustür das Auflachen seiner jüngeren Schwester, das ihn wie immer ebenso abstieß wie anlockte. Er wollte eintreten. Da drängte sich eine kleine Schwarze mit ziemlicher Unverfrorenheit unter seinem Arm durch in den Türrahmen. Ihr junger gesunder Geruch war von der Nässe so stark, daß sogar Michael ihm nicht entrinnen konnte, obwohl er Verlockungen dieser Art sonst auswich. Dieselbe Kleine war in den letzten Wochen schon dreimal an ihm vorbeigestrichen mit einem leichten Zeichen der Hand, das wahrscheinlich Liebesbereitschaft bedeutete. Das erstemal hatte er gar nicht darauf geachtet. Er konnte sich nicht einmal besinnen, wann und wo es gewesen war. Das zweitemal flüchtig, das drittemal etwas genauer. Jetzt, da er die kleinen Brüste in dem nassen Kattunkleid gewahrte, war ihm klar, daß er richtig gesehen hatte. Das Mädchen war ausnehmend schön. Die wütende Eifersucht weißer Frauen war bei ihrem Anblick begreiflich; begreiflich die Grausamkeit, die sie durch unausdenkbare Strafen, erfindungsreicher als Männer, bei kleinen Verfehlungen an ihren Sklavinnen ausließen. Michael verwünschte sich einen Augenblick, weil er nicht einmal jetzt die langen Beine und Hüften, das Bäuchlein im glitschigen Rock, die Brüste, die in zwei hohle Hände gingen, betrachten konnte, ohne dabei an den allgemeinen Zustand der Menschheit zu denken. Sie faßte den Saum seines Ärmels zwischen Daumen und Zeigefinger mit einer Scheu, die, so viel verstand er nun doch schon von dieser Insel, von diesem Abschnitt der Welt, die Scheu vor der Liebe nicht sein konnte. Warum sonst der düstere Blick ihrer aufgerissenen, beinahe starren kohlschwarzen Augen? Er trat nicht ein. Er hörte noch das Lachen der Schwester hinter der Tür verklikkern. Er ließ sich die Pfützen weiter um das Gesicht spritzen, durch die seine kleine Schwarze vor ihm hüpfte. Er ließ sich den Hut und die Perücke und den Rock einweichen. Es war ihm zu heiß, Kälte und Regen zu fürchten. Er lief ihr durch ein paar vereinsamte Gassen nach, in denen nur hie und da die Lichtchen im Regen glänzten. Sie warf zuweilen den Kopf zurück, ob er noch hinter ihr war. Und immer das gleiche Handzeichen, ihr ja zu folgen, und immer der gleiche schwarze, fast drohende Blick aus Augäpfeln, die sich schneller drehten als ihr Kopf. Er dachte nach Art von Liebenden, die so gründlich sehen, daß ihnen der Anblick nicht erstmalig vorkommt, sondern wie Wiedersehen: Wo hab ich dich denn zuerst gesehen? Da fiel es ihm auch ein, oder er glaubte, daß es ihm einfiel: auf dem Schiff »Trianon« bei der Ankunft. Sie war in Martinique zugestiegen und in Haiti empfangen worden. Er konnte nicht wissen, daß die Evremonts sie gegen die Spieluhr aus dem Familienbesitz eingetauscht hatten, weil sie geschickt im Nähen war. Die Hausbesorgerin hatte sie gleich am Hafen mit Beschlag belegt. Sie hatte zuweilen aus einem Schwarm von Gesinde in Evremonts Hof nach ihm geblinzelt.

Sie blieb nur ein-, zweimal stehen, drehte das nasse Kleid vor dem Schoß zusammen, wand es aus, ließ es fallen. Michael blieb dann gleichfalls stehen, sah ihr zu und folgte ihr wieder. Der Regen spritzte mannshoch um seine Schaftstiefel. Er sprühte um ihre nackten Füße wie um zwei Vögel. Sie kamen in eine Gasse in einem schlechten Viertel, in dem nur kleine Weiße wohnten und viele Mulatten. Sie schlüpfte in eine Kneipe und, als er nachkam, sofort durch die zweite Tür in den Hof der Kneipe und, sowie er in den Hof trat, durch die Tür des Hofes in einen Raum des dahinter gelegenen Hauses. Es war finster, so daß er, wenn sie den Kopf nach ihm drehte, um sich der Gefolgschaft zu versichern, nur ihre weißen Augäpfel sah und einmal auch ihre Zähne, als sie lautlos lachte. Die nächste Gasse war ebenso einsam, ebenso regendurchweicht. Sie hüpfte über die Pfützen weg. Es gab hier nicht die winzigsten Lichter in den Häusern. Hier standen nur Warenlager und Schuppen. Es roch nach Meer. Sie machte sich unter einem Vordach so flach wie ein Blatt. Er konnte sich nur neben sie drükken in dem brausenden Regen, der ihnen keinen trockenen Erdfleck gewährte. Sie bewegte die Lippen, ohne daß er im Brausen verstand, was sie wollte. War sie noch immer im Dienst bei den Evremonts? Die wohnten aus Sicherheitsgründen längst nicht mehr im Gutshaus auf dem Land. War sie heimlich fortgelaufen? War er es, der sie verlockt hatte, Prügel in Kauf zu nehmen aus den unerfindlichen Gründen, die einen Menschen zu dem anderen ziehen und nur zu diesem? Er hatte sich in Paris als Junge manchmal Gedanken darüber gemacht, daß er vielleicht eine solche Kraft gar nicht besäße. Jetzt, da sie offenbar wirksam war, nahm er sie beinahe als selbstverständlich hin, wie ein Geschenk des Himmels. Sie kamen auf einen freien Platz vor dem Kai, wo die Palmen gelassen wie immer im Regen standen. Das Meer war von Regensträngen durchsiebt, als bohrten sie in eine noch tiefere Untiefe. Meer und Himmel waren bleifarben und glanzlos und ungetrennt. Michael wäre dem Mädchen gefolgt, auch wenn sie über das Meer gerannt wäre. Sie bog aber in eine Hafengasse. Er hörte Stimmen und Lärm und Gläser.

Es war wie das erstemal: Sie rannte durch den Flur einer Kneipe, er sah noch einmal ihre weißen Augäpfel über der Schulter. Als sie einen Laden aufstieß, fuhr ihm ihr nasses Haar übers Gesicht. Er folgte ihr in der Hoffnung, man sei jetzt an einer Art Ziel. Er stand unter Kolonnaden in einem kleinen Hof. Es gab ein Brünnlein, das lächerlich nutzlos im Regen plätscherte. Die Blumen waren zerdrückt, ein paar nasse Flecke rot und gelb. Zwischen den Säulen war es trocken. Er sah nach rechts und nach links. Das Mädchen war verschwunden. Ein Neger, barfuß, zerschlissen, durchnäßt, sprang plötzlich neben ihm hoch. In einem unfrohen Lachen zeigte er erschöpft die Zähne. Er atmete schwer, bevor er sprach. Michael dachte zornig, er sei einem Streich zum Opfer gefallen. Er fluchte sogar, daß er waffenlos war. Der Neger sagte leise und beinahe höflich: Herr Michael Nathan möge ihm folgen. Sein Herr wünsche ihn diese Nacht noch zu sprechen. – Michael fragte: »Wer ist das?« – Toussaint Louverture, sagte der Neger, habe ihn in der Gewißheit ausgeschickt, Herr Nathan werde sich nicht weigern, ihm einen dringenden Wunsch zu erfüllen. Herr Nathan müsse ihm bei einem wichtigen Brief behilflich sein.

Michael horchte auf. Er war so erstaunt, daß er sogar die Enttäuschung vergaß. Er fragte: »Von welchem Brief ist die Rede?« – »Mein Herr trennt sich nicht von dem Brief. Ich will Ihnen unterwegs alles erzählen.« Er fügte hinzu, als sei ein ungeheurer Schutz in seinen Worten enthalten: »Wenn man uns erwischt, wird man uns nicht nur ermorden, sondern foltern, um die Geheimnisse dieses Briefes zu erfahren. Ich bringe Sie sicher zu Toussaint und morgen früh sicher zurück, bevor man in der Stadt aufsteht.« Michael sagte: »Gehen wir.« Er fühlte die Lust des geistigen Abenteuers, das eine unermeßbare Weite hatte und verlockender war als das junge Ding, an das er schon nicht mehr dachte. Der Neger fügte tröstend hinzu: »Der Regen schützt uns vor Beobachtung. Die ganze Strecke ist überschwemmt. Wir haben zuerst nur schlammigen Boden.«

Obwohl ihr Weg in die Berge stundenlang dauerte, wurde der Neger mit seinem Bericht erst fertig, als sie schon dicht am Ziel waren. Er mußte ihn oft unterbrechen, wenn sie eine Wache umgingen und durch die ersoffenen, halb verwilderten Ländereien wateten. Kaum waren die Besitzer geflohen und ihre Häuser verbrannt, da hatte der Urwald, als hätte er nur darauf gewartet, seine Wurzeln und seine Schlingpflanzen bergab geschickt, um zu besetzen, was unbewacht war. Michael reimte sich ungefähr zusammen, was er schon vorher stückweise erfahren hatte.

Der Konvent in Paris hatte zwei Kommissare mit Soldaten nach Haiti geschickt. Die Männer hatten sich auf dem Schiff ihre Aufgabe leichter vorgestellt, als sie sich nach der Landung zeigte. Die Befreiung der Negersklaven war zwar längst auf der Nationalversammlung beschlossen, sie war aber immer noch nicht als Gesetz erlassen. In Frankreich waren die Grundherren verjagt, die Leibeigenschaft war abgeschafft. Die Sklaven in den Kolonien waren noch immer Sklaven. Die Grundbesitzer von Haiti weigerten sich entschieden, das Lilienbanner mit der Trikolore zu vertauschen. Ihr Kaffee, ihr Zucker, ihr Indigo, das war ihr Erbe und ihr Besitz, das war auch der Stolz und der Reichtum Frankreichs. Es sei unvorstellbar, hieß es, die Güter ohne die Sklaven zu bestellen. Die Aristokraten von Haiti brauchten nicht wie die von Paris nach London zu fliehen. Sie brauchten nur die englischen Kriegsschiffe aus den Häfen der Nachbarinsel herüberzurufen.

Die Kommissare und ihre Soldaten hatten auf die Hilfe der armen besitzlosen Weißen gebaut, der kleinen Weißen, wie sie in Haiti hießen. Doch was es an Weißen dort gab, war auf seiten der Grundbesitzer. Wo sollte man hier eine Stellung finden, wenn keiner mehr da war, der einen bezahlte? Man konnte nicht einmal Friseur oder Schreiber werden ohne Leumundszeugnis von einem angesehenen Namen. Hier in der Kolonie war der Hunger noch bitterer als daheim in Frankreich. Man ging vor die Hunde, und wie vor die Hunde! Ohne sicheres Dach hatte man die Wahl, an Malaria umzukommen oder an Typhus oder an Schlangenbissen.

Die Kommissare hatten sich darauf an die Mulatten gewandt. Sie hatten noch auf dem Schiff geglaubt, die Mulatten würden sie mit offenen Armen begrüßen. Sie kamen ja, zuerst das Gesetz ihrer Gleichberechtigung durchzuführen, das die Aristokraten erbitterte. Die Begeisterung der Mulatten war aber rasch abgekühlt, als sie hörten, wieviel Freiheit auf einmal in Paris zugestanden wurde. Aufhebung der Sklaverei? Was sollte den Mulatten, die längst selbst ihre Sklaven hielten, die Gleichberechtigung nutzen, wenn man ihnen auch ihre Sklaven nahm?

Die Kommissare und ihre Soldaten waren von allen Seiten umzingelt. Plantagenbesitzer tranken und würfelten mit den englischen Offizieren. Mulatten und kleine Weiße waren verzagt und verschüchtert. Es gab zuletzt nur noch eine Art Menschen, die bereit sein konnte, die Trikolore in Haiti zu pflanzen. Die Neger waren zwar im Urwald zerstreut, verwildert und ungezügelt. Sie wußten aber genau, daran war kein Zweifel, was Freiheit bedeuten sollte.

Selbst dieser Weg war vielleicht schon versperrt. Es gab einen festen Kern in all den Banden entsprungener Sklaven. Die Kommissare hatten oft einen Namen nennen hören. Mit Angst, mit Hoffnung, mit Abscheu, mit Vertrauen, in all den Tönen, mit denen ein Name genannt wird, mit dem die Menschen an schwierigen Tagen rechnen. Toussaint, wie er plötzlich hieß, hatte seine Bande zu einer Truppe gemacht. Er hatte sie in den Wäldern einexerziert. Sie gehorchten ihm aufs Wort. Sie hätten, mit den Soldaten aus Frankreich zusammen, die Republik schützen können. Doch dieser Toussaint, erfuhren die Kommissare, haßte selbst, was man jetzt in Paris unter Freiheit verstand. Als man den König enthauptet hatte, war er mit den Seinen auf den spanischen Teil der Insel übergegangen. In Michael Nathans Familie, in der ganzen Stadt, war man froh gewesen, den schwarzen Satan, den gefürchtetsten Bandenführer, losgeworden zu sein.

Toussaint haßte die Weißen nicht, wie sehr ihn die Weißen auch haßten. Er verachtete auch die Mulatten nicht, wenn sie ihn auch verabscheuten. Er hatte als Kind schon erfahren, wie wenig die Hautfarbe über den Mann besagt. Manche Mulattenaufseher hatten die Neger grausamer als die Weißen zur Arbeit getrieben. Andere Mulatten waren sanft und gütig und witzig, und wo sie auftraten, in Geschäften und in Familien, ein Bindeglied zwischen den Rassen, die sie geformt hatten, als hätten sie nur das Beste von beiden in ihre Gehirne und Herzen eingelassen. Sein weißer Herr, Antoine, auf der Brédafarm, war gütig und klug gewesen. Er hatte ihn nur kutschieren lassen, niemals hart arbeiten. Er hatte ihm sogar erlaubt, auf die Schule zu gehen. Toussaint fühlte sich nicht nur dem Vater Jusieux verbunden, der ihn lesen und schreiben gelehrt hatte; er fühlte sich tief seinen Lehren verbunden. Die weiße Kultur erschien ihm ein strahlendes, unermeßliches Schloß. In seine armseligen Knabenjahre war davon ein Abglanz gefallen, der ihm das Leben wert gemacht hatte. Man durfte sie nie geringschätzen, weil sie von den Weißen ausgedacht war. In einem besseren Leben mußte man alle Menschen daran teilnehmen lassen. Man mußte denselben Abglanz auf alle Leben fallen lassen.

Der Vater Jusieux hatte ihn auch gelehrt, wie Christus für alle Menschen litt. Wenn viele sein Vorbild vergaßen, dann waren sie schlechte Christen. Unter den Heiligen Drei Königen, die ihre Geschenke dem Christkind gebracht hatten, war einer schwarz wie Toussaint gewesen. Darum entsetzte er sich wie seine ehemaligen weißen Herren, als man den König von Frankreich enthauptete. Darum ging er zu den Spaniern über. Dort, hatte er sagen hören, galten noch Gott und der König.

Er lernte sehr schnell, daß sein Übertritt ein Irrtum gewesen war. Die Spanier würden nie ihr Versprechen halten, das ihn dazu angespornt hatte: die Freiheit der Schwarzen. Sie waren höflich, hielten ihn mit Versprechungen hin und lachten ihm in den Rücken. Sie machten mit den Aristokraten gemeinsame Sache. Sein Königsglaube verging. Der Irrtum war noch wiedergutzumachen. Er führte nachts seine Neger in Eilmärschen zu ihrem Ausgangspunkt zurück.

»Es geht darum in dem Brief«, sagte Toussaint, »meine Dienste den Kommissaren anzubieten, aber so anzubieten, daß sie verstehen, was meine Dienste wert sind. Daß ich keine Bande mehr hinter mir habe, sondern Soldaten, die besser und zäher sind als das Pack Kolonialsoldaten. Ich muß zwar eingestehen, daß ich mich geirrt habe, als ich zu den Spaniern übertrat. Ich biete aber jetzt meine Dienste freiwillig der Republik an. Ich will meine Fehler so eingestehen, daß die Republik meine Freiwilligkeit richtig einschätzt.«

Michael sah zuerst nur das Tuch im Dunkeln schimmern, das Toussaint um seinen Kopf trug. Er erkannte ihn langsam. Der Sklave, der lächelnd sein Angebot abwies, bei ihm Unterricht zu nehmen. Das blanke Schwarz des Gesichts gegen das stumpfe der Nacht. Sie saßen in einer Hütte in einem Bergspalt. Man brannte aus Vorsicht kein Licht. Toussaint verlor kein Wort darüber, wieso er gerade auf Michael Nathan verfallen war, und dieser sagte kein Wort des Erstaunens und verlangte keins über seine Ankunft, die Toussaint erwartet hatte, als unterstünde der Ankömmling seiner Befehlsgewalt oder einer noch höheren Befehlsgewalt, der beide gemeinsam unterstanden.

Man blendete eine Kerze ab, damit er schreiben konnte. »Es gibt nur wenige tätige Männer, die nie einem Fehler zum Opfer fallen.« Toussaint brauchte mehr Zeit, um den Brief zu lesen, als Michael zum Schreiben gebraucht hatte. Die Ereignisse brauchten zum Abrollen weniger Zeit als ihr Eindringen in die Züge des Menschen. Toussaints Gesicht war geduldig und gleichmütig, mit der Aufmerksamkeit, die es immer hatte, wenn es vom Bock auf die Pferde hinuntersah. Nur wenn sich Michael bei einer Frage nach ihm drehte, hatten die Augen mit den Pünktchen von Kerzenlicht die Funken des Brandes gefangen, der sein ganzes Wesen entzünden konnte und später erst, von innen nach außen, seine Züge verändern. Toussaint tauschte den Platz mit Michael. Er buchstabierte nicht ohne Mühe. »Doch welcher tätige Mann begeht nie einen Irrtum?« Im mühsamen Ablesen klangen die flüchtigen Worte wie eine mühsame Arbeit. Michael sah erst nach und nach, als sich seine Augen an die Dunkelheit gewöhnt hatten, daß die Hütte gestopft voll Neger war. Sie waren kaum zu erkennen in der Nacht, die sie überall zu verwegenen Guerillas machte.

»Jetzt ist es gut«, sagte Toussaint nach einigen Vorschlägen und Änderungen. Er machte sich seufzend daran, den Brief selbst abzuschreiben. Michael las ihn sorgfältig durch. Es war noch tiefe Nacht. Wenn aber der Tag erwachte, dann würde er beinahe von einer Minute zur anderen kommen, fast ohne Dämmerung, wie eine Sturzflut von Licht. Toussaint entließ ihn ohne Dank mit einer kalten Würde. Er gab ihm den gleichen Neger mit, der ihn in die Berge gebracht hatte. Die Sonne ging auf, als sie den Stadtrand erreichten.

Daheim schliefen noch alle. Nur die schwarze Dienerin war schon herausgekrochen. Sie zeigte bei seiner Ankunft lachend die Zähne. Sie stellte behutsam den Fuß in die Tür, um niemand zu wecken, als helfe sie ihm, ein nächtliches Stelldichein zu verbergen.

III

Der in der Nacht zusammen verfaßte Brief gelangte sicher in die Hände, für die er bestimmt war. Die Not hatte den Kommissaren richtig geraten. Von allen Teilen ihrer Bevölkerung im Stich gelassen, wäre die lnsel verlorengegangen, wenn sie nicht Halt an den Negern gefunden hätte. Toussaint fühlte jetzt, daß die Republik stark genug war, ihr Versprechen zu halten. Er machte seinen Soldaten und Offizieren klar, daß nicht der geringste Fleck die schwer errungene Freiheit stören dürfe. Daß sie die Gutshäuser niedergebrannt hatten, wo sie dreihundert Jahre gequält worden waren, das war wie ein Sturm auf Dutzende von Bastillen.

Die Gutsbesitzerfamilien flohen bei jeder Gelegenheit auf jedem nur möglichen Schiff nach jedem nur möglichen Hafen. Toussaint hatte noch selbst die Frau seines eigenen Herrn in die Stadt kutschiert, damit ihr kein Leid geschähe.

Die Spanier und die Engländer hatten geglaubt, nichts sei so leicht einzusacken wie eine herrenlose Insel. Da wurden sie von den Truppen des Nationalkonvents geschlagen, mit Hilfe der Neger, die verstehen gelernt hatten, was Freiheit wert war. Im Laufe dieser Kämpfe wurde Toussaint ein immer besserer Offizier, und seine Leute wurden immer bessere Soldaten.

Die Evremonts hatten einen Teil ihres Besitzes in Banknoten und Juwelen eingetauscht. Die Hochzeit der einzigen Tochter hatte nicht mehr auf Haiti stattfinden können. Sie wurde zunächst samt ihrem Brautschmuck und ihrem Bräutigam, einem Grafen Lavette, nach Jamaika in Sicherheit gebracht, und einmal auf englischem Boden, fand sich Gelegenheit, nach London überzusiedeln. Das Brautpaar war von der Mutter begleitet und der alten Veronika, die ihnen Treue gehalten hatte. Die Damen nannten sie ein Beispiel für unbestechliche Treue. Die alte Veronika fühlte sich später, vom Klima abgesehen, nicht so schlecht in London, wie sie gefürchtet hatte. Ihre Herrschaft gehörte auch dort nicht zu den ärmsten Emigranten, dank der Voraussicht des Vaters. Auch seine Händler, Mendez und Nathan, die ihn vorzüglich beraten hatten, besonders Mendez, reisten Zwischendeck auf demselben Schiff mit der Frau Nathan und der jüngeren Tochter.

Dem alten Nathan brach fast das Herz beim Abschied von seinem Sohn. Er zweifelte an einem Wiedersehen, da er immer zu trüber Voraussicht neigte. Er malte sich alle Gefahren aus, in denen sein Sohn schwebte, wenn er in Le Cap blieb. Er schrieb den Entschluß seines Sohnes, zu bleiben, den Ratschlägen Mendez' zu, der von vornherein dazu neigte, nicht alles auf eine Karte zu setzen, sondern einen Teil des Vermögens unter sicherer Obhut an Ort und Stelle zu lassen. Es gab ja Gutsbesitzer genug, die einen Sohn oder einen Verwandten auf den kostbaren Pflanzungen wohnen ließen, weil sie damit hofften, das Ärgste abzuwenden, und weil ihnen der Gedanke unfaßbar war, ihr durch Jahrhunderte dem Urwald abgerungener Besitz könnte für immer verloren sein. Und Michael Nathan freute sich, daß er aller Erklärung enthoben war. Er wäre nie der Familie gefolgt. Obwohl er am kürzesten hier war, war er in allem verwurzelt.

Es wurde von niemand in der Familie viel beachtet, daß seine ältere Schwester bei ihm blieb, um, wie es gelegentlich hieß, ihn zu betreuen und seinen Haushalt zu führen. Der Vater weinte, als er das ältliche, ihm so ähnliche Gesicht beim Abschied küßte. Er saß auf der Reise traurig in einem Schiffswinkel. Seine Gedanken und seine Worte drehten sich aber nur um den Sohn.

Jeden Freitag zündete Mali in dem verlassenen Haus die Kerzen auf dem siebenarmigen Leuchter an, obwohl ihr Bruder darauf keinen Wert legte. Sie hörte die Nacht durch von der Straße die Rufe und Schreie und Schritte der durchziehenden Menschen. Die schwarze Dienerin Angela brachte das Abendessen. Angela zog die Lippen über die Zähne, die Lust zum Lachen hatten. Ihr war es spaßig zumute in dem verlassenen Haus; der junge Herr brütete vor sich hin, seine Schwester sah ihn ratlos an. Und draußen platschende Füße, Verwirrung und Ungewißheit, und manchmal entfernter Soldatengesang, auch Schüsse, man wußte nicht, von wem gegen wen. Angela versprach sich von jetzt an einen leichten Dienst. Die neue Herrin war zwar ein wenig knauserig; sie konnte sich aber kaum viele Unannehmlichkeiten ausdenken. Angela war nicht mehr sehr jung, aber auch noch nicht alt genug, um ihre Kette von Liebhabern abzureißen, die sie, je nach Bedarf, nach Laune und Zufall einfädelte. Einer war Klostergärtner gewesen; sie hatte auf Ehe gehofft. Er hatte aber ihre gemeinsamen Kinder unehelich gelassen und plötzlich ein blutjunges Ding geheiratet. Das jüngste Kind war schnell verkommen, das älteste blieb als Hilfe in einem Lager am Hafen hängen mit einer Abfindung an die Familie Nathan, der es als Sohn ihrer Sklavin unterstand. Ein anderer Liebhaber hätte beinahe Angelas Sohn sein können, ein pfiffiger, lustiger Schwarzer. Er war bei den ersten gewesen, die kurzerhand losgerannt waren, von dem verlockt, was er unter Freiheit verstand. Die alte Hexe, wie er Angela nannte, vergaß er sofort. In Nathans Hof lungerte noch eine kleine Tochter herum. Die stammte von einem Feldarbeiter, der manchmal mit einem Markttransport in die Stadt gekommen war. Er hatte schon vorher bei seiner Herrschaft Frau und Kinder gehabt, die alle mit ihm auf denselben Feldern schufteten. Das Herrschaftshaus hatte inzwischen lichterloh gebrannt. Angela wußte nicht, was aus der Familie geworden war. Sie selbst war so grob und ungeschickt, daß sie froh sein mußte, in einem Haus zu dienen statt auf dem Feld, auch wenn ihre Herrschaft nur als kümmerliche »kleine Weiße« galten, obwohl die Juden Nathan und Mendez wahrscheinlich höhere Werte ihr eigen nannten als manche Plantagenbesitzer.

Die Straße lag voll von obdachlosen Schwarzen. Sie hatten zunächst weder Herren noch Freiheit. Es gab sogar welche, die über diese Art von verkehrter Freiheit murrten. Sie hatten selbst die Häuser anzünden helfen, jetzt hatten sie nicht einmal ein Dach. Sie waren frühmorgens geweckt worden und bei jedem Zögern geprügelt; sie hatten aber wenigstens ein paar Stunden im Trockenen geschlafen. Sie hatten Essen und Trinken gehabt; sonst hätten sie nicht arbeiten können. Jetzt brauchten sie nicht zu arbeiten. Sie hatten kein anderes Essen als ein paar verfaulte Früchte, und sie kauten an Stücken von Zuckerrohr; sie süffelten Kokosnüsse leer, denn sie waren verzehrt von Durst, und das Wasser roch faul, so daß man ihm die Krankheit zuschrieb, an der jeden Tag ein paar Dutzend starben. Es kamen bei weitem mehr auf solche Art um als vor dem Beginn der Freiheit. Da hatte man auf den Gütern aus reinen Quellen Wasser geschöpft. Sie hockten quer durch die Stadt, längs der niedrigen Holzhäuser, fast lauter Frauen, bis auf die alten gebrechlichen Männer, die keinen Anhang an die schwarze Truppe gefunden hatten. Ein Saum von Kopftüchern und Brüsten, an denen die Kinder lutschten. Manchmal kamen Patrouillen vorbei, sie gehörten zu dem französischen Regiment, das die Kommissare aus Paris mitgebracht hatten. Sie hatten Befehl, vorsichtig mit diesen seltsamen Bürgerinnen umzugehen, deren Männer für die Republik kämpften. Wenn eine laut atmete oder stöhnte, dann machte die, die neben ihr hockte, zwei entgegengesetzte Bewegungen: aus Todesfurcht möglichst weit abzurücken, wenn das Gestöhn in Geröchel überging, und gleichzeitig sich herunter zu beugen, um doch zu helfen oder zu trösten. Man hörte eine Gewehrsalve von weit weg am Meer. – Was gab es denn jetzt schon wieder? Michael Nathan verließ das Haus; er wollte erfahren, wessen Landung man am Hafen verhinderte. Er wußte, was diese herumlungernden Schwarzen bedeuteten, die Gerüchte, die Salven am Hafen: die letzten Versuche, die Aufhebung der Sklaverei zu verhindern, mit Waffen, mit Hunger, mit Hohn.

Er schloß die Haustür hinter sich ab, ohne auf die Schwarze zu achten, die sich auf der Stufe zusammenkrümmte. Es war ihr nicht anzusehen, wie sie versucht hatte, sich noch bis zu diesem Haus zu schleppen. Aus diesem Haus könnte schließlich, falls er noch immer darin wohnte, der junge Weiße heraustreten, den sie eines Nachts an den Stadtrand gebracht hatte.

Sie wußte nicht, ob er sie damals wiedererkannt hatte. Sie aber, sie hatte sich längst das Bild dieses Fremden eingeprägt, des jungen, mageren, schweigsamen, ständig an seiner Lippe nagenden Menschen, mit seinem meistens träg streichenden, zuweilen genauen und scharfen Blick. Er hatte sicher nicht auf sie achtgegeben während der Überfahrt von Martinique nach Haiti, weil kein Weißer auf ein schwarzes Mädchen achtgibt, das mit seinesgleichen zusammengepfercht ist. Erst recht bei der Ankunft nicht, als er sehnsüchtig von seinem Vater umarmt und sie von der alten Hausbesorgerin gegen die Spieluhr eingetauscht wurde. Auch später nicht, wenn sie die Gäste auf dem Gut Evremont in einem Haufen von Haussklaven empfing.

Es war sogar schwierig gewesen, an Michael Nathan heranzukommen, als einer von Toussaints Offizieren ihr den Auftrag gegeben hatte, den jungen Nathan um jeden Preis zur Stelle zu schaffen. Sie hatte ihn endlich festgehalten. Sie hatte ihn gleich wieder einem Kurier überlassen müssen. Sie hatte ihn aus den Augen verloren. Sie hatte bisweilen an ihn gedacht, wenn in den Bergen der Regen auf die aus Ästen zusammengefügten Hütten des Notlagers prasselte, wenn in einem Klumpen von Flüchtlingen jeder für sich allein in Nässe und Kälte schauderte und sich in die Wärme eines verlorenen oder auch nur erfundenen Gefährten träumte.

Er kam jetzt aus seinem Haus, in dem er also noch immer wohnte. Sie war zu schwach, um ihn anzusprechen. Sie faßte nur seinen Finger, der aus der Westentasche heraussah. Michael stutzte. Er erkannte das Mädchen, obwohl sie heruntergekommen war und nicht im geringsten mehr so lieblich, wie sie ihm damals erschienen war. Er hatte sie auch wahrhaftig sofort in jener Nacht vergessen, nachdem ihm der Sinn ihrer Werbung klargeworden war. Er schloß die Haustür wieder auf. Er ließ sie ein. Er fragte: »Wo kommst du her?« – »Ich lief zuerst mit meinen Brüdern. Sie sind in der Armee. Ich bin auf gut Glück in die Stadt zurück.«

Angela war über den Gast erbost. Sie warf der Jüngeren einen Maiskolben hin. »Da, pflück!« Sie konnte es nicht vertragen, daß dieses Mädchen ohne weiteres eindrang. Es machte die Arbeit zu langsam mit seinen an Nähen gewöhnten Fingern. Sie schickte ihm eine Strohmatte unter das Vordach im Hof. Das Mädchen sollte sich ja nicht einbilden, daß es sich ohne weiteres im Zimmer des jungen Herrn einsiedeln könnte. Sie behielt auch diese Gewohnheit bei, ob wohl der junge Herr seinen Gast, sobald er nach Hause kam, in sein Zimmer rief. Margot ging in den Hof zurück, sobald Michael ausging, rollte schweigend die unbenutzte Matte auf und lehnte sie in die Ecke, die Angela dazu bestimmt hatte. Sie beklagte sich nie über die immer schwerere Arbeit. Michael fragte nie, wie sie denn, wenn er nicht daheim war, mit den übrigen Hausbewohnern einig wurde. Genug, daß sie lautlos hereinschlüpfte, wenn er da war, von neuem anmutig in ihrem frisch zusammengeflickten Kattunkleid, in einem neuen gesäumten Kopftuch. Sie flickte seiner Schwester die Kleider aus und manchmal sogar der Angela, die aber dadurch nicht besser gelaunt wurde.

Die Schwester ertrug die Launen des Bruders. Sie hätte weit schlimmere ertragen. Sie grämte sich nur im stillen, daß er ihr nie mehr wie früher sein Herz eröffnete. Sie war seinethalben geblieben; sie wäre mit ihm in jedem Abgrund geblieben. Was ihren Bruder an diese Fremde band, war etwas, das nur ihn anging. Es hatte nichts mit den Gedanken zu tun, die er ihr früher mitgeteilt hatte, wenn sie die Augen auf ihn heftete, zu ewigem Horchen bereit. Ihr Herz zog sich erst zusammen, als sie die beiden erblickte – er redete auf das Mädchen ein, wie er geredet hatte, wenn er mit ihr allein geblieben war und ihm gedünkt hatte, er sei allein. Er war aber jetzt nicht allein, obwohl auch das Mädchen zu schweigen verstand, wie nur die Schwester zu schweigen verstanden hatte. Sie hörte ihn anders an und sah ihn auch anders an. Als ob sie beide dasselbe erblickten. Wenn sie zusammen gewesen waren, dann hatte sie nur den Bruder erblickt, was er auch sagte. Das schwarze Mädchen unterstand sich auch, ihrem Bruder zu antworten. Er sah auch genau, was sie sagte. Sein Blick wurde klarer, solange sie redete. Dann schwiegen sie beide, als dächten sie über dasselbe nach.

Margot tat weiter den ganzen Tag ohne Widerrede die härteste Arbeit. Sogar in die Nacht hinein, wenn ihr Freund spät zurückkam. Je zorniger die Befehle wurden, desto gelassener gehorchte sie, als sei es sinnlos, die Ruhe des Hauses zu stören. Mali hatte ihr zuerst keine Beachtung geschenkt. Als ihre Eifersucht bitterer wurde, streute sie selbst Befehle ein. Margot widersprach ihr nicht. Sie beklagte sich auch bei dem Bruder nicht. Es war umsonst, daß sich Mali geradezu anstrengte, einen Vorwurf zu erreichen. Das Mädchen schien die Zeit zwischen Michaels Gehen und Kommen gar nicht zu rechnen.

Das war auch leicht, wenn er erzählte, was unterdes alles geschehen war. Toussaint hatte sein Wort gehalten. Haiti blieb unter der Trikolore. Hier glühte ihr Rot noch röter; ihr Blau noch blauer; ihr Weiß glänzte noch weißer. Die Kommissare hätten die Feinde der Republik nie in Schach halten können ohne Toussaint. Der setzte überall seine Truppe ein und warf sie blitzschnell herum nach Einfällen, die immerfort in seinem plötzlich erwachten Kopf entstanden, als sei seine junge Kraft noch durch keine Benutzung, durch keine Enttäuschung, durch keinen Zweifel ermüdet. Die Revolution in Paris fand ihren Mann zu jeder Phase. Hier in Haiti blieb er alle Phasen hindurch immer derselbe. Sie wechselte ihre Kommissare, Toussaint ging auf jeden ein. Er hielt die Jakobinerzeit durch und Robespierres Sturz und den Staatsstreich Bonapartes.

Sein Ruf auf der Insel war eine Zeitlang widersprechend und zwiespältig, als bestünde der Mann aus verschiedenen Männern und jeder hätte seinen besonderen Ruf. Nicht einmal die Schwarzen waren restlos bereit, sich über seinen Triumph zu freuen. Sie zweifelten manchmal selbst, ob es dabei mit richtigen Dingen zugehe. Sie waren daran gewöhnt, sich als Sklaven zu sehen, gut oder schlecht behandelt, und Glanz und Macht als das Vorrecht der Weißen. – Selbst Michaels kleines Haus war von dem zwiespältigen Ruf des Mannes gestreift. »Es heißt aber auch«, sagte Mali, nicht allzu heftig, mehr fragend, »daß er blutdürstig ist, daß er brennt und mordet. Wie viele hat er nicht abgeschlachtet, als er den Mulattenaufstand niederwarf.« Michael sagte: »Er kann nicht zugleich überall sein. Er hat sie besiegen müssen, und sie wurden besiegt. Jetzt kann er zeigen, wie er sich seine Republik vorstellt.« Er konnte sich denken, von wem die Schwester solche Geschichten bezog. Angela hatte zum letzten Geliebten einen Mulatten, einen Kellner, gehabt. Der hatte damals alle Karten auf Toussaints erbitterten Gegner, auf den Mulattenchef Rigaud, gesetzt.

Die Stadt erwartete Toussaints Einzug. Die dicke Angela ging auf die Straße, um alle Girlanden und Fahnen anzusehen. Sie tat es zunächst spöttisch und witzelnd mit Redensarten, die sie ihrem Geliebten abgehört hatte. Michael schickte Margot auf einen der Straßenmärkte, die den Krieg, sogar das Feuer hindurch, die Zeit überstanden hatten, als wüchsen ihre paar wackeligen Buden, ihre paar Matten und Ananasse und Mangos, ihre paar irdenen Töpfchen an den gewohnten Straßenkreuzungen nach wie zähes Unkraut. Er hatte ihr so viel Geld mitgegeben, daß sie für sich selbst und für die beiden anderen Frauen des Hauses, für die schwarze und für die weiße, genug Stoffe mitbrachte und dazu passende Bänder. Sie schnitt und nähte behutsam die ganze Nacht, als sei sie bisher von diesen Frauen behutsam behandelt worden. Sie waren alle drei frisch und bunt, als sie sich morgens zum Empfang in die wartende Menge drückten. Es war nur fraglich, ob Toussaint überhaupt durch die Straße ritt, in der sie eingekeilt standen. Man hörte am Glockenläuten, daß er in die Kirche gekommen war, als rauschten am Himmel die Flügel schwarzer und weißer Heerscharen.

Die Straße wurde auf einmal still mit den Glocken. Angela sogar schluckte ihre bissigen Anspielungen. Obwohl man hier draußen nichts hörte, wußte man in der Menge, was in der Kirche vorging. Die weißen Beamten bezeigten dem Negergeneral ihren Dank, daß er endlich Frieden gebracht hatte. Es gab einen Festgottesdienst mit Chorgesängen. Es läutete noch einmal. Das abgeebbte Geschwätz strömte hoch in den Gassen. Dann ebbte es wieder ab. Es summte: Er kommt. Er ritt kreuz und quer durch die Stadt, so daß es hieß, bevor er noch kam: Er kommt. Er ritt ein gutes gestriegeltes Pferd. Das war gesattelt wie das eines Edelmannes. Er trug nach Negerbrauch ein Taschentuch um den Kopf geknotet. Er trug auf der Brust die Orden aus Frankreich. Sein Gesicht war, wie es immer gewesen war. Es sah womöglich noch mehr dem Gesicht ähnlich, wie es immer gewesen war.

Er sah streng nach rechts und nach links. Sein Blick ließ keinen aus. Jeder wußte, daß er entdeckt worden war. Er sah auch das neue Kleid, das Margot noch nachts genäht hatte. Er sah auch die neuen Kleider, die Mali und Angela trugen, so daß sogar diese Kleider nicht nutzlos noch in der Nacht beendet waren. Er sah auch Michael, der die drei Frauen behütete.

Es zeigte sich bald, wie gut die Herren gerechnet hatten, die trotz aller Warnungen einen Verwalter oder sogar einen Sohn auf Haiti ließen, als sie selbst mit Frauen und Töchtern in die Emigration nach London fuhren. Ihr Grundsatz war also richtig gewesen, auf ein paar Karten zugleich zu setzen. Falls sich der Verwalter oder der Sohn vor dem ersten Wutausbruch gerettet hatte, den eine jähe Befreiung mit sich bringt, konnte er bald unbesorgt aus seinem Loch herauskriechen. Toussaint war jetzt der unbestrittene Herr. Er war klug genug, um zu wissen, daß eine Schar Neger, die durch Glück und Kühnheit und durch die kluge Ausnutzung ihrer Lage auf einer entlegenen Insel zur Macht kam, ohne Hilfe der Weißen nicht lange herrschen konnte. Er wußte auch, was er den Weißen verdankte. Die paar tausend Jahre Kultur, ein paar tausend Jahre Erfahrung. Wenn weiße Christen als Sklavenhalter ihren Glauben verleugnet hatten, dann war es an ihm, dem schwarzen Christen, ihr Christentum besser zu verstehen. Jetzt kehrten einzelne Gutsbesitzer wieder auf ihre Farmen zurück; sie mußten zwar hohe Steuern abgeben. Die Schwarzen waren frei. Sie wurden zwar durch die Gesetze gezwungen, die Lohnarbeit wiederaufzunehmen. Sie bekamen Lohn gegen geregelte Stundenarbeit. Sie waren inzwischen an ein anderes Leben gewöhnt, sie ärgerten sich über den Zwang, wie sich die Herren über die Steuern ärgerten. Der Ärger versiegte langsam, die Zucker- und Kaffeeplantagen gediehen, das Leben floß zuerst wieder träge, dann brauste es kräftig wie vorher mit Handel und Frachten, mit Schiffsempfängen und Tanzmusik, mit offenen Geschäften. Jeder fand Arbeit, jeder wurde gebraucht, die Angebote richteten sich weder nach Hautfarbe noch nach Herkunft.

Die Herren frischten ihre Häuser, ihre Kleider und ihre Kutschen auf. Sie hatten keine stummen Schatten mehr hinter den Kutscherböcken und hinter den Stuhllehnen, sie durften kein schwarzes Mädchen mehr anbinden und durchpeitschen. Sie gewöhnten sich aber daran. Ihr Leben war manchmal wieder lustig. Die Geschäfte füllten sich. Jetzt hieß es, sich auszustatten.

Der Sohn eines alten Kunden kam zu Michael Nathan. Er verlangte ein Schmuckstück zurück, das Nathan und Mendez in Verwahrung genommen hatten. Er bekam es ausgehändigt. Michael schrieb seiner Familie, er habe alles gut überstanden. Auf der Insel sei Friede und Ordnung, das Geschäft blühe langsam auf. Sein Vater in London war glücklich über das Lebenszeichen. Der alte Mendez rieb dem alten Nathan unter die Nase, wie richtig sein Rat gewesen sei, den Jungen an Ort und Stelle zu lassen.

Ein schwarzer Ordonnanzoffizier kam eines Morgens

zu Michael. Er lud ihn in das Gouvernementspalais. Die Schäden des Krieges waren dort längst geheilt. Die Vorhänge, Lampenschirme und Teppiche waren aufgefrischt oder erneuert. Die Messingbeschläge und Knöpfe auf dem Geländer und auf den Möbeln waren poliert.

Michael hatte oft spotten hören über die Seidentapeten in dem Empfangszimmer des schwarzen Regierungschefs, über die Livreen seiner Diener. Die Witzbolde hatten sich von selbst beruhigt, als ob sie umsonst erwartet hätten, die Möbel, Tapeten und Livreen könnten sich sträuben.

Toussaint verriet mit keiner Miene, daß ihm der Gast bekannt war. Er machte keine Anspielung auf ihr vergangenes geheimes Zusammentreffen. Es war eine Sammlung Edelsteine, die er bei dem Juwelier zu besichtigen wünschte, gefaßte und ungefaßte. Er trug sich an Haltung und Kleidung, wie es der Raum verlangte. Der Raum war heute das Gouvernementspalais, gestern war es der Urwald gewesen. Er kam auf Besuch in Michaels kleines Haus. Michael merkte an seinen Fragen und Wünschen, er hatte Vergnügen an edlen Steinen. Es war vielleicht schon entstanden, als er den Herrn kutschierte.

Er beachtete die drei Frauen nicht, die ihn im Haus bedienten. Michael hielt es trotzdem für möglich, daß ihm keine Einzelheit entging. Nur, daß er jeden Sinneseindruck wie einen im Augenblick unverwertbaren Schatz in sich ruhen ließ. Schon damals, in seiner Sklavenzeit, war Michaels Bild in ihm haftengeblieben, zunächst unter anderen unbenutzbaren Eindrücken, bis er sich den Mann heraussuchen mußte, den er brauchte.

Toussaint fragte nur einmal, bei einem seiner späteren Besuche, was denn aus den beiden Alten geworden sei. Sie wären nach England geflüchtet, erzählte der junge Nathan. Angela putzte vor Toussaints Besuchen die Zimmer. Sie frischte die Teppiche auf, sie kramte die besten Gläser hervor, sie stellte Liköre und Leckerbissen bereit. Sie plapperte ihrem Liebsten nicht mehr nach, ein entlaufener Sklave maße sich an, den Herrn zu spielen. Sie war nachgerade davon überzeugt, daß er es wirklich war, nicht nur spielte. Darum, weil er bestimmt und höflich auftrat, mit dem gehörigen Abstand von ihr, der dicken schwarzen Angela, und von den angebotenen Leckerbissen genau die wählte, die nur für hohe Besuche bereitet waren. Michael hätte sich andere Dienste gewünscht als das Vorlegen von Brillanten. Er wurde aber bei diesen Besuchen zufriedener als sonst mit seinem Beruf. Toussaint fragte ihn unermüdlich nach Namen und Preisen und Fundorten aus. Jetzt, wo er die Möglichkeit hatte zu wählen, war er schnell von der Vorliebe echter Sammler angetan: zu einem bestimmten Stein, der ihm nur in dieser und keiner anderen Fassung gefiel. Er kannte nur leidenschaftliche Unternehmungen, sie mochten Spiel oder bitterer Ernst sein. Und dieses Spiel mit den dünnen Lichtblitzen, rötlichen oder grünlichen, das immer den Herren Spaß gemacht hatte, wie viele Spiele, die ihnen ihr Dasein erheitert und bestärkt hatten, erheiterte und bestärkte jetzt Toussaints andersgeartetes Dasein. Er ging vergnügt und ausgeruht aus dem Zimmer, in dem es gespielt worden war.

Der Vater Nathan schrieb aus London, wie froh er jetzt sei, daß seine Firma eine Zweigstelle in Le Cap habe. Wer hätte das beim Scheiden gedacht? Damals sei alles drunter und drüber gegangen. Wer hätte denn damals auch in dem Kutscher des Herrn Antoine so etwas vermutet?

Michael kaufte ein kleines Landhaus. Margot gebar ihm dort eine Tochter. Angela fühlte keinen Haß mehr. Jetzt war der junge Herr Nathan nicht mehr ein verwöhnter Sohn mit allerhand Hirngespinsten und Liebschaften; er war ein ausgewachsener Herr, der auf die richtige Karte gesetzt hatte. Margot machte ihre Sache gut, denn sie war die Geliebte des Herrn, der auf die richtige Karte gesetzt hatte. Das waren feste Zustände, die man anerkannte. Margot trug ihr nichts mehr nach. Sie schickte ihr oft die Kutsche. Angela kam zum Schwatzen und um das Kind zu bewundern, das lieblich wie seine Mutter war. Manchmal fiel etwas von den Stoffballen ab, die Michael jede Woche ins Haus schleppte. Was es an Launen und Phantasie in Michaels ernsthaftem, etwas steifem Wesen gab, das kam zutage, wenn er in Geschäften und auf Märkten, sonderbar nachdenklich, Stoffe in allen Farben und Mustern wählte, Kattune mit Blumen und Vögeln und Punkten und Kringeln bedruckt und Seiden in zartem Grau, von grünen und rosa Fäden durchzogen, oder goldbraun und Hände voll Spitzen. Sie dachten sich Zuschnitte aus, die Dicke und die Junge. Die Junge immer das gleiche für ihre Tochter, als sei das Kind ihre jüngste Schwester. Michael lächelte, wenn er dazutrat. Wenn er Margot einen Smaragd an den Finger steckte, dann brachte er immer ein Tröpflein Smaragd für die Kleine mit. Er lächelte auch, wenn kein Ringlein klein genug war für die winzigen Finger.

Der goldbraune Stoff, den er Margot am liebsten brachte, hatte genau die Farbe der kleinen Tochter, als sei er aus ihrer Haut geschnitten.

IV

»Die Rassen schmelzen wie Wachs in seinen Händen.« So hatte der Kommissar in Paris über Toussaint berichtet. Inzwischen war Bonaparte Konsul geworden. Toussaint hatte seine eigene Verfassung herausgebracht. Er hatte erst nachträglich, der Form zu genügen, um Bestätigung bei dem Konsul nachgesucht. Bonaparte, nachdem sein eigener Staatsstreich gelungen war, fischte nach Bedarf aus der erstickten Revolution die Gesetze heraus, die ihm brauchbar schienen. Er ließ sie fallen, wenn sie mit seinem Wunsche nach Ruhm und militärischer Macht nicht auf einen Nenner zu bringen waren. Er hatte schon längst beiläufig geäußert, daß er auf den Schultern von Negern Epauletten nicht dulden wollte. Und dieser Neger da, weit weg im Westen, begann sich zu einem kleinen schwarzen Staatschef auszuwachsen. Auch Toussaint hatte für seine neue Verfassung aus der Revolution gelernt, was ihm gut schien. In seinem Fall war es ihr Grundgesetz, die Freiheit und Gleichheit.

Bonaparte antwortete nicht mit der Bestätigung der Verfassung, sondern mit seiner Kriegsflotte. Er schickte eine beträchtliche Mannschaft aus, so groß wie später nach Spanien, mit erprobten Offizieren, um gründlich Schluß mit dem Schatten zu machen, der nicht auf einem Kutscherbock saß oder hinter einem Sessel stand, sondern ein Schatten hinter der eigenen Macht war.

Toussaint sah mit seinen Freunden aus den Bergen zu, wie sich ein Schiff nach dem anderen vom Horizont ablöste. Je mehr solche Schiffe sich ablösten, desto sicherer war sein Untergang. Er wußte plötzlich, daß die besten Gedanken keinen Bestand haben konnten, wenn sie die Macht nicht hinter sich hatten.

Michael kletterte mit seiner Frau in die Berge. Die Frau zog eine Schnur durch die Schuhe und hing sie über die Schulter, um barfuß leichter zu klettern. Die Schwarzen warfen finstere Blicke auf Michael, den einzigen Fremden in der Schar, der der Ankunft der Schiffe zusah. Sie argwöhnten in seinem länglichen, strengen Gesicht eine Spur Schadenfreude. Sie fanden nichts anderes in seinen Mienen als ihre eigene Bestürzung und ihren eigenen Haß.

Margots Kleid war zerfetzt und zertragen, als sie nachts heimkam. Am nächsten Morgen ging Michael früh in die Stadt, um sein Haus zu ordnen. Er brachte die Ware in Sicherheit. Ein junger Adliger kam, um sich Rat zu holen. Es war derselbe, der bei Toussaints Regierungsantritt seine Juwelen zurückverlangt hatte. Sein Onkel hatte ihn damals auf der Kaffeeplantage zurückgelassen in der Hoffnung, er könne ihm doch noch einen Teil seines Besitzes erhalten. Insofern war diese Voraussicht gerechtfertigt worden, als Toussaint, einmal an der Macht, nur selten, mit Maß und Vorsicht, in den Besitz der Weißen eingriff, nachdem die Sklaverei endgültig abgeschafft war. Der junge Mensch sagte zu Michael: »Ein Glück, Herr, daß wir endlich aus diesem Hexenkessel gefischt werden.«

Michael schickte die beiden Frauen, Angela und die Schwester, aufs Land zu Margot. Er blieb zunächst im Stadthaus. Auf Bonapartes Schiffen hatte man sich den Empfang vergnüglicher vorgestellt. Man hatte geglaubt, ein paar Kanonen bei der Landung müßten genügen, um Platz zu machen für ein Befreiungsfest, bei dem es hoch herging mit Tanz und Musik. Die Schwester des Konsuls Bonaparte, die Frau des Oberbefehlshabers, hatte Kleider genug an Bord für einen solchen Empfang. Statt dessen bekamen die Kanonen solche Antworten, daß sie mitsamt den Koffern in einem Soldatenzelt schlafen mußte, weitab von der brennenden Stadt. Es gab Negerbeamte und Offiziere, die Fackeln in ihre eigenen Häuser warfen. »Was diese Teufel sich noch zum Schluß ausgeheckt haben«, sagte der junge Adlige, als er wieder unversehens auf Michael stieß.

Michael machte sich fertig, um zu den Frauen aufs Land zu ziehen. Sein eigenes Haus war noch unversehrt. Es war aber längst Zeit zum Weggehen. Jede Hoffnung auf eine Wendung war sinnlos. Er lief nur Gefahr, mit den Weißen verwechselt zu werden, die ungestüm die französische Truppe als Befreier begrüßten, wenn sich Soldaten in die brennenden Straßen wagten. Verängstigte Negerinnen zerrten die Kinder unter den Hufen der Pferde weg und unter den Sporen der Offiziere. Die blendende Stadt war verraucht und verascht. Die Regenzeit hatte früher eingesetzt als gewöhnlich. Sie löschte endlich. Sie vermanschte die Trümmer zu einem schwarzen Brei. Alle waren verstört von den Nachrichten über das gelbe Fieber, das in der Armee und in der Bevölkerung ausbrach.

Als Michael endlich sein Stadthaus verließ, paßte ihn eine unförmige, dicke, fremde Negerin ab. Ihm schien es, er hätte gerade auf ihre Botschaft gewartet, sei deshalb trotz allem geblieben. Er müsse ihr sogleich folgen. Er hatte manchmal vergebens versucht, zu erfahren, wo in den Bergen sich Toussaints Lager befand. Er stellte sein Handgepäck ab. Er folgte. Der Weg war zunächst gefahrlos durch die allgemeine Zerstörung. Dann schlängelte diese dicke Schwarze sich und ihn überraschend gewandt durch Wachpostenketten über von neuem herrenlose Plantagen. Erst in der zweiten Nacht erreichten sie Toussaints Lager. Michael war zu erschöpft, daran zu denken, daß er vermutlich aus diesem Bergspalt seine Geliebte und seine Tochter nicht mehr finden könnte. Toussaint trug seine gute Uniform und an den Fingern Ringe. Er trug keine Perücke. Sein Gesicht war lebhafter, als es Michael aus guten und schlechten Zeiten kannte. Es war eine Unruhe in dem Mann, ein zweckloses Zucken. Damals wie heute das spärliche Licht einer Kerze, in dem das Weiß in den Augäpfeln glänzte und das Metall an den Resten von Uniformen und Gürtelschnallen und Säbeln und auch an zwei krummen Urwaldmessern. Es wurde viel, aber hart gelacht. Toussaint, der früher selten gelacht hatte, brach in Abständen in ein kurzes Gelächter aus, in das dann alle einzustimmen versuchten, obwohl oft nicht mehr herauskam als Zähnefletschen.

Toussaint begrüßte Michael beinahe lustig wie einen alten Kumpan. Seine Begleiter stimmten in die Begrüßung ein. Sie klatschten ihm auf die Schulter, sie zogen ihn an den Ohren, sie fuhren ihm übers Haar. Michael war steif. Sein Gesicht war, wie es immer war. Die Gesichter um ihn herum waren teilweise wieder finster geworden. Es dauerte eine Weile, bis aus allen Gesichtern das Ungestüm der Begrüßung, beinahe wie zu einem Gelage, abgestellt war. »Schreiben Sie auf«, sagte Toussaint, »was ich Ihnen diktiere.« Er hatte bereits wieder das Gesicht, das Michael kannte, nachdenklich, ruhig und ein wenig mürrisch. Nur in den Mund- und Augenwinkeln saßen die Male des Denkens eingeritzt, Wappenzeichen, die alles in dem Gesicht bestimmten, den ganzen gedrungenen Mann. Michael merkte plötzlich, daß Toussaint das Kinn im Grübeln hängen ließ wie er selbst. Toussaint starrte vor sich hin. Er machte plötzlich die gewohnte Bewegung eines Befehls. Michael setzte die Feder an. Toussaint sah genau auf den Punkt, auf dem die Feder das Papier berührte. Aus seinen Augen kamen, wie aus Untiefen von Schwermut, solche Ströme von Schwermut, als hätte er soeben den Zwischenraum zwischen der Grenze alles auf Erden Erreichbaren und der Grenzenlosigkeit des Gedankens endgültig abgemessen. Die Offiziere drückten sich in den Ecken der Hütte zusammen. Ihr Geschwätz, das einem zufällig eingetretenen Fremden beinahe närrisch und ausgelassen gedünkt hätte, war bei dem Klang von Toussaints Stimme verstummt. An Geböller und Schüsse draußen war man schon viel zu gewöhnt, um darauf zu achten. Michael schrieb zuerst ein paar Sätze auf, die an den Befehlshaber der französischen Landungstruppe gerichtet waren. Toussaint hatte längst selbst gelernt, solche Briefe zu verfassen. Er hatte schwarze und weiße Sekretäre in seinem Dienst gehabt, Michael stutzte bei einer Wendung, dann griff er ein zweites Papier; dann setzte er die Vorschläge der Reihe nach auf, dann bat er um die Erlaubnis, seine eigene Meinung zu sagen, bevor er den Brief fertigstellte. Die Vorschläge, welche Toussaint machte, schienen ihm sinnlos angesichts einer Übermacht, die vollständige Niederlage bezwecke und vermutlich bedeute. – Die Achtung, die Toussaint offenbar diesem Weißen bezeigte, hinderte seine Freunde an gröberem Widerspruch als Gemurmel und zornige Ausrufe und einige halbe Drohungen. Michael verstand, daß diese Menschen die Lage nicht in demselben Licht sehen konnten wie er selbst. Er verstand auch, daß der Zwischenraum zwischen dem auf Erden Erreichbaren und der Grenzenlosigkeit des Gedankens, über den Toussaint soeben gegrübelt hatte, bei diesen Menschen ein paar Äonen kürzer war als bei ihm selbst. Sie einigten sich im Laufe der Nacht auf den Brieftext. Toussaint fragte einzelne Freunde nach ihrer Meinung. Sie widersprachen rasend Michaels Vorschlägen; sie wichen knurrend zurück, wenn Toussaints Stimme eine Spur härter zu dem endgültigen Diktat ansetzte.

Man führte Michael in die Hütte, die für ihn hergerichtet war. Er wurde nach ein paar Stunden Schlaf zurückgeholt, um etliche Briefe an ausländische Behörden zu schreiben, mit denen Toussaint die letzten Jahre Beziehungen unterhalten hatte. Einer von Toussaints Freunden, der Henry hieß, mit dem Spitznamen Tintin, machte kein Hehl aus seinem Mißtrauen gegen den einzigen Weißen im Lager. Toussaint ermahnte ihn nicht. Michael stellte ihn nicht zur Rede. Henry war ein verwegener Offizier, berüchtigt durch seine Grausamkeit, schon vormals, im Feldzug gegen den spanischen Teil der Insel. Er hatte als erster bei der Landung Bonapartes, seinen Gefährten das Beispiel gebend, die Brandfackel in sein eigenes Haus geworfen. Henry war bei den Soldaten beliebt. Er ging oft in die Baracken, in denen die Kranken untergebracht wurden, zwar meistens erst, wenn sie schon starben. Die Neger litten trotzdem viel weniger an dem gelben Fieber, das die Armee Bonapartes aufrieb. Henry empfing solche Nachrichten mit Gelächter und Tänzen, mit Drohungen gegen alle Weißen, mit Spott auf Michael. Der schwieg; er begriff, daß Toussaint diesen Gefährten mißbilligte, aber liebte, vielleicht sogar mehr als andere. Wenn er Toussaint etwas nachtrug, so war es vor allem die Einsicht, er würde Henry immer mehr lieben als ihn, Michael.

Er war jetzt schon Tage hier oben, vielleicht schon Wochen. Es war die Zeit der Neger geworden, die uferlose, gewichtlose Flugsandzeit. Toussaint ging plötzlich auf ein Zusammentreffen mit französischen Offizieren ein. Er widersetzte sich hartnäckig allen Warnungen. Er vertraute auf die versprochene Sicherheit, als wollte er sein eigenes sicher begründetes Mißtrauen vor seinen Freunden lächerlich machen. Als glaube er nicht, was die Franzosen schon mehrmals geäußert hatten: daß ein Versprechen, Negern gegeben, niemals gelte. Toussaint wurde sofort verhaftet und abgeführt. Am Abend, als seine Freunde allein in der Hütte warteten, stürzte sich Henry in einem Wutanfall auf Michael, als sei dieser schuld an dem Unglück. Michael hatte beharrlich vor der Begegnung gewarnt, er hatte sich sogar entschieden geweigert, den betreffenden Brief zu verfassen.

Henry wurde an beiden Armen zurückgehalten, er stampfte mit dem Fuß, er stieß mit dem Kopf in die Luft, er schrie so laut, daß vor der Tür die Neger zusammenrannten. Er schrie auch: »Verdammter weißer Jude!« Michael schwieg, bis Henry von seiner Wut erschöpft war. An einem der folgenden Tage, die sie verzweifelt und ratlos verbracht hatten, trat Henry von selbst zu Michael. Er sagte: »Ich liebe dich nicht. Du bist aber unschuldig an dem Unglück, das sehe ich ein.« Michael schwieg.

Die Negerhauptleute bestimmten einen militärischen Rat, da niemand als alleiniger Nachfolger Toussaints in Betracht kam. Er hatte als einzelner Mensch in einigen Jahren viele Entwicklungsstufen übersprungen, die sie alle zusammen in Generationen kaum meistern konnten. Sie fühlten jetzt mehr denn je, daß Toussaint Eigenschaften in sich vereinigt hatte, die man sonst nur getrennt an mühselig aufspürbaren Menschen finden kann. Man findet selbst dann solche Eigenschaften höchstens im Ansatz, nie ganz entwickelt. Toussaint lag jetzt gefesselt auf einem Kriegsschiff, unterwegs nach Frankreich. Bonaparte konnte kaum militärischen Vorteil aus seiner Verhaftung ziehen. Die Armee war zermürbt und zerkrümelt, und wo sie sich noch einmal straffte, wurde sie nicht nur von einigen dreisten Ausfällen der Neger getroffen, sondern vor allem vom gelben Fieber. Das brach in sie ein, als kämpfe die Erde der Insel mit Wasser und Luft vereinigt einen zähen Guerillakampf.

Michael machte sich eines Tages zur Stadt auf. Sein Aufenthalt war überflüssig geworden. Im Lager war kein Bedarf mehr für seinesgleichen. Die Neger zerstreuten sich nach jedem französischen Angriff im Urwald. Die ganze Insel zuckte von Einzelkämpfen, von unerklärlichen Überfällen, von unerwarteten Schüssen auf hohe französische Offiziere. Die Antwort darauf waren Metzeleien, Ausrottungen von Negerdörfern, erfindungsreiche Abschlachtungen durch Schüsse, Brand, Stricke, Hunde.

Michael kam nach langer Wanderung auf vielen Umwegen in der Vorstadt an. Le Cap, das in seiner Glanzzeit bis nach Europa geleuchtet hatte, mit einer heiteren Sicherheit, die unter der kurzen Herrschaft Toussaints noch einmal geglitzert hatte, war nur noch ein Trümmerhaufen. Es gab keine Märkte und keine Geschäfte mehr. Nur ein paar elende Neger verkauften ängstlich ihre halbzerdrückten Früchte. Michael war darauf gefaßt, nicht mehr viel von seinem Landhaus übrig zu finden. Sein Gram war so groß, daß er kaum unter dieser Furcht litt. Sie war nur ein Stein mehr auf der Last seines Herzens. Wenn er in Toussaints Quartier Margot aus dem Gedächtnis verloren hatte, dann war es nur billig, daß sie sich gänzlich verflüchtigte nach Art von lieblichen, manchmal stechenden, im ganzen schmerzlichen Träumen. Sein Garten lag ungepflegt und verwildert, aber unzerstört zwischen den ausgebrannten oder verkommenen Plantagen. Es war kurz nach der Regenzeit. Die Blumen, von keinem gebändigt, wucherten desto stärker zwischen Wurzeln und Stauden, zwischen Fliesen und Ziegeln. Sie glühten und blauten in einer Wildheit, als könnten sie sich, wenn man sie weiter gewähren ließ, in bunte Fabeltiere verwandeln. Das Landhaus sah unbewohnt aus. Der Türklopfer gab einen vielfachen Widerhall, der über die bange Erwartung des Klopfenden spottete. Um den Spott vollzumachen, endete das Schweigen in einem furchtsamen Schlurfen. Michael rief seinen Namen. Die Schwester öffnete. Sie war noch gelber, noch hutzeliger. Ihre Augen leuchteten nicht auf, sie starrten zuerst, dann schossen sie voll Tränen. Margot, erzählte sie, sei vor Wochen am Fieber gestorben, mit ihrem Kind, wie beinahe alle, die den Krieg überlebt hatten. Angela sei sofort in die Stadt gezogen aus Furcht vor der Krankheit. Ihr Freund sei noch in der einzigen offenen Wirtschaft am Hafen angestellt. Sie, Mali, sei allein bei den Kranken geblieben. Sie habe alles getan, was möglich war. Sie hätte die Anstrengung nicht gescheut, sie hätte sich bei der Pflege und bei den Nachtwachen immer gedacht: Was möchte mein Bruder jetzt noch, was ich den beiden Gutes tue?

Michael schwieg. Er streckte nur einmal die Hand aus, um ihr Haar zu berühren. Er ging dann stundenlang schweigend kreuz und quer durch das leere Haus. Er fand keine Spur mehr von seiner Geliebten. Denn alles war ausgeräuchert aus Furcht vor Ansteckung. Die Kleider waren verbrannt, sogar die Vorhänge. Michael spürte nicht einmal großen Kummer, nur eine maßlose Leere. Mali hörte ihn plötzlich auflachen. Er hatte in einer Ritze zwischen den Dielen einen Knopf von der Frau oder von dem Kind gefunden. Sie saßen abends schweigend zusammen, Bruder und Schwester, mit hängendem Kinn, einander und ihrem Vater so ähnlich wie je.

Michael ging in die Stadt, um zu sehen, was dort von der Wohnung übrig war. Die Straße war verbrannt. Er hatte aber einige wertvolle Stücke im Gouvernementspalais untergebracht. Das neue französische Amt genehmigte ihm ohne weiteres, seinen Besitz herauszunehmen. Er war in der Stadt nur bekannt als Sohn der Firma Nathan und Mendez.

Er stieß auf den jungen Adligen, dem er bei seinem letzten Aufenthalt in der Stadt begegnet war. Der half ihm, seine Post zu besorgen und später für sich und die Schwester Schiffspapiere.

Der Vater weinte vor Freude, als er den Sohn am Hafen

umarmte. Michael fand ihn kaum verändert. Der Großvater Mendez, der immer noch munterer gewirkt hatte als sein Schwiegersohn, war plötzlich zusammengeschrumpft und schwerhörig. Die Mutter trug sich so sorgfältig wie früher, sogar noch gekräuselter und gefältelter. Ihre Schönheit war gänzlich verblaßt. Die kleine Miriam dagegen war jetzt ein blendendes, geradezu in die Augen der Männerwelt stechendes junges Weib. Sie trug sich mit einer leicht spöttischen Gelassenheit, sogar ihrem Bruder gegenüber, als ob sie von vornherein annehme, er sei von ihrem Anblick verwirrt und gleichzeitig zu bedauern, weil er immer noch grämlich und unansehnlich wie früher war. Sie hatte inzwischen einen Kaufmann geheiratet, einen jungen gewandten Juden aus Paris, der zwischen den Hauptstädten reiste und handelte. Er war in die Firma Nathan und Mendez eingetreten.

Michael war noch nicht lange in London, da legte sein Vater auch ihm eine Heirat nahe. Der alte Nathan war selbst überrascht, als sein Sohn sofort einwilligte. Nicht darum, weil ihm das vorgeschlagene Mädchen besonders gefiel, nicht einmal, um dem alten Vater einen Gefallen zu tun, sondern weil ihm die ganze Sache völlig gleichgültig war.

Verglichen mit den durchlebten Jahren, konnte, was jetzt noch nachkam, auf keinen Fall noch eine Rolle spielen. Sein Innerstes war versengt gewesen, jetzt war es verraucht und verascht wie Le Cap. Da es ihm einerlei war, bei welcher Art Frau er zufällig lag, da es doch die Frau nicht mehr sein konnte, die er liebte, war es am einfachsten, dieses ruhige, freundliche, reinliche Mädchen anzunehmen, das ihm der Vater vorschlug.

Er wäre vielleicht doch noch auf Menschen gestoßen, die ihn aus der Stumpfheit gerissen hätten; auch seine Asche hätte noch einmal glimmen können. Er wurde aber rasch kränklich. Er zog sich noch mehr in sich selbst zurück. Er verfolgte noch die Nachrichten, die bisweilen aus Haiti kamen. Sie waren zugleich einförmig und erregend. Der Kampf gegen die schwarzen Guerillas ging weiter, ohne mit ihnen aufzuräumen. Die Insel war gänzlich verrottet. An reiche Plantagen, an blühenden Handel war nie mehr zu denken. Wenn einmal in manchen Köpfen der Traum gespukt hatte, Haiti könnte einem Staatsmann, sei es Toussaint, sei es Napoleon, zum Stützpunkt werden für wirkliche und mutmaßliche Weltherrschaftspläne, so waren die Träume bald versiegt mit dem Glanz und dem Reichtum der Insel. Napoleon hielt die Welt durch andere Pläne in Atem. Da war es besser, die ohnedies verkommene Insel sich selbst zu überlassen, statt zuviel Kraft an sie zu vergeuden. Sie blieb dadurch unabhängig. Zwar nicht, wie es Toussaint geplant hatte, frei und stark unter den freien und starken Republiken der Epoche. Sie war verarmt, ausgelaugt, wirtschaftlich abhängig von den reichen Ländern der Welt. Sie blieb aber ein Negerstaat.

Der alte Nathan, der in den Zeiten der Trennung um den Sohn gebangt hatte, erlebte jetzt in London den Tod seines einzigen Sohnes. Er tröstete sich an seinen zwei Enkelsöhnen. Mali betreute sie in gesunden und kranken Tagen, wie sie auch einmal in Haiti die kleine goldbraune Tochter der toten Margot ihrem Bruder zuliebe betreut hatte.

Michael Nathan hat vermutlich vom Ende Toussaints nichts mehr erfahren. Toussaint starb ungefähr um dieselbe Zeit einen qualvollen Tod auf der Festung, auf der ihn Napoleon gefangenhielt. Bei diesen zwei Toten fallen einem die Bäume ein, die, längs der Heerstraßen quer durch Europa gepflanzt, zusammen krank werden und verkommen. Ihr Tod, gleichzeitig an verschiedenen Enden der Welt, erscheint einem weniger rätselhaft, wenn man weiß, daß sie derselben Aussaat entstammen.

Wiedereinführung der Sklaverei in Guadeloupe

I

Die Gäste bezwangen ihren Hunger, um zuerst alles zu loben. Sie waren früh in die Berge geritten, um rechtzeitig am Versammlungsort anzukommen.

Die Nacht war still. Das Meer war hinter der Hütte nicht zu sehen und nicht zu hören. Das flache Stück Mulde lag wie ein See im Mondlicht und die Hütte an seinem Rand wie ein Boot. Es war von den Schatten einzelner, bis in die Wipfel kahler Palmen gestreift. So schwach der Wind war, er brachte ein sonderbares Geräusch zustande, indem er die Spitzen der Palmen strich: es glich dem Knistern eines geheimen Brandes.

Manon, die Negerin, brachte den Kokosschnaps, den sie gebraut hatte. Ihr Gesicht sah im Mondlicht versilbert aus. Die beiden Männer am Tisch waren fahler bis auf die Metallstücke ihrer Uniformen. Beauvais glänzte unmerklich aus seinem weißen Gesicht. Berenger, der Mulattenkommandant, war beinahe gesichtslos, wenn er sich ins Dunkle zurücklehnte. Wenn er sich vorbeugte, schimmerte eine Gesichtshälfte wie polierte Bronze. Ihre drei Schatten waren alle gleich, stumpf und dicht.

Manons Familie, Große und Kleine, brachten noch viele Speisen. Reis und süße Kartoffeln, Schweinefleisch, Fisch und Gemüse. Manon drängte alle vom Tisch weg. Sie waren ungefähr fünfzehn, Mann und Kinder, Schwiegersöhne und Enkel. Sie sahen befriedigt zu, wie es den Gästen schmeckte. Manon sagte: »Ich dachte gleich, als meine Jungens die Fische brachten: Der da wird für euch der richtige sein. Wenn ihr wirklich bei uns vorbeikommt. Ich legte ihn auf, als ich eure Pferde hörte. Warum ist Paul Rohan nicht abgestiegen?«

»Er ist voraus«, sagte Beauvais, »um die Leute zusammenzurufen.«

Die Aufhebung der Sklaverei war durch die Nationalversammlung schon lange beschlossen worden. Der Konvent hatte sie als Gesetz erlassen. Er hatte vor bald drei Jahren den Kommissar Hugues nach Guadeloupe geschickt, um die Trikolore auch hier zu pflanzen. Der bloße Anblick von Blau-Weiß-Rot erregte alle Menschen auf den Antillen. Die Inseln lagen im Karibischen Meer durcheinandergemengt, mit englischen, spanischen, französischen, holländischen, portugiesischen Fahnen, wie sie Piraten und Abenteurer auf dem Weg nach Amerika entdeckt und besiedelt hatten. Unerschöpfliche schwarze Menschenmassen aus Afrika hatten eine Schiffsladung Arbeitskraft nach der anderen abgegeben, nachdem die Urbevölkerung in den Bergwerken und in den Mühlen zugrunde gegangen war. Seit der Französischen Revolution drehten die Sklaven ihre Köpfe in verzweifelter Hoffnung nach der vorüberziehenden neuen Fahne. Mit Spott sahen ihr die Plantagenbesitzer auf den Veranden der Villen nach und ihre Frauen und Töchter aus Hängematten.

Der Kommissar Hugues war noch auf See, als er erfuhr, daß Guadeloupe schon von den Engländern besetzt worden war. Die Aristokraten hatten sie zur Hilfe gerufen, weil sie lieber ihre Plantagen unter fremder Fahne weiter durch schwarze Sklaven bebauen ließen, als das Lilienbanner gegen die Trikolore zu tauschen. Hugues setzte die Landung durch. Er vertrieb die Engländer. Die Neger halfen ihm, wie ihre Brüder auf dem benachbarten Haiti, der jungen Republik eine Insel mehr zu erhalten. Nur diese Republik bekämpfte Sklavenhalter und Gutsbesitzer, auch wenn ihre Haut weiß war.

Manon drängte ihre Familie immer wieder vom Tisch weg.

Die beiden Gäste sprachen erregt zusammen, als hätten sie sich soeben getroffen.

Sie hatten sich schon auf dem Schiff, als sie mit Hugues unterwegs waren, miteinander befreundet. Berenger war in Paris auf der Militärschule ausgebildet. Er hatte nie zu den Mulatten gehört, die ihre Gleichberechtigung ungern mit den Schwarzen teilten. In ihm waren beide, Schwarze und Weiße. Die Republik war für beide. Er stand bei der Landung und bei den folgenden Kämpfen dafür ein. Er war im letzten Jahr zum Kommandanten des Forts von Guadeloupe ernannt worden.

Er war sich lange mit seinem Freund einig gewesen in einer fast grenzenlosen Liebe zu Hugues, ihrem Kommissar. Als Hugues nach allerlei Zwistigkeiten zur Verantwortung vor den Konvent gerufen wurde, blieb Beauvais zurück bis zur Ankunft des Nachfolgers.

Beauvais rief: »Rohan ist oben!« – Der Reiter war in einer Lichtung auf dem Hügelkamm aufgetaucht. Er drehte unter dem Mond sein Pferd und sah sich um. Ein schwarzer Zentaur.

Berenger sagte: »Bis Rohan heruntergeritten ist und die Leute zusammengetrommelt hat, werden drei Stunden vergehen. Wir haben solange Zeit. Rohan kann uns dann wieder vorausreiten, während wir alle anhören. Bis Ende des Monats haben wir die Insel durch. Dann lassen wir etwas Zeit vergehen, bis alles verdaut ist.« Beauvais sagte: »Die Landverteilung wird durchgeführt, bevor der Neue ankommt.«

Manon stand hinter dem Tisch und hörte aufmerksam zu. Die Familie wartete jetzt zwischen Tisch und Hütte. Sie schlug keinen Lärm, damit Manon verstehen konnte, was ihre Gäste sprachen.

Beauvais fuhr fort: »Man hat zwar Hugues gut aufgenommen. Das Direktorium hat ihn bestätigt. Aber der neue Kommissar wird berichten, ob er die Insel in dem Zustand gefunden hat, für den man Hugues schuld gab.« Berenger sagte: »Wir können nicht in zwei Wochen ändern, was man in zwei Jahren hätte ändern sollen.«

Beauvais sagte: »Du wirst die Insel noch einmal mit mir durchreiten. An jedem Ort neben mir sprechen. Du sagst ihnen jedesmal: ›Ihr kennt mich. Ich bin der Kommandant eures Forts. Ich schütze die Felder, die von jetzt an eure sind. Um euch das zu sagen, darum bin ich heute nicht auf dem Fort, sondern unter euch.‹«

Manon sagte: »Das versteht jeder; auch ich.«

»Wir lassen bei unserem zweiten Rundritt unser neues Gesetz über Landverteilung, Arbeitszeit, Landflucht, Lohn vor jeder Versammlung verlesen. Damit wird ein Fest verbunden sein. Der Arbeitsbeginn muß ein Fest sein. Zum erstenmal Arbeit, nicht als Sklaven, sondern auf eigenem Feld. Es muß ein Fest werden, das kein Kind im Leben vergißt. Es muß seinen Enkeln erzählen: ›Ich war dabei, als ich so alt war wie du. Es wäre niemals gefeiert worden, wenn uns nicht die Republik einen Kommissar geschickt hätte, der Hugues hieß. Er hat unsere Sklaven befreit. Sein Adjutant las von der Tribüne vor, daß niemand mehr uns die Felder wegnehmen darf. Berenger, der Mulatte, der mit uns kämpfte, stand auch dabei. Auch Rohan, der vorher ein Sklave war. Du hast noch nie einen solchen Gesang wie unseren auf dem Fest gehört, noch nie einen Tanz gesehen wie unseren auf diesem Fest.‹«

Die ganze Familie horchte. Sie bewegte die Knie. Manon sagte: »Sie machen dir gern dein Fest mit. Ob sie nachher deine Arbeit mitmachen? Sie sind daran gewöhnt, herumzuvagabundieren, und nicht einmal meinen Gemüsegarten wollen sie jäten und nicht mal zur rechten Zeit fischen, als spränge einem der Fisch geschuppt aus dem Meer aufs Feuer.«

Baptiste, ihr Mann, trat an den Tisch. Er sagte: »Unser Fisch war immer berühmt. Die Gäste der Noailles, bevor sie aufs Gut fuhren, kehrten dafür bei uns ein.« – »Das ist bekannt«, sagte Manon, »alle wissen das längst.«

Berenger starrte auf den Gebirgskamm. Er sagte: »Rohan wartet lange.« Der schwarze Zentaur da oben kreiselte immer noch auf derselben Stelle. Der Pferdekopf und der Männerkopf wandten sich immer wieder nach einer Richtung. Man sah im Mondlicht, wie Rohan ein Zeichen gab. Dann verschwand er im Wald. Sie hörten die Hufe bald näher. Die zwei am Tisch sahen sich an. Warum kommt er zurück? Die Frau sagte: »Auf jeden Fall eßt und trinkt!«

Das Pferd brach aus dem Wald hervor. Paul Rohan löste sich von ihm, sein Schatten vom Schatten des Pferdes. Rohans Bewegungen zeigten, daß er sich seiner Kraft und seiner Schönheit bewußt war. In seinem Gesicht lag bisweilen ein Ausdruck von Trauer, als hätte er beides vergessen. Er sagte im Näherkommen: »Das Schiff, das ich eben sah, wird morgen hier landen. Es war in Haiti. Es kommt aus Frankreich. Das wird für dich, Bürger Berenger, heißen: Gäste empfangen. Da wirst du, Beauvais, allein mit mir reiten müssen. Wir werden den Schmied Jean Rohan – wir waren beide auf der Plantage Rohan – dazu bestimmen, an meiner Stelle von Ort zu Ort reiten. Er hat auch sicher schon die Menschen zusammengerufen. Er hat mich aus seinem Tal gesehen. Er wird verstehen, warum ich kehrtgemacht habe. Du, Beauvais, der Schmied und ich, wir können in diesem Monat unsere Kampagne durchführen. Der Kommissar, der auf diesem Schiff aus Paris kommt, muß bereits alles vorfinden.«

Er sah von einem zum andern. Sie dachten dieselbe Gedankenfolge, als wälzten sie zur selben Zeit einen Stein. Manon merkte, daß in den drei Männern etwas Schwieriges vor sich ging. Sie sagte beunruhigt, aber lustig: »Ein Glück, Paul Rohan, daß du doch meinen Fisch versuchst.« Sie ahnte stärker als ihr Mann, der äußerlich flinker und innerlich stumpfer war, daß alles, was diese drei Männer quälte, auf irgendeine unbegreifliche Weise mit ihr selbst zu tun hatte. Das Herz war ihr schwer. Sie sagte aber wie vorher: »Es ist ein Glück, Paul, daß du gekommen bist.«

Beauvais dachte: Das kann mein letzter Weg mit ihm sein. Sie hatten sich bald nach der Landung an ihn gewandt, weil sie ihn brauchten. Denn ein großer Haufen Neger lief mit ihm, und es war kein besserer als Paul da. Die Neger waren mit ihm gelaufen, weil sie ihn brauchten. Sie liefen ihren Herren weg, und es war kein besserer als Paul da. Paul Rohan hatte im Laufe der Kämpfe so oft seinen Mann stehen müssen, er hatte so viel dazugelernt, daß er bald genau der war, den alle brauchten, und sie hätten keinen besseren finden können.

Beauvais dachte: Berenger wird auf der Insel bleiben. Einer kann dem anderen ein Halt sein. – Berenger stieg auf. Man hörte sein Pferd noch eine Weile bergab. Rohan saß jetzt auf Berengers Platz. Er aß den frisch gebratenen Fisch, den Manon vor ihn gestellt hatte. Beauvais dachte: Das Schiff hat mir sicher Post gebracht. Claudine wartet täglich auf meine Heimkehr. Sie war schon enttäuscht, weil ich nicht mit Hugues zurückfuhr, aber mit diesem Schiff werde ich zu ihr fahren.

Das war kein Grund, den Ritt durch die Insel abzukürzen. Sie würden aufbrechen, wenn Rohan die Mahlzeit beendet hatte. Beauvais hatte all die Zeit über verzweifelt auf Nachricht gewartet. Das Schiff brachte sicher einen Brief, und es war ihm bang. Er hatte selbst fest geglaubt, er bleibe nur notgedrungen zurück, weil seine Pflicht es verlangte.

Auf einmal verstand er, daß er nicht nur aus Pflicht blieb und keineswegs notgedrungen. Was auf der Insel geschah, war verworren und unklar, und es ließ ihn nicht locker. Was ihn hier festhielt, war ebenso stark wie das, was ihn heimzog. Er wurde sich darüber erst an diesem Tisch klar, im Mondlicht, das sonst mehr dämpft und versilbert als klärt.

II

Beauvais und Berenger hatten sich oft im letzten Jahr über die Zweifel ausgesprochen, die sie im geheimen quälten. Beauvais hatte sich am längsten dagegen gewehrt, das Bild des Mannes könnte beschädigt werden, dem ihre Liebe gehörte.

Der Kommissar Hugues war vor den Konvent gerufen worden, als die Klagen, die gegen ihn einliefen, heftig und deutlich wurden.

Hugues war selbst ein Mensch von den Antillen. Er hatte seine Jugend auf Haiti verbracht. Sein Onkel, ein Bäcker, hatte das Brot für die frischgelandeten Republikaner gebacken. Deshalb war er von den königstreuen Soldaten samt seinen Söhnen ermordet worden. Hugues kam nach solchen Erlebnissen heim in die Revolution. Er stieg zum Kommissar. Er hatte Mut und Kühnheit genug, um nach einer tapferen Landung die Insel zurückzuerobern.

Die erste Zeit der Freiheit in Guadeloupe war wild und glühend gewesen. Sie hatten alle zusammen freudig, mit soviel Blut, wie verlangt wurde, den Eintritt zu dem großen Befreiungsfest bezahlt. Nach den Bränden die Freudenfeuer. Solcher Jubel, als ob die Lieder und Tänze nie enden sollten, wie die eben angebrochene neue Zeit. Die Neger zogen von einer Plantage zur anderen, auf denen sie gestern noch Sklaven gewesen waren.

In Haiti formte der Negerchef Toussaint eine große Armee aus den Banden entlaufener Sklaven. Er brach den Widerstand der Aristokraten, der Engländer und der Spanier und der aufständischen Mulatten. Als Friede war, zwang er seine Neger, die niedergebrannten Plantagen neu zu bepflanzen.

Der Kommissar Hugues baute seine kleine Insel zu einem Stützpunkt für allerhand kühne und seltsame Unternehmungen aus. Es gab Beutezüge wie in den alten Zeiten, als die Freibeuter im Karibischen Meer einander

Inseln und Schiffe wie Münzen abgeluchst hatten. Er überfiel vorüberziehende Schiffe, auf denen fliehende Aristokraten ihre Juwelen nach Kuba oder Jamaika brachten. Er hielt Spione in den Häfen. Er wußte über die Routen Bescheid. Jede Heimkehr wurde ein Fest.

Der Gouverneur berichtete dem Konvent, die Insel sei ein Piratennest. Hugues wurde heimgerufen. Er wurde mit seinen Anklägern fertig, wie er auch sonst mit seinen Gegnern fertig geworden war. Er drehte vor dem Gericht seine Taschen um. Er rief: »Sie sind leer. Wem ist mein Fang zugute gekommen? Mir? Den Königen? Ihren Lakaien? Er ist der Republik zugute gekommen.« Das Gericht endete mit seinem Triumph. Er wurde aber nicht nach Guadeloupe zurückgeschickt. Beauvais und Berenger, auf seinen Nachfolger wartend, blieben allein mit dem Bild des Mannes, das fast ein paar Schäden bekommen hätte.

Berenger kam atemlos, aber rechtzeitig an. Er gab alle Befehle heraus, um den neuen Kommissar zu empfangen. An der Mole und am Kai klebten wie schwarzbeerige Trauben noch mehr Menschen als sonst. Viele waren aus den Bergen heruntergekommen, als sie die Fahne erkannt hatten. Manche hatten Weib und Kind mitgebracht, Blumen und Obst, gebratene Ferkel und Hühner. Manche sprangen ins Meer und schwammen dem Schiff ein Stück entgegen, durch die Flaggenzeichen erregt, die Salutschüsse und durch den Aufmarsch der republikanischen Garde.

Was für ein Mann war der Kommissar auf dem Schiff? Berenger hatte sich darüber mit seinem Freund oft den Kopf zerbrochen. Er war der erste, den man ihnen nach dem Sturz Robespierres schickte. Nach außen war nicht soviel verändert, wie man in London gehofft hatte. Der Krieg gegen die große Koalition ging weiter. Die Befehle und die Erlasse waren vom Direktorium statt vom Konvent gestempelt. Unter den neuen Namen fehlten gerade die, die im Ausland besonders verhaßt waren. Ein paar tauchten wieder auf, die auch im Konvent eine Rolle gespielt hatten. Berenger, über die spärlichen Nachrichten grübelnd, waren die Kopf- und Handbewegungen eingefallen, Stirnrunzeln und Räuspern, die zu diesen Namen gehörten. Wann hat sich der Neue, der jetzt in den Hafen einfuhr, geräuspert? Wann hat er die Stirn zusammengezogen? Die Neger schrien und winkten und schwammen der Trikolore entgegen. Winde und Regen des Ozeans hatten sie ausgewaschen, nicht die Gedanken und Gefühle der Mannschaft.

Die mit Spannung und Zweifel erwartete Ankunft wurde durch eine unerwartete andere gedämpft. Seine Frau, Lucienne, hatte sich nicht mehr von ihrer Familie zurückhalten lassen, da ihn seine Ernennung zum Kommandanten des Forts in Guadeloupe festhielt. Steif vor Freude und Willkommensangst schob sie ihr kleines Mädchen vor sich her gegen den Mann. Sie kam aus einer Mulattenfamilie wie er, war in Paris erzogen. An Haut und Haaren war sie aus Gold. Das Kind war eins von den Geschöpfen, die es hier gab, halb Vogel, halb Blume. Mit einem Zweig verwachsen pfeift es plötzlich und fliegt ab, oder es starrt aus seinem schwarzen Kelch. Berenger umarmte die Frau und das Kind, die sich ineinander und gegen ihn duckten. Ihre Lieblichkeit kam ihm so eindringlich und so sonderbar vor wie in den Träumen aus den Jahren der Trennung. Dadurch wurden die Träume erst recht eindringlich, und die Wirklichkeit wurde noch sonderbarer. Seine Freude schlug in Bestürzung um und dann in Trauer. Trauer weshalb? Daß er allzu beharrlich von etwas geträumt hatte, bis es Gestalt annahm? In einer ungebührlichen, viel zu aufdringlichen Wirklichkeit, die es über kurz oder lang zerdrücken mußte? Besser, es würde sich schleunigst wieder verflüchtigen.

Kommissar Vigneron lachte und rief: »Wir, die dürftigen Federn an Ihrem Wundervogel –« Berenger wandte sich um. Beide gingen zu den üblichen Umarmungen über. Einer der Ankömmlinge sagte: »Ich habe immer geahnt, daß die Seekrankheit pure Einbildung ist. Jetzt haben wir gelernt: Das beste Heilmittel ist eine noch stärkere Einbildung.« Lucienne war während der Fahrt mit ihrer Freude aufs Wiedersehen wie der Wind in den Segeln gewesen. Wenn sie ihr Kind zu Tisch gebracht hatte, waren die Streitigkeiten verstummt.

Berenger fiel ein, wo er dem Neuen schon in Paris begegnet war. In der »Gesellschaft der Freunde der Schwarzen«. Robespierre hatte damals im Präsidium gesessen. Alle, alle waren tief gerührt gewesen von dem Vorschlag, Freiheit und Gleichheit den Menschen jeder Farbe zu bringen. Robespierre, ja, dachte Berenger, aber dein Kopf, Bürger Vigneron, reckt sich vergnügt und stolz aus deinem Kragen.

Vigneron ließ den einmal ausgebrochenen Redestrom nicht so schnell enden. Noch ein und noch ein Schwarm von Begrüßungsworten. Freiheit hin, Freiheit her. Bürger hin, Bürger her. Rundherum guckten die Neger lachend den Fremden zu, deren Uniformen und Hüte seltsam und rätselhaft, deren Gesichter wie gefältelte oder zerknitterte Stoffstücke waren. Lucienne stand auf demselben Fleck, ihren Kopf noch dahin gebeugt, wo sie ihn vorher an ihren Mann gelehnt hatte. Berenger schwatzte jetzt unter den anderen. Vigneron nannte den Namen Hugues, seines Vorgängers, unbefangener, als sich's Berenger vorgestellt hatte. Hugues war längst wieder in Ehren eingesetzt. War zum Kommissar in Guayana ernannt. Vigneron tat es leid, daß der ehemalige Adjutant, Beauvais, auf einer Dienstreise abwesend war. Seinen eigenen hatte er krank in Haiti zurückgelassen. Berenger dachte: Vielleicht wird daraus ein Grund, daß mein Freund länger hierbleibt.

Später, bei der gemeinsamen Mahlzeit im Hause des Militärgouverneurs, kamen keine zu ernsten Worte auf. Der Empfang war zugleich der Abschied von Lucienne und der Tochter, die noch einmal zu Tisch saßen wie auf dem Schiff. Berenger brachte sie auf das Fort, in die Zimmer, die man inzwischen gerichtet hatte.

Das Fort hing an einem Hügel über dem Hafen. Aber die Zimmer, die Lucienne bewohnte, sahen nicht auf das Meer. Sie gingen auf einen kleinen Innenhof. Er war schattig und bunt und ein wenig verwildert. Berenger hörte die hellen, freudigen Schreie des Kindes, hörte die halbzahmen Vögel, die in der Brunnenschale wohnten, mit den gleichen Schreien erwidern. Die schwarze Dienerin fing das Kind auf, das unter den Kolonnaden um den Hof herumrannte. Sie hatte die Reise mitgemacht. Sie hatte schon seine Mutter großgezogen.

Berenger war es zumute, als ob er sich dieser alten Kinderfrau besonders deutlich erinnerte. Wie sie die Kleider und Haare ihrer Zöglinge in Ordnung brachte, halb im Ernst, halb im Spaß gehorsam, wie man im Spiel auf einen kindischen Vorschlag eingeht. Auch die Schreie des Kindes, auch der Brunnen, der so beharrlich plätscherte, daß man das Meer nicht hörte, alles war wie eine Erinnerung oder wie ein lebhafter Traum oder wie die Erinnerung an einen lebhaften Traum.

Lucienne sah ihn unsicher an. Er hätte sich selbst nicht die Frage beantworten können, auf die sie nicht einmal in Gedanken kam: Warum ihn ihre Ankunft bedrückte.

III

Manon brachte allerlei Speisen, alten und neuen Rum und Schnäpse auf den Platz vor ihrer Hütte, auf dem sie vor ein paar Nächten die Franzosen bewirtet hatte.

Es war früher Nachmittag, hell und heiß. Es war kurz vor Beginn der Regenzeit. Luft und Menschen hätten noch mehr Hitze und noch mehr Helligkeit nicht viel länger ertragen können. Die Gäste drückten sich vor der Hütte zusammen. Die langen und dünnen Kokospalmen spendeten nicht einmal genug Schatten für Vögel. Trotz des klaren, reglosen, glühenden Himmels hörte man jetzt die Brandung bis herauf. Als ob ein geheimes, den Menschen unerklärliches Unwetter in der Tiefe des Karibischen Meeres brütete.

Ein paar Neger hatten nach alter Gewohnheit Taschentücher um die Köpfe geknotet. Zwei trugen Trikoloren quer über ihre blanken Leiber. Nach der drei Jahre alten Gewohnheit, seit Hugues sie zu Ortsvorstehern ernannt hatte.

Ismael, ein alter pfiffiger Neger, mit dem lichten, aber genauen Blick, den überall die Gärtner haben, sagte: »Beauvais und Paul Rohan haben sich gestern bei uns die Zungen aus dem Hals geredet.« Einer der jüngeren Brüder des Schmiedes Jean Rohan sagte: »Nachts sind sie endlich weitergeritten. Wenn sie so lange reden wollten, bis wir alle mit ihnen einer Meinung sind, könnten sie Wurzeln schlagen. Jean ist ihnen wieder vorausgeritten, um die Leute zusammenzutrommeln. Soviel Zungen haben die zwei gar nicht, wie sie brauchten, um rund um die Insel herum zu reden.«

Christophe knüpfte wie immer an seinen Freund Ismael an: »Ja, es hat länger gedauert, als sie glaubten. Ja, unsere sind nicht so dumm.« Er war Koch auf dem Gut der Noailles gewesen. Er hatte im Einvernehmen mit Ismael, dem Kräutergärtner, gelebt. Ismael hatte ihm die besonderen Zutaten für die besonderen Speisen gebracht, hatte dafür auch etwas zu schlecken bekommen. Sie waren beide auch schon damals in ihrer Freizeit manchmal zu Manon gelaufen. Hatten Rezepte und Zutaten, Neuigkeiten und Tratsch mit ihr ausgetauscht; hatten mit ihr im Küchenhof oder im Kräutergarten gehockt, wenn sie zu einem Gastmahl für ihre berühmte Fischsuppe auf das Gutshaus bestellt worden war.

Bastien Rohan, der jüngere Bruder des Schmiedes Jean Rohan, fuhr fort: »Landverteilung! Wie die sich das vorstellen. Wollen uns gleich den Spaß an der Freiheit versalzen.« Sein älterer Bruder, Christian, sagte: »Hat uns dafür der Kommissar Hugues geholfen? Daß wir wieder wie Sklaven arbeiten müssen, sobald er von der Insel weg ist?« Ein besonders groß gewachsener Neger, der zwei Brandzeichen trug, weil er als Feldsklave zweimal durchgebrannt war, auch die Striemen der Hiebe, die ihm dafür aufgezählt worden waren, schüttelte sich vor Lachen und schrie: »Meinen Rum trink ich weiter bei Manon, auch meinen Kokosschnaps. Wozu soll ich denn Zuckerrohr schneiden, wenn andere den Rum trinken? Uns genügen unsere Kartoffeln und unser Mais. Für mich brauchen sie keine Landverteilung zu machen.« – »Was für ein Unsinn«, sagte ein anderer, der so dünn und so sprunghaft wie eine Spirale war, »damit wir wieder Schiffe von all dem Zeug, Kaffee, Kakao und Zucker, nach Frankreich schicken. Nicht als Sklaven, behaupten sie, wir bekämen dafür bezahlt. Wozu bezahlt? Für eine Uniform vielleicht? Mit Litzen und Knöpfen? Oder Geräte, damit ich noch mehr arbeiten muß?« – »Ich geh weg von der Insel«, sagte Julien, der Schwiegersohn Manons, »wenn man mich zwingen will, wie früher an demselben Ort mein Lebtag zu arbeiten.« Manon erstickte vor Wut. Sie schrie: »Auf deinem eigenen Feld will man, daß du dein Lebtag arbeitest.« Ihr jüngster Sohn, der ein Freund von Paul Rohan war, sagte: »Dazu hat Hugues uns frei gemacht, daß uns unsere Arbeit was nützt. Was sie jetzt ohne ihn tun, das hätte er selbst getan, wenn er länger geblieben wäre.« – »Daß du nachplapperst, was dir ein weißer Mann einredet –« Die ganze Gesellschaft hatte inzwischen viel getrunken. Es hieß von allen Seiten: »Bring uns noch, Manon.« Manons jüngerer Sohn fuhr fort: »Wenn ich verkaufe, was ich nicht brauche, dann kann ich mir etwas kaufen. Du fragst: Wozu? Kannst du dich noch an das Boot erinnern, das der Verwalter Lamartine hatte? Wenn er zum Markt über die Bucht fuhr? Wie eine Kutsche war es, nicht wie ein Boot, als gäbe es Pferde auf dem Meer. Mit einem Dach gegen die Sonne. Meine Mutter und meine kleinen Geschwister, alle würden darin

Platz haben.« Jeder Schluck, den er trank, brachte ihn auf einen anderen Einfall. Ismael sagte: »Ich war mein Lebtag Gärtner. Soll ich auf meine alten Tage Feldsklave werden, weil man mir eine Parzelle zuteilt? Nennt ihr das die Befreiung?« Nun wurden alle zornig, bis auf Christophe. »Alle Güter müssen unter uns aufgeteilt werden, das war richtig; kannst dir ja, wenn du Lust danach hast, auf deiner ganzen Parzelle Petersilie und Pimpernelle ziehen statt Mais.« Christophe war listiger als sein Freund. Zwar, er hatte auch nicht die geringste Lust, Bauer statt Koch zu spielen, er wußte aber, es war am klügsten, das Gespräch abzubiegen.

»Nun, und du, Manon«, sagte er, »wirst du auf deiner Parzelle Fischsuppe ziehen? Oder hat man dich schon in das Gouvernementspalais bestellt, wo der neue Volkskommissar wohnt, um ihm deine Fischsuppe zu kochen?« – »Noch nicht. Aber vielleicht demnächst«, sagte Manon wütend und kalt. »Übrigens schmeckt sie dir auch nicht schlecht. Wenn du deiner Frau soviel Kinder gemacht hättest wie mir mein Baptiste, hättest du keine Sorgen, wer dir dein Land bestellt. Uns morschen Knochen ist auf jeden Fall etwas Ruhe zu gönnen.« Christophe knurrte: »Deine sind vielleicht morsch.« Baptiste, der wie gewöhnlich stumm dabeistand, platzte auf einmal los: »Ihr habt die alte Zeit vergessen. Nur eure Kräutchen und Süppchen sind euch noch im Gedächtnis. Auf den Gastmählern, wenn die Noailles, das Weibsstück, aus Paris hierherkam.«

Christophe rief: »Dieser Paul Rohan hat euch den Kopf verdreht. Seit er bei den Jakobinern zu Ehren kam und an dem Kommissar geklebt hat und an dem Beauvais und an diesem Mulatten.« Bastien Rohan rief: »Wie sich dieser Mulatte aufgebläht hat! ›Mein Fort beschützt eure Felder, ich beschütze euer Land!‹ So einer will uns Neger beschützen!« – »Halt dein Maul«, sagte Manon, »du aber auch, Baptiste, denn du verstehst überhaupt nicht, mit diesem Pack zu reden. Ich nenne Pack, was von

Hugues spricht, wie es Lamartine tat, der Verwalter seligen Angedenkens. Habt ihr Sehnsucht nach ihm? Habt ihr Sehnsucht nach seinem Hund? Nach seinem Käfig vielleicht, in dem der alte Demian vor unseren Augen verreckt ist? Du vielleicht, Bastien Rohan, sag's! Man kann dich sicher hinüber nach Martinique schicken, dort kannst du deine Noailles noch genießen, denn dort haben sie fertiggebracht, was Hugues ihnen bei uns versalzen hat. Die Neger schwitzen dort weiter. Der Engländer sitzt im Fort, kein Mulatte. Damit unsere Neger weiter Blut schwitzen können.«

Manon war heiser. Ihre Augäpfel rollten vor Wut. Die Gesellschaft war still, bis Bastien sagte: »Dich hätte Beauvais mitnehmen sollen statt Paul.« Ein anderer sagte: »Manon, du mußt aber zugeben, es waren andere Zeiten, solange Hugues noch hier war. Wir waren richtig frei. Wir hatten etwas davon.« Ein Bursche erwiderte noch, bevor Manon dazu kam: »Wir sind jetzt frei. Wir haben etwas davon. Wenn es wächst, haben wir noch mehr. Das Unkraut hat zuerst ausgerupft werden müssen.« Er war ein Mensch, der selten etwas sagte. Wenn er es einmal tat, sagte er nichts Besonderes. Das Besondere war höchstens, daß die anderen ihr Geschwätz unterbrachen. Die zwei Alten, Ismael und Christophe, gingen bald miteinander heim, ohne daß man darauf achtgab.

Sie gestanden sich ein, sobald sie allein waren, in der Sklavenzeit sei ihr Leben schöner gewesen.

IV

Beauvais, nach seiner Rückkehr, besuchte den Kommissar. Er gab ihm unverblümt seinen Bericht, um an der Wirkung zu sehen, was für ein Mann der Neue war. Vigneron war aber nicht der Mann, auf den irgendwelcher Bericht eine sichtbare oder geheime Wirkung ausüben konnte. Er war prall voll von sich selbst, als ob er schon im voraus jeden Bericht übertöne.

Paul Rohan, der mit Berenger kam, betrachtete Vigneron schweigend. Der war nach einer seltsamen Mode sorgfältig gekleidet. Beauvais stellte Rohan vor, seinen unentbehrlichen schwarzen Freund.

Vigneron umarmte ihn mit einer breiten Geste, dem groß angelegten Symbol eines Willkomms. Er war unsicher durch den ihm unerklärlichen Ausdruck in dem jungen Gesicht. Eine Art Schönheit, die er sich nicht vorgestellt hatte, vermischt mit einer Art Strenge, die er sich auch nicht vorgestellt hatte. Paul Rohan war kalt. Er dachte mit Schreck an Beauvais' Abfahrt. Er horchte auf, als Vigneron sagte: »Ein Glück, Beauvais, daß Sie endlich zurück sind. Mein junger Freund, mein Begleiter, blieb krank in einem Spital in Haiti. Wollen Sie mir ihn bitte einstweilen ersetzen.«

Er fuhr aber fort: »Also, ich bitte Sie, sich noch ein wenig mit uns zu gedulden. Das wird Ihnen der Brief erst recht schwermachen, den ich Ihnen hier mitgebracht habe. Eine magere Überraschung, mit der verglichen, die für Berenger bestimmt war. Ich glaube, Sie sind dafür bald reichlich entschädigt. Sie sind der Glückspilz. Sie fahren zuerst heim.«

Er brachte lächelnd den Brief zum Vorschein, an den Beauvais gedacht hatte, seit er an das Schiff dachte. Die letzten Tage hatten ihn noch mehr mit der Insel verknüpft. Der bloße Anblick der Schrift machte ihn bang, als wäre er zwischen zwei Seile gespannt.

Paul ging zu seiner Familie. Sie waren alle zusammen, nachdem sie die Sklavenquartiere auf dem Gut Rohan verlassen hatten, an den Stadtrand gezogen. Die Schwiegereltern, die Frau, die Kinder, die jüngeren Geschwister der Frau. Er hatte in den letzten Jahren der Sklaverei Claire nicht heiraten können. Sie waren alle Feldsklaven bei den Rohans gewesen. Der Verwalter war geldgierig und tausch- und geschäftstüchtig. Seine Frau, eine spöttische Schönheit, trat gern als Vorsehung auf. Sie liebte es, Ehen zu stiften und Liebespaare zu trennen. Ein Zufall brachte sie auf die Liebschaft. Sie legte ihrem Mann den Gedanken nahe, das Mädchen günstig gegen ein anderes auf dem Gut Noailles zu tauschen.

Obwohl die Geliebte Rohans, Claire, mit ihrer ganzen Familie plötzlich verpflanzt worden war, getauscht gegen eine andere Familie, mit Aufzahlung einer gewissen Summe an den Verwalter, weil der Tausch für das Gut Rohan vorteilhaft war, nahm sie dort keinen anderen Freund. Paul Rohan gab sie nicht auf; man fing auch gerade in dieser Zeit an, von der Befreiung zu sprechen. Zuerst nur, wie man von einem Traum spricht. Dann brachten die französischen Schiffe Nachrichten von den Bauernrevolten, vom dritten Stand, der die Bürger vertritt. Die Nationalversammlung hob die Leibeigenschaft auf. – Es gab auch auf Guadeloupe kleine und mittlere Bürger. Sie hatten Werkstätten, Ämter, Geschäfte. Jetzt steckten sie die Kokarden an, die ihnen französische Seeleute brachten. Sie nannten sich Patrioten. Die Aristokraten weigerten sich, von ihrer Macht ein Tüpfelchen abzugeben. Sie weigerten sich, die Sklaven freizulassen. Und alle Kämpfe gingen dem Rohan tief ins Blut. Die Freiheit auf Generationen, das war für ihn zusammengeschmolzen mit dem Mädchen, das der Verwalter vom Gut Rohan an das Gut Noailles verkauft hatte.

Paul Rohan lachte an diesem Abend und spielte mit seiner Frau und seinen drei kleinen Kindern. Die ganze Familie war lustig bis auf Suzanne, die jüngere Schwester. Sie schwieg, weil Beauvais, der weiße Franzose, nicht mit ihrem Schwager gekommen war.

Beauvais war auf das Fort geritten. Sobald er allein war, las er den Brief, den ihm Vigneron mitgebracht hatte. Die Ankunft des Kommissars, sein Ritt durch die Insel, alles, was damit zusammenhing, war von dem Brief zugedeckt.

Er hatte in einer kleinen Stadt an der Oise, nicht weit von Paris, die Heirat für den Tag seiner Rückkehr ausgemacht. Er sah das Mädchen so vor sich, wie er sie zuletzt an der Poststation erblickt hatte, bevor ihn die Kutsche zum Hafen brachte. In einem Schwarm abschiednehmender Frauen. So winzig klein wie ein Kind, das von Erwachsenen zerdrückt wird. Sie hatte, als er schon im Wagen saß, noch ein paarmal den Arm gehoben und wieder fallen lassen, bevor es zum Winken gekommen war. Sie hatte zuletzt mit hängenden Armen auf der Straße gestanden. Er hatte auch nachher gefühlt, daß sie noch immer der Ecke nachsah, hinter der der Wagen verschwunden war, als könnte sie es nicht fassen, daß ihr Freund endgültig fort war. Wie dieser zum Winken erhobene und wieder abgeglittene Arm waren auch ihre Bewegungen, ihre Schritte, selbst ihre Stimme brüchig gewesen wie reines, ganz leichtversehrtes Glas. Er hatte sich gleich das erstemal tief gewundert, daß sie ihn geduldig erwartet hatte, und dann, daß sie bei ihm geblieben war, als hätte sie sich noch im letzten Augenblick verflüchtigen können.

Das Mädchen war deutlicher in seinen Träumen geworden, als es je im Leben gewesen war. Die Schrift, die dünn und geknickt wie ein feines Gras war, kam ihm weniger zweifelhaft vor, weniger flüchtig; solange er diesen Brief las, glaubte er selbst, sein wirkliches Leben stecke darin. Er malte sich das Gartenhaus aus, das die Braut für ihn einrichtete. Er rechnete sogar aus, auf wieviel Wochen er seine Rückkehr im schlimmsten Fall verschieben müßte. Als er nach zwanzig Minuten bei Berenger saß und wie ein Dritter seinen eigenen Bericht anhörte, war ihm wieder zumute, als reite er von einer Negerversammlung zur anderen, als stecke er wieder in ihrem Tumult. Wie er das Für und Wider in Berengers Augen glimmen sah, kam es ihm unbegreiflich vor, daß er in wenigen Wochen nicht mehr hier sein sollte. Berenger rief, was er noch nicht zu denken gewagt hatte: »Vigneron kann noch nicht ohne dich auskommen. Vielleicht kannst du bleiben.«

Dann gestand Berenger, seine Frau sei zurückgekommen. Er brachte ihn in den kleinen Hof. Lucienne hatte sich unterdessen eingenistet. Braune und graue Tauben vergnügten sich aus ihren offenen Käfigen mit den wilden Vögeln im Brunnenbecken, mit denen sie sonst im Freien nicht spielten. Allerlei Pflanzen machten sich, noch gefräßiger als die Vögel, über jeden Fleck Erde her und über jede Ritze im Stein. Lucienne begleitete ihren Mann nur ungern auf einem Gang oder Ritt. Die Ankömmlinge waren enttäuscht, wenn sie gehofft hatten, ihre Reisebekanntschaft könnte in Guadeloupe andauern.

Beauvais nahm das Kind auf sein Knie. Die Frau kam ihm kostbar und sonderbar wie ihre Pflanzen und Tiere vor, aber unwünschbar und unbesitzbar.

Berenger sagte: »Wenn du zugibst, es sei günstig, daß Vigneron selbst dich bittet, länger bei uns zu bleiben, warum läßt du dann deine Braut nicht herkommen?« Beauvais antwortete: »Nein. Unser Haus ist schon gerichtet.«

Berenger sagte: »In unserer Zeit sind oft Häuser gerichtet worden, in die niemand einzog.«

Beauvais wußte von selbst, seine Antwort war sinnlos. Claudine kam ihm plötzlich zäher und härter vor. Sie würde ihr Leben nie in einem Innenhof dahingehen lassen mit noch soviel Blumen und Vögeln. Sie war auch nicht ewig auf der Poststation stehengeblieben, klein und bleich mit hängenden Armen. Sie hatte einmal heimgehen müssen, sie hatte einmal die Arme recken müssen; sie war sicher bald auf die Märkte und in die Geschäfte gelaufen, um zahllose nützliche Dinge für ihr gemeinsames Haus zu kaufen. Ihre Hände waren inzwischen so wenig müßig gewesen wie ihre Gedanken.

V

So sah der Anfang des langen Kampfes aus, den Beauvais die nächste Zeit in seinem Inneren führte. Der Brief lag auf der einen Seite, die Insel auf der anderen. Das Schiff brachte statt Beauvais den Adjutanten krank nach Hause zurück, der sein Nachfolger hätte werden sollen.

Vigneron ließ sich ganz gern ein gut Teil Arbeit von Beauvais abnehmen. Der ritt, Woche für Woche, von Paul Rohan oder dem Schmied Jean Rohan begleitet, die Insel von Ort zu Ort ab. Er brauchte die ganze Gewalt seiner Überzeugung, auch seine ganze physische Kraft, um die Haufen zerstreuter Neger zusammenzulocken. Sie waren durch bald zehn Jahre Krieg und Verwirrung aufgestört, sie waren an Abenteuer gewöhnt. Sie haßten die gewöhnliche, harte Arbeit auf einem Fleck. Der Schmied Jean Rohan wurde von seinen eigenen Brüdern gehaßt, weil er ihnen drohte und sie zur Arbeit zusammenhielt. Sie glaubten ihm nicht, wenn er sagte: »Wir sind nur in der Republik frei. Die Republik braucht unseren Kaffee und unseren Zucker. Sie kauft dafür Schiffe und Kanonen.«

Das nächste Schiff brachte Beauvais noch nicht zu seiner Braut. Er faltete ihren alten Brief klein zusammen und steckte ihn in den Stiefel wie eine Konterbande. Der ferne, friedliche Teil des Lebens hatte ihn auf seine Seite geschmuggelt. Auf einmal kam es ihm wie ein Verrat vor, nach der anderen Seite hinüberzuwechseln.

Paul Rohan war glücklich, daß Beauvais einstweilen blieb. Er hatte Vertrauen zu ihm, er saugte gierig aus ihm heraus, was es Lernbares gab. Er hatte Beauvais versprochen, lesen und schreiben zu lernen.

Er stieg oft hinauf zu Manon. Er kannte sie seit seiner Kindheit. Da war sie manchmal in seine Sklavenbaracke gekommen, um jemand zu besuchen. Er selbst, er hatte keine Familie. Er hatte früh seine Mutter verloren, vielleicht schon bei seiner Geburt. Sie hatte ihn vielleicht in der Baracke zurücklassen müssen. Darüber hatte er manchmal als Kind verschiedene Gerüchte gehört, doch keine der Sklavenfamilien, in denen er aufwuchs, hatte Genaueres gewußt. An welchen Brüsten hatte er Milch bekommen? Wer war sein Vater, der zu der Frau gehört hatte, die bei einer Seuche verendet war oder bei einem Erdbeben vor zwanzig Jahren, das von einer Springflut begleitet gewesen war? Er war sich als Kind ganz langsam seines Daseins bewußt geworden. Eines Daseins zwischen Baracke und Kaffeestauden und später zwischen Baracke und Zuckerrohr, als er Kraft genug hatte, eine Machete zu schwingen. Des Daseins eines Sklaven. In einer Welt, die so war, wie sie war. Mit Herren, die weiß, mit Sklaven, die schwarz waren. Das unaufhörliche Lied bei der Arbeit, das Schnurren der Peitsche. Dazwischen auch Spritzer von Glück. Das Feuer abends im Quartier und Tänze bis in die Nacht und heiße oder traurige Lieder. Er hatte lange gebraucht, sich abzuheben als einer, der in dem gemeinsamen Leid ein besonderes Leid hatte und ein eigenes Glück, für sich allein, und eine besondere eigene Liebe, die ihn allein etwas anging. Blutsverwandte hatte er nicht gekannt. Dafür hatten einzelne fremde Menschen, die gut zu ihm waren, ihr Blick, ihr Lächeln, ihr Streicheln einen gewaltigen Eindruck auf ihn gemacht.

Manon hatte er darum so wenig vergessen wie andere die Mutter oder die Patin. Er hatte durch sie zum erstenmal irgendwann gespürt, wie der Druck einer fremden Hand auf dem Kopf tut, grundlos, nur aus Güte. Sie hatte ihm vielleicht schon einmal, viel früher, Gott weiß wann, ihre Brust geliehen, als sie nicht gerade von einem eigenen Kind besetzt war. Und später zweimal Nachricht von seiner Geliebten auf dem Gut Noailles nach dem Gut Rohan gebracht. Sie hatte immer ein Bruchteil mehr Freiheit als die Feldsklaven besessen. Sie hatte miterlebt, wie sich Paul sein Mädchen zurückholte. Es tat ihr wohl, daß Paul zu Ansehen und Ehren gekommen war.

Er stieg bei ihr ab, wenn er durch die Berge in den unteren Teil der Insel ritt. Sie schwatzten. Manon beklagte sich über ihren Mann. Er kümmerte sich kaum um das Feld, er hockte lieber mit seinem Schwiegersohn im Fischerboot auf dem Meer. Zwei ihrer Söhne lagen ihr auch immer in den Ohren, sie hätten gar keine Lust, sich abzurackern. Sie hätten an den Fischen genug, an den Hühnern, am Schwein und an dem kleinen Gemüsegarten. Dazu der Kokosschnaps, den die Mutter braute. Der Rum, den man gegen überflüssigen Kokosschnaps tauschte.

Da war noch ihr Sohn am entgegengesetzten Zipfel der Insel. Baptiste war nicht sein Vater, sondern ein Sklave von Maria Galante. Der hatte Manon als ganz junges Ding genommen. Bei einer Ernte, zu der ihn sein Herr, der zusätzliche Sklaven brauchte, von der Nachbarinsel verfrachtet hatte.

Der Sohn war aber der beste und stärkste ihrer Söhne. Er hatte immer soviel wie drei andere geleistet. Ein Wunder an Kraft und Geschicklichkeit. Er sei jetzt, erzählte Manon, überraschend schnell mit seinem eigenen Stück Land fertig geworden. Bei ihm sei etwas anderes schief. Er sei von klein auf an ungeheuer viel Arbeit gewöhnt. Ein Nachbar, einer von Ismaels Sorte, ein Schlappschwanz und Faulpelz, hätte sich mit ihm geeinigt. Der jüngere sorge gegen ein kleines Entgelt, denn frei ist frei, auch für die Felder des Nachbarn. Bei dieser Regelung könnte auch nichts Gutes herauskommen. Ismael hätte sich nur einen Garten angelegt. Der sei für richtige Arbeit nicht zu haben.

Paul Rohan erklärte ihr, was ihm Beauvais erklärt hatte: Die Neger kämpften seit dreihundert Jahren um soviel Freizeit, als sie brauchten, um ihren eigenen kleinen Garten zu bestellen, damit sie ihre Familie ernähren konnten. Das Höchste, was ihnen die Könige zugestanden, waren eben diese paar Stunden Arbeit auf diesem Stück Gartenerde. Auch dieses Zugeständnis hatten die

Gutsbesitzer umgangen. So daß es kein Wunder war, wenn sie sich freuten, nichts anderes als eben das zu tun.

Das Fest, das Beauvais einmal veranstalten wollte, war nicht zustande gekommen. Die Arbeit hatte nicht plötzlich wieder beginnen können. Der Widerstand war zu zäh gewesen. Es hatte ihm damals vorgeschwebt, die niedergebrannten Plantagen müßten sofort gerodet werden, nachdem sie gerecht verteilt worden waren. Jeder würde auf seinem Stück zu pflanzen beginnen und bei der ersten Ernte in Freiheit so schnell wie nie das Zuckerrohr schneiden.

Inzwischen war es noch schwerer geworden, der Wildnis wieder abzuverlangen, was sie sich genommen hatte. Sie wucherte überall hinein, wo ein Stück Erde unbewacht war. Der Urwald hatte von jeher gelockt mit seiner maßlosen, manchmal tödlichen Freiheit, trotz furchtbarer Strafen. Er lockte erst recht, wo es kein Verbot mehr gab und keine Strafen.

Es gab aber auch schon einzelne Pflanzungen, die wieder instand gesetzt worden waren. Die neuen Besitzer wurden zuerst verspottet und ausgelacht; dann wurde ihr Beispiel nachgeahmt. Die erste Ernte säte schon eine zweite reichere im selben Jahr. Es gab wieder einzelne volle Märkte.

Der Adjutant, der Beauvais ersetzen sollte, war angekündigt. Beauvais schrieb seiner Braut, die Heimreise stünde jetzt fest. Claudine hatte all die Jahre bald enttäuscht und verzweifelt, bald geduldig und traurig erwidert. Sie spottete jetzt zum erstenmal, sie traue nur seiner Heimkehr, wenn sie ihn vor sich sehe.

Beauvais hatte sich vorgestellt, sein Aufenthalt reiche nicht mehr aus, ihre Antwort in Guadeloupe abzuwarten. Anfang Dezember 1799 brachte ein Schiff das Gerücht, bei seiner Ausfahrt aus dem französischen Hafen sei eine Nachricht verbreitet worden, die auch nicht viel mehr als ein Gerücht war.

Der General Bonaparte sei überraschend aus Ägypten zurückgekommen. Er sei sofort nach Paris gefahren. Was später daraus geworden war, wußten die Schiffer nicht. Nur, daß die Menschen auf ein Ereignis gewartet hatten. Sie waren hungrig und unzufrieden. Sie waren durch die letzten Gesetze besonders gegen das Direktorium eingenommen. Bonaparte war der junge Offizier, der die Revolutionsarmee von einem Sieg zum anderen geführt hatte. Der Zeitpunkt war gut gewählt. Zehn Jahre nach Ausbruch der Revolution.

Die ersten Verordnungen, die nach Guadeloupe kamen, hatten nichts Freiheitsfunkelndes in sich. Den alten Ortsvorstehern in Stadt und Land wurde gekündigt. Sie waren aus der Bevölkerung gewählt. Sie sollten ihre Geschäfte weiter führen, bis die Regierung neue ernenne. Berenger wurde bestätigt. Er wurde daran erinnert, er habe in keinem Falle die Befugnis, einer zivilen Behörde zu folgen. – Wahrscheinlich dachten viele daheim, was Vigneron sagte: »Wir haben seit 1789 genug erreicht. Man muß jetzt sichern, was wir erreicht haben.«

Berenger hatte einen Adjutanten, der wie er selbst Mulatte war. Der sprach in der Art von arglosen Jungen: »Für uns Mulatten ist nichts zu befürchten. Mit den Negern ist es etwas anderes.« Berenger fragte: »Was willst du damit sagen?« – »Daß Bonaparte sie nie leiden konnte. Daß er sich immer geärgert hat, wenn einer von ihnen zu etwas ernannt wurde oder befördert.« Berenger hörte aufmerksam zu. Er ließ den Jungen dahinreden. »Wie viele von uns Mulatten haben sich ausgerechnet, der schwarze Bestandteil ihrer Haut sei kaum mehr der Rede wert. Wir haben geradezu darunter gelitten, nicht wie die Weißen behandelt zu werden. Es hat ihnen nicht in ihren Kram gepaßt, daß man den Schwarzen genausoviel Rechte wie ihnen gab. Es kam ihnen dabei vor, sie würden wieder einmal wie die Neger behandelt. Das weiß der Konsul. Das nutzt er –« Berenger hörte kaum mehr zu. Das war bis jetzt alles Gefasel. Er grübelte über die Verordnungen nach, die auf dem Papier vor ihm lagen: »Die Anweisungen der letzten Regierung sind bis auf weiteres ungültig.« Dann eine Aufzählung aller Ausnahmen. Zum Beispiel, was sein Kommando anging, so war es nicht ungültig geworden. Es gab vermutlich Leute genug in Paris, die sich für ihn eingesetzt hatten. Er hörte in allen Ämtern die Stimmen mit den Papieren rascheln, auf denen sie neue Namenslisten zusammenstellten. Ein ausgezeichneter Offizier. Bei uns auf der Militärschule ausgebildet. Hat sich bei der Landung ausgezeichnet. Hat sich im Kampf gegen die Engländer mehrmals ausgezeichnet.

Es gab einen Zusatz zu den Verordnungen, der ihn auf einmal beunruhigte: »Sind bis auf weiteres ungültig. Die Maßnahmen sind in Vorbereitung, die die Veränderung eines Zustandes bezwecken, der für die Nation untragbar geworden ist.«

Berenger machte seinen Abendrundgang. Er wurde gegrüßt und grüßte. Er nahm die Meldungen an. Er gab Befehle. Der Abschluß des soldatischen Tages. Die Hornsignale, auf die die Dunkelheit wie auf Kommando fiel, so plötzlich, wie sie in dieser Zone fiel. Er hörte bei seinem Rundgang in einem fort über Insel und Meer seine eigene Stimme, als töne sie hinter ihm her, über die eigene Schulter: »Ich werde eure Arbeit beschützen, ich bin mit Beauvais heute zu euch gekommen, um euch zu versprechen: Mein Fort wird eure Felder beschützen.« – Er schleifte die horchende Masse wie einen Schatten neben sich her. Der bloße Klang seiner Stimme bändigt die Menschen. Die Aufregung legt sich. Die Zähne schimmern in vieler Art Lächeln. Die vordersten Gesichter sind ernst und feierlich. Dahinten in einer Ecke wird einer unruhig. Aus Mißtrauen oder aus Spott. Berenger spürt es, weil er die Menge kennt. Er kennt sogar diesen Menschen. Er zwingt ihn mit seiner Stimme. So daß er die Versammlung nicht stört und sich ruhig verhält. Nur seine Augäpfel läßt er rollen, während Berenger noch einmal alles von vorn erklärt. Seit wann seid ihr frei? Wer hat euch geholfen? Warum seid ihr nicht mehr Sklaven?

Er kehrte durch viele Laufgänge, Kasematten und Treppen in seine Wohnung zurück. Der Himmel in den Gucklöchern und in den Toren war rot, blaßte schnell ab, wenn er darauf zukam. Die Sterne glänzten schon, als er in tiefen Gedanken, ohne auf Frau und Kind zu achten, durch den letzten Innenhof lief.

Die schwarze Dienerin Jacqueline schloß seine Tür. Sie spannte die Fliegennetze, zündete Kerzen an. Dann ging sie hinaus, nahm Mutter und Kind an den Händen, führte sie in ihr Zimmer und kleidete sie für den Abend um. Lucienne fragte: »Er ist nicht froh?« Die Dienerin sagte: »Nein.« Lucienne war das Herz so schwer wie die Luft, seit der Mann zurück war. Ihr Kind spürte es auch. Es hüpfte nicht, schrie nicht und pfiff nicht. Jacqueline sagte: »Macht keine Scherze, wenn ihr zu ihm hineingeht, lacht nicht, seid auch nicht traurig. Fragt nichts.«

Jacqueline ging wieder hinüber. Sie stellte die Gläser zurecht. Sie rückte die Stühle. Sie war ihrem Herrn zu fremd, um ihn durch ein schiefes Wort enttäuschen zu können. Sie war ihm so tief vertraut, daß sie keine Scheu hatte. Sie fragte ihn: »Was fehlt dem Herrn? Keine Krankheit? Ein Arzt kann ihm nicht helfen. Er sollte sich mit dem Pater Dumerque aussprechen. Das taten früher die meisten Herren und viele noch jetzt.« Berenger erwiderte sanft: »Gewiß, Jacqueline, das würde ich wirklich tun, wenn ich es nicht schon getan hätte.« Jacqueline war erstaunt, weil Berenger so etwas von selbst getan und weil es offenbar nichts genützt hatte.

Die Jesuiten hatten den Pater Dumerque vor vierzig Jahren hierhergeschickt. Sein kühler, von Bibliotheken umgebener Garten war während des Aufstandes eine friedliche kleine Insel inmitten der großen geblieben, die einem brennenden Schiff glich. Er hatte niemals an Weggehen gedacht, auch nicht, als die Gutsbesitzer auf den letzten englischen Schiffen flohen. Der Untergang der Aristokraten, die er als Bibliothekar und Lehrer durch und durch kannte, erschien ihm längst unvermeidlich. Er hatte, solange er hier war, versucht, den Negern klarzumachen, daß Geldgier, Vergnügungssucht, Machtsucht und Grausamkeit kein Merkmal der Christen weißer Farbe zu sein braucht. Sogar sein Orden hatte die Sklaven freigegeben, die eine Anzahl Jahre im Kloster beschäftigt gewesen waren. Sein Gärtner war ein freigelassener Sklave.

Er war unter Büchern und Blumen und Negerschülern, denen er das Lesen beibrachte, ein Greis geworden. Er war vertraut mit den überraschendsten Wendungen. Der Konsul hatte gefragt, wieviel der Staat aus den Antillen seit der Negerbefreiung gewinne. Berenger hatte mit ihm über diesen Bericht gesprochen. Was konnte man Gutes von einem Mann erwarten, der an dem Gold, das die Schiffsladungen Kaffee und Zucker wert waren, den Wert der Freiheit abmaß?

Berenger trank das Glas leer, das Jacqueline vor ihn gestellt hatte. Lucienne kam mit dem Kind. Sie war gelassen und heiter, sie hatte sich hinter das Ohr eine Blume gesteckt. Es wurde ihm leichter bei ihrem Anblick. Er breitete seine Arme aus.

VI

Die Neger, die auf den Bergen wohnten, hatten das Schiff zuerst erkannt. Als sie zum Hafen hinunterstiegen, nahmen sie Frauen und Kinder mit und Körbe mit Obst und gebratenem Fleisch und Fisch. Die Neger in den tiefer gelegenen Dörfern schlossen sich ihnen an.

Als das Schiff in den Hafen einfuhr, hingen Trauben von schwarzem Volk an der Mole wie bei jeder Ankunft. Die Trikolore war auch dieselbe Fahne wie die, die der Kommissar Hugues, von Kugeln empfangen, in Guadeloupe gepflanzt hatte.

Die Offiziere und Beamten an Bord betrachteten lächelnd die gleichfalls lächelnden Neger, die zur Begrüßung heranschwammen.

Die erste Schaluppe brachte die wichtigsten Ankömmlinge vom Schiff an Land. Vigneron umarmte den Mann, der sein Nachfolger werden sollte. Sie wechselten die bei solchen Gelegenheiten üblichen Willkommensworte. So tat Beauvais mit dem Adjutanten. Die Neger drängten sich um sie herum, von dem Empfang belustigt, der unterhaltsam wie jeder Empfang war. Vigneron erklärte genau, warum Beauvais, der schon der Adjutant Hugues' gewesen war, bis heute geblieben sei. Der neue Beamte hörte sich höflich diese Erklärungen an, die ihm bekannt oder langweilig waren. Er, Boisseret, sei nur Spezialbeauftragter seiner Regierung auf eine befristete Periode. Hier, Fabien, sein Sekretär und Vertreter, früher sein Adjutant im italienischen Feldzug. Das glaubte man Fabien eher als Boisseret. Der war im Krieg zwar nicht ganz, aber halb erwachsen geworden. Für Boisseret waren die Kriegszüge den gefährlichen Reisen ähnlich gewesen, auf denen die Söhne angesehener Kaufmannsfamilien zu leben lernen. Er warf sich am selben Tag mit Fabien in die Besprechungen und Berichte, die ihm Vigneron vorlegen konnte. Beauvais ließ Paul Rohan holen und stellte ihn vor. Fabien und Boisseret begrüßten ihn höflich. Beauvais war sogar ruhiger als vorher, weil er nicht den geringsten Anlaß zu seinem Argwohn fand.

Paul Rohan war nicht ruhiger. Er sagte auch später zu Beauvais nichts darüber, warum sich sein Argwohn nicht im geringsten vermindert hatte. Der Grund war ohnedies nicht erklärbar: das winzige Stutzen, als Beauvais den Neger vorgestellt hatte, der seine Angaben ergänzen sollte. Dann, bei der Umarmung, in beiden Gesichtern eine Spur von Belustigung. Er konnte daraus die geheime Order erraten, die sie auf den Weg bekommen hatten: zuerst alles beim alten lassen, sich von jedem Urteil zurückhalten. Paul Rohan wußte, mit welcher Befürchtung Beauvais und Berenger die Ankömmlinge erwartet hatten. Soweit sie laut davon sprachen, ging es um eine Einschränkung der Freiheit der Neger. Begrenzung der Bürgerrechte. Was für Ereignisse sich auch im Osten in dem Land abspielten, das ihm unbekannt war, wie die Ereignisse auch verschieden erklärt wurden, für ihn war es leicht, sich ein Urteil zu bilden. Viel leichter als es für die war, die mitten darin steckten. Was auch geschah, es mochte noch so verzwickt und unklar sein, kam für ihn auf eine Frage heraus: Behalte ich meine Freiheit? Kann es je wieder möglich werden, daß mich ein Aufseher mit der Peitsche zur Arbeit treibt, mir, wenn ich ihm nicht gehorche, ein eisernes Band um den Hals legt?

So viel befürchteten seine weißen Freunde vielleicht noch nicht. So weit ging ihre Einbildung nicht. Paul Rohan hatte schon als Kind gemerkt, daß weiße Männer, wenn sie die Macht dazu hatten, geradezu alles fertigbrachten, wozu sie Lust hatten. Er ging am Abend zu Dumerque, um lesen und schreiben zu lernen, wie er es Beauvais versprochen hatte. Dumerque fragte nichts. Rohan erzählte ihm nichts. Sie hatten sich einer des anderen durch einen Blick versichert. Rohan genoß die Kühle und Stille, die Streifen des letzten Sonnenlichtes. Er freute sich, wenn ihn der Pater lobte. Er war auch endlich beim Lernen um die schwerste Klippe gekommen: die einzelnen Buchstaben, die er längst kannte, zu Wörtern zusammenzuziehen. Sie lernten angestrengter denn je. Wenn sie einen Augenblick aussetzten, fiel die Zukunft wie ein Gewicht auf beide.

VII

Fabien, der Sekretär Boisserets, hatte Beauvais einen Brief seiner Braut aus Frankreich mitgebracht. Beauvais lud ihn zum Abendessen an denselben Ort ein, an dem er in der Nacht vor der Ankunft Vignerons mit Berenger gesessen hatte.

Fabien, das hatte Beauvais rasch beobachtet, war Herz und Seele mit seinem Chef. An Abenteuer gewöhnt wie an Pfeffer, war er auf ein Absonderliches erpicht. Der Mond schien wieder so hell, daß Beauvais die lustigen Pünktchen von Neugierde in den Augen seines Begleiters erkannte. Er hatte ein wenig zu hastig nach dem ihm bestimmten Brief gegriffen. Sein Herz zog sich bei den ersten Buchstaben zusammen, bevor sein Kopf den Inhalt begriff, als stecke in der Schrift selbst etwas Unfaßbares, Kaltes, vor dem er wie vor einer Drohung auswich. »Ich soll Dich, mein lieber Beauvais, in drei Monaten wiedersehen. Du weißt, schon zweimal war alles zu unserer Hochzeit gerichtet. Ich weiß nicht, warum Du dann noch nicht gekommen bist. Ich habe niemals verstanden, was Du mir über die Gründe schriebst. Ich habe, sei nicht böse, auch nie an diese Gründe geglaubt. Der Kommissar soll seine Aufgabe ohne Dich nicht bewältigen können? So etwas ungefähr hast Du doch geschrieben. Und bist freiwillig geblieben. Ich war zu verzweifelt, um zu weinen. Ich weiß nicht, was dort solche Macht über Dich hat.«

Fabien sah mit Spottlust, nach außen bekümmert, zu, wie sich Beauvais' Gesicht immer mehr im Lesen verfinsterte. Aus vielen sanften und weichen Worten, die er einzeln auf dem Papier hätte streicheln können, stachen die spitzen Buchstaben ihrer Entscheidung.

Sie sei nicht länger bereit, auf einen Geliebten zu warten, der jede Gelegenheit ausließ, zu ihr zurückzukommen. Das Leben an der Seite eines Herrn Philippe Dumesnil würde sicher bei weitem nicht das sein, was sie sich zusammen mit Beauvais unter dem Leben vorgestellt hatte. Aber ein Leben, immerhin, sei es, und fruchtloses Warten sei keins. Bei Gott, sie schreibe den Namen des Freiers nur mit Verzweiflung nieder, es sei ihr nicht nach einer Drohung zumute, auch dieser Brief sei nur eine Beschwörung, nicht alles aufs Spiel zu setzen, was ihr gemeinsames Glück sei. – Und wofür aufs Spiel zu setzen?

Was es auch sei, es würde wie Rauch vergehen, wenn er erst einmal auf französischem Boden stünde.

Sein Herz zog sich zusammen, als hätte es wieder begriffen, bevor sein Verstand zu einem Entschluß gekommen war: Er würde auch jetzt nicht heimfahren. – Wenn er sich vorstellte, wie ihn die Frau empfing, wie er das geliebte Gesicht in seine Hände nahm, dann kam es ihm vor, dieser Brief hätte recht behalten. Dann war schon, was um ihn herum vor sich ging, wie Rauch vergangen. Wie sie es selber beschrieb in diesem verfluchten Brief. Denn sicher, er war verflucht. Die Wahl war verflucht zwischen dem, was man Glück nennt: ein junges, schneeflockenweißes Ding, das wie reines Glas war mit einem Sprung in jeder Bewegung, selbst im Klang seiner Stimme, das zufällig Claudine hieß! Und zwischen dem, was mit Glück nicht das geringste zu tun hat: eine Insel im Karibischen Meer, die zufällig Guadeloupe hieß, von nicht zehntausend Negern bewohnt, die vor sechs Jahren mit seinem Beistand ihre Freiheit errungen hatten und dieses Jahr wieder Sklaven sein sollten. Er gebrauchte sogar in Gedanken zum erstenmal dieses Wort. Die Insel konnte so wenig vergehen wie irgendein Stern. Weit eher Claudine. Das war wohl das Los alles irdischen Glücks, wie Rauch zu vergehen.

Der Mond war so hell, daß Beauvais den Brief ohne Schwierigkeiten hatte lesen können. Er faltete ihn ganz klein. Fabien fragte behutsam, neugierig: »Schlechte Nachrichten?« Zu seinem Erstaunen und zu seiner Enttäuschung erwiderte Beauvais: »Nein, meine Braut ist ungeduldig.« Er nahm sich gleichzeitig vor, niemand zu verraten, daß er bleiben wollte.

Manon brachte ihren Kokosschnaps. Fabien trank rasch und viel, und Beauvais warnte ihn nicht. »Sie fahren jetzt heim und heiraten, lieber Freund«, sagte Fabien, »und das ist gut, und ich gratuliere. Es ist auch höchste Zeit, daß Sie fahren.« – »Warum höchste Zeit?« – »Das fragen Sie noch? Natürlich für Ihre Hochzeit und außerdem, überhaupt. Was wollen Sie auch noch hier? Sie sind schon lange im Amt. Auf dieser verdammten Insel. Ihr habt mit unseren braven Soldaten die Engländer weggejagt. Ihr habt Flinten an die Neger gegeben, damit sie wie auf Haiti euch helfen, die Engländer wegzujagen. Ihr hattet ihnen zur Belohnung die Freiheit versprochen. Das war vernünftig von euch. Die Neger auf Haiti haben sich eingebildet, nachdem sie einmal die Freiheit gekostet hatten, die rein und süß schmeckt, man könnte sie auch allein süffeln, auch ohne uns, die Franzosen. Ein schlauer Hund, dieser Toussaint. Der hat es verstanden, sein Inselchen in Ordnung zu bringen. Sogar ein bißchen zu gut. Der hat es besser als ihr hier verstanden, die Neger zur Arbeit anzuhalten, daß wieder Zucker und Kaffee herauskam; nur, daß er geglaubt hat, er könnte sich eine kleine private Republik züchten: Darum ist er jetzt auch eingesperrt, damit er begreift, was er der Republik verdankt, und seine private kleine Republik wird ihm zusammengeschossen.«

Beauvais fragte: »Hat sie sich schon ergeben?« Fabien lachte: »Seit wann macht man einen Friedensvertrag mit Schwarzen? Ihr Häuptling ist unter Dach und Fach. Das Lied ist aus.« Er wurde plötzlich wütend. Er sprang auf. Er drohte gegen die Hütte. »Wenn ihr euch einredet, daß ihr es ebenso treibt, dann seid ihr schief gewickelt. Ihr kennt unseren General Bonaparte nicht. Der kann euch rechtzeitig etwas anderes schicken.«

»Beruhigen Sie sich«, sagte Beauvais. Er drückte ihn auf den Stuhl.

Fabien fuhr friedlicher fort: »Die Burschen zur Arbeit zu bringen, das haben Sie nicht verstanden.« Beauvais sagte: »So schwer es war, es ging die letzte Zeit besser. Es wird in einigen Jahren gehen.« Fabien erwiderte ruhig, obwohl er immerzu weitertrank: »Sie haben jetzt dazu keine Zeit mehr.« Er war punktweise pedantisch nach Art gewisser, höchst betrunkener Menschen. »Was hätte es auch den Negern genützt, wenn sie gearbeitet hätten.

Vielleicht wäre einem der Kamm geschwollen, wie es auf Haiti passiert ist. Wenn sich die Leute einmal an Arbeit gewöhnt haben, dann kommt dabei manch ein komischer Ehrgeiz heraus. Auch manch ein komischer Kopf, eben wie dieser Toussaint. Sie Glücklicher, Sie.« – »Warum Glücklicher?« – »Weil Sie nach Frankreich zurückfahren. Sie haben das Vaterland in all dem Wirrwarr verlassen. Sie ahnen gar nicht, was Sie erwartet. Was für ein Mann das ist, Bonaparte. Er hat ein Ende gemacht mit dem Geschwätz. Er macht uns ein neues Vaterland. Nicht aus Revolutionsgeschwätz, sondern aus Ruhm und Ehre.« – »Das hatten wir auch«, sagte Beauvais, »als wir nach Holland gezogen sind, die Revolutionsarmee, zerlumpt, ohne Schuhe, nur mit der Marseillaise.« – »Das war einmal«, sagte Fabien, »jetzt werden wir reich und groß, jetzt werden wir Schuhe haben, nicht nur die Marseillaise, jetzt brauchen wir Kolonien. Wir brauchen Kaffee und Zucker. Dazu brauchen wir Sklaven.«

Beauvais machte Manon ein Zeichen, immerzu einzugießen. Manon brachte ein feines, noch warmes Gebäck aus gesalzenen Mandeln, mit dem es sich leichter trank. Beauvais dachte: Der Schnaps hat ihn gleich an der richtigen Stelle geritzt. Er hätte ihn ebensogut an einer verkehrten Stelle ritzen können, daß er mir nichts als Weibergeschichten erzählt. Er sagte: »Doch wohl mit einem anderen Namen, nach einem anderen Gesetz?« – »Hören Sie mal«, sagte Fabien, er kratzte mit einem spitzen Nagel das Salz, das er für Zucker gehalten hatte, von seinen Mandeln weg. »Der Zucker ist unter Bonaparte genau derselbe, wie er unter Ludwig XVI. war, genau derselbe, Beauvais. Der Unterschied liegt in Frankreich, nicht im Zucker. Er hat unser Vaterland reich gemacht, beneidet und reich. Fragt sich nur, was für ein Frankreich, beneidet und reich. Sehen Sie mal, nur Schwarze können Zukkerrohr schneiden. Darum gehören dieselben Gesetze zu denselben Schwarzen. Der Unterschied ist: Für wen sind es Sklaven? Es ist ein Unterschied, ob der Sklave das

Zuckerrohr für Ludwig XVI. schneidet oder für Napoleon.« – »Glauben Sie, daß es ein Unterschied für die Sklaven ist?« – »Für die nicht, aber für uns. Mein Gott, das hysterische Gleichberechtigungsgebrüll, als sie sich vor der Nationalversammlung als Brüder umarmten und um ihre schwarzen Bäuche die Trikolore zu binden begannen. War damals nützlich. Der Engländer ist unser Feind. Wir müssen ihn schlagen. Wenn er mit seinen Sklaven mehr Zucker produzieren kann als wir mit unserem Gleichberechtigungsgebrüll, dann heißt das: Fertig mit dem Gefasel. Ihr Neger pariert. Drapiert euch weiter mit einer Trikolore, wenn es euch Spaß macht. Sie werden hier noch etwas erleben, mein Junge – ach nein, Sie werden ja nichts mehr erleben. Sie fahren ja weg. Sie werden höchstens morgen unsere Proklamation erleben.«

Manon stand immer noch reglos zwischen Tisch und Tür. Sie hatte an Nase und Backenknochen silbrige Stellen wie ein Baumstumpf im Mond. Sie horchte angestrengt, weil sie wußte, daß Fabien jetzt etwas von großer Tragweite erzählte. Sie verstand die leise Bewegung, mit der Beauvais sie hieß, seinem Begleiter einzuschenken und einmal etwas Gesalzenes, einmal etwas Gezuckertes aufzutragen. Er riß aber dann an der verkehrten Stelle, wie Beauvais es anfangs befürchtet hatte. Er fing diesmal in einem Anfall von Heimweh an, von einer Geraldine zu erzählen, die in den Cafés rund um das Palais Royal herumgestrolcht war. Dann legte er seinen Kopf auf den Tisch.

VIII

Die Neger sprachen am nächsten Tag überall von der Proklamation, die auch in solchen Orten angeschlagen war, wo niemand lesen konnte: Sie betraf die Deportation des Toussaint von Haiti. An einigen Orten lasen sie uniformierte Beamte vor, an anderen Leute, die Briefschreiber von Beruf waren und sich auf die Kunst verstanden, die vielen Weißen, aber nur wenigen Schwarzen bekannt war.

»Der General Toussaint Louverture hat sich eingebildet, er könnte die Republik betrügen. Er wähnte in seinem Ehrgeiz, er könnte die Insel Haiti unabhängig erklären und dann als Despot und Tyrann seinen schwarzen Brüdern, ohne die Aufsicht der Republik, das Joch der Sklaverei wieder aufzwingen. Der General Bonaparte hat ihn durchschaut. Er befindet sich bereits als Gefangener auf unserem Kriegsschiff. Es lebe die Republik!«

Beauvais war nachts, nachdem er sich von dem betrunkenen Fabien getrennt hatte, zu Paul Rohan gegangen. Sie hatten sich vorbereitet auf das, was jetzt gekommen war.

Die Neger sagten zu Paul Rohan: »Jetzt siehst du, was es bedeutete, uns zur Arbeit zu zwingen. Es war Verrat an der Republik. Du aber, du, du hast uns immer die Neger von Haiti als Beispiel hingestellt.« Paul Rohan erwiderte: »Ihr Narren, merkt ihr denn nicht, was das bedeutet? Man will uns die Erinnerung an Toussaint vergiften. Man will uns in kurzer Zeit zur Arbeit zwingen unter dem Vorwand, es sei für die Republik.«

Die Neger sagten: »Du selbst bist der Narr. Du hast uns ja selbst gesagt: es sei für die Re-pu-blik. Das hast du damals gesagt, solange es sich für dich lohnte, der Liebling eines dieser Weißen, des Beauvais, zu sein. Jetzt lohnt es sich aber nicht mehr für dich. Vielleicht bleibt dein Beauvais gar nicht mehr hier. Da willst du auch dieses Dings da, die Re-pu-blik, nicht mehr in den Mund nehmen.«

Rohan versuchte so sanft zu bleiben, wie Beauvais es ihm eingeprägt hatte. Die Ohren sausten ihm vor Wut: »Warum knallt es denn immer noch in Haiti? Warum haben denn dort die Franzosen die Städte in Brand geschossen? Warum verfolgen sie denn die Neger dort in den Wald hinein? Warum geben die Neger auch jetzt noch nicht Ruhe, obwohl der General Toussaint, von dem man behauptet, daß er sie hinter das Licht geführt hat, gefangen ist?«

Ein alter Neger, auf dessen Kopf das Haar stand wie gekräuselter Schaum, sagte streng: »Die Weißen schießen gern, weil sie viele Kugeln haben. Sie verstehen sich ausgezeichnet auf Krieg. Sie haben uns Kugeln geschickt, um uns gegen die schlechten Weißen zu helfen. Es gab damals in Guadeloupe auch Neger, die Kugeln von den schlechten weißen Herren bekamen. Sie haben damit auf die guten Weißen geschossen. In Haiti gibt es jetzt auch solche Dummköpfe.« – »Der Bonaparte, der hier unter dem Aufruf steht, bedeutet nicht mehr die Republik. Er will uns wieder zu Sklaven machen.« – »Du willst uns einreden, du hättest lesen gelernt, mein Sohn hat aber zum Glück auch lesen gelernt. Sag, Sohn, steht hier etwas andres als das, was man uns vorlas?« – »Dasselbe.« – »Also, die Weißen verstehen es, ihre Worte aufzuschreiben und später wieder zu lesen. Auch Worte, die für uns schon längst verflogen sind. Warum soll dasselbe Wort nicht mehr dasselbe Wort bedeuten?« Paul Rohan erwiderte schnell und heiser, er zuckte am ganzen Körper: »Das ist doch auch dir schon einmal geschehen. Es ist etwas anders geworden. Man nennt es weiter, wie man es früher genannt hat. Du trinkst Rum bei der Manon, sie gibt dir einen Dreck, sie sagt dir dazu: Das ist der Rum, den du verlangt hast. Du wirst sie dann prügeln. Es ist der Geschmack, woran du es merkst.«

Beauvais ging abends zu Paul. Es kam ihm vor, die Wände seien zusammengerückt und in den Wänden die Menschen. Die Zeit war enger geworden, sie drückte auf Schultern und Kehlen. Das Essen schmeckte wie Sand. Beauvais schwieg, an die Wand gelehnt. In den Blicken war Angst, als sause ein Hurrikan auf die Insel zu. Wenn Claire ein Kind schimpfte oder beruhigte, dann hieß es mit ihren Worten: Du wirst bald ein anderes Kind sein.

Ich werde bald anders sein. Suzanne, ihre jüngere Schwester, kam oft zwischen Tür und Wand an Beauvais vorbei. Sie brachte die Hand so oft wie möglich mit dem Stoff seiner Uniform in Berührung. Ihre Augen waren aufgerissen vor Angst, aber auch vor Freude, weil Beauvais gerade jetzt wiedergekommen war. Wenn jemand den Kopf hineinsteckte, kam es ihm vor, in dieser Familie sei etwas Arges geschehen. Er zog seinen Kopf zurück und fragte draußen, was denn Rohans geschehen sei. Der Gedanke kam ihm noch nicht, dasselbe könnte auch ihm geschehen sein.

Der Pater Dumerque trat ein. Er hatte Beauvais gesucht. Er umarmte ihn. Sein Orden hatte ihn heimbefohlen. Er glaubte, Beauvais würde mit ihm zusammen reisen. Beauvais widersprach ihm nicht. Er hatte schon mit Claire ausgemacht, daß sie in sein Essen das Mittel mische, das ihn durch den Ausbruch einer Krankheit am Abreisen hindere. Während er seinen Teller leer aß, wandte sich der Pater an die Familie. Er dankte Paul, daß er ihn in der schwersten Zeit beschützt und den Negern klargemacht hatte, Dumerque sei ihr Freund. Würde noch einmal eine schwere Zeit kommen, sagte Pater Dumerque, und er könnte sie nicht mit ihnen verbringen, dann läge es nicht an ihm selbst. – Sie sahen sich an. Sie wußten, Dumerque begriff, was bevorstand.

Als er gegangen war, kamen viele von draußen herein. Der Abend wurde zu einem gewöhnlichen Abend. Es war vielleicht doch nichts Besonderes bei den Rohans geschehen. Auch Beauvais war von ungefähr da, wie er öfters da war. Claire bewirtete alle. Suzanne half ihr. Sie kam so oft wie möglich mit ihrer Brust und ihrem Arm an Beauvais vorbei. Er gab darauf nicht acht. Er dachte jetzt nur an daheim. Er dachte an seine Braut, die schon geahnt hatte, daß er auch mit diesem Schiff nicht zurückkam. Es wurde ihm bitter und kalt. Sie redeten alle durcheinander um ihn herum. Das stockte nur, wenn draußen ein Posten vorbeiging. Denn daß es um diesen

Posten anders bestellt war als sonst, das spürten sie in dem Augenblick, in dem sein Schatten hereinfiel. Sie sprachen auch wieder von dem Aufruf, der Toussaint betraf. Der Sohn jenes alten Negers, der morgens mit seinem Vater einig gewesen war, stimmte jetzt Rohan zu, die alten Plantagen müßten endlich gerodet werden. Ein anderer brachte aus seinem Gedächtnis die Gründe zutage, die Beauvais und Berenger in den Versammlungen aufgezählt hatten: »Wir brauchen das Geld für Kanonen. Sie schützen uns vor den Engländern. Die Engländer, wenn sie kommen, machen uns wieder zu Sklaven.« Ein junger Neger schrie lauter als alle: »Wenn wir so hart arbeiten müssen wie früher, wo ist dann der Unterschied?« Der Vater von Mado und Suzanne schrie nicht, weil er der einzige war, auf den man ohnedies immer hörte: »Du warst vor sechs Jahren noch so klein, daß du dich gar nicht mehr daran erinnerst, wie das war, als Sklave zu arbeiten. Ich kann mich sehr gut daran erinnern. Ich war in meinem Leben viel kürzer frei, als Sklave. Ich kann mich daran erinnern, wie man mir eine Kette anlegte. Sie war so leicht, daß sie mich nicht am Arbeiten hindern konnte. Sie war so schwer, daß sie mich am Weglaufen hindern konnte.« – Der Junge lachte, aber nur mit den Zähnen. Sie sprachen auch von der Abfahrt des Paters. Von Beauvais' Abfahrt, der auf demselben Schiff reiste. Das gefiel ihnen nicht. Solange Hugues bei ihnen gewesen war, hatte sein Glanz auf Beauvais abgefärbt. Sie hatten später an Beauvais ihren Groll ausgelassen. Sie hatten geknurrt: Der Alte hätte es anders gemacht. Jetzt war ihnen unbehaglich zumute, als lasse sie Beauvais allein. »Wir werden nichts zulassen, ohne daß unser Mann im Rat sitzt. Du, Rohan, wer sonst?« Sie sahen ihn an. Es wurde still. Dann schlugen die Stimmen wieder in Wenns und Obs durcheinander. Es gab einen Lärm, daß die Hütte geplatzt wäre, wenn sich die Stimmen nicht aufeinander geeinigt hätten. Es wurde ein Lied daraus. Es wurde auch draußen gesungen. Man hätte auf einmal glauben können, die Ankunft des neuen Schiffes würde gefeiert.

Französische Offiziere sagten, als sie den Gesang aus der Ferne hörten: »Der Anfang geht besser, als wir hofften.«

Beauvais blieb an der Wand stehen, als alle gegangen waren. Suzanne brachte ihm ein Glas. Er sagte: »Laßt mich. Ich will mich legen. Mein Haar ist naßgeschwitzt.« Man half ihm beim Auskleiden. Man holte die Negerin aus der Nachbarschaft, die alle Krankheiten kannte. Sie gab ihm gute und schlechte Ratschläge, Kräuter und Amulette, Tränke und Sprüche.

Als Beauvais sich nicht zur Abfahrt des Schiffes meldete, kam ein französischer Militärarzt. Der bekam Angst. Es war nicht zu leugnen, daß Beauvais die Passagiere gefährde, um bei der Ankunft schließlich in einer Quarantäne hängenzubleiben. Da war es besser, er blieb, wo er war.

»Geschieht ihm recht«, sagte ein gewisser Moulin. Sie hörten im Offizierskasino dem Arzt zu. »Warum?« fragte Fabien. »Seine Braut wartet auf ihn. Er hat nach der Heimkehr heiraten wollen.« – »Warum? Weil er schon zu lange hier ist. Soll er mit seinen Negern verrekken.« Ein anderer sagte: »Er kam schon mit dem Kommissar Hugues.« – »Sie hatten damals gewürfelt, wer auf dem Schiff zurückbleibt und wer die Landung mitmacht.« – »Sie haben es fertiggebracht, die Engländer von einem Fort zum anderen zu treiben.« – »Sie haben zwölf Franzosen vor den Augen der Schwarzen an die Wand gestellt.« – »So hat die Befreiung angefangen.« – »Weil diese Edelleute die Insel lieber den Engländern überließen als unseren Jakobinern.« – »Weil die Jakobiner alle Plantagen den Negern schenkten.« – »Was hätte da Hugues anderes tun sollen?« – »Das ist ein altes Lied, das schon oft gespielt worden ist.« – »Der Konsul will ihnen die Plantagen wiedergeben.« – »Nur schade, daß man nicht sechs Jahre tot sein kann und dann wieder

Zuckerrohr anbauen.« – »Man kann nach sechs Jahren wieder Sklave werden, aber nicht mehr lebendig.«

Beauvais lag krank bei den Rohans. Er schluckte den Trank, den ihm Suzanne zu seiner Heilung brachte. Er schluckte den Trank, den ihm Claire brachte, um das Fieber zu treiben. Paul erzählte ihm jeden Abend, was sich zutrug. Zunächst war nicht viel verändert. Die Neger wurden aufgefordert, die ihnen zugewiesenen Felder zu bebauen. Das war oft in den letzten Jahren geschehen. Jetzt fanden sich immer mehr und mehr zur Arbeit ein. Auch Rohan ging mit seinen Geschwistern und Schwiegereltern zur Feldarbeit. Die neue Verwaltung war provisorisch eingesetzt. Es gab darin keine Neger. Man ließ sich darüber weniger aus, als daß man sich darüber aufhielt, daß Paul nicht mehr mit den weißen Beamten herumritt, um Verordnungen zu erklären und durchzuführen. Man rechnete nach, wieviel Schwünge er jetzt noch mit der Machete fertigbrächte.

IX

Zuerst hatte Beauvais stets an daheim gedacht, ob sein Fieber stieg oder nachließ. Dann hatten sich seine Träume, wach und im Fieber, mit seiner Umgebung verflochten. Sie waren allmählich abgeblaßt, die Wirklichkeit war so dicht und fest, daß sie die Träume verzehrte. Suzanne saß neben ihm, wenn er schlief und wenn er sich schlafend stellte. Sie war zuerst die allerflüchtigste Wirklichkeit, zwar greifbar, aber verblaßt wie ein Traum, wenn er nur an eine Bewegung, nur an einen Ton aus seinen geliebtesten Träumen dachte. Dann hatte sich beides vermischt, das eine zum Greifen nahe, aber nicht brauchbar zum Träumen, das andere, das in Gedanken stundenlang vorhielt, aber nicht greifbar war. Auf einmal fiel die Erinnerung von ihm ab. Er strengte sich an, etwas Blondes und Weißes festzuhalten; dann war es in die Dunkulheit wie in ein Wasser abgeglitten, in eine Zeit, die nicht mehr seine war. Suzanne blieb hart und blank zurück wie der Kern der Frucht, die sie ihm schälte. Die Früchte des Landes. Rot, gelb, violett und grün, bisweilen mit schwarzen Kernen. Er liebte die rosa Innenfläche ihrer Hände mehr als den blonden und weißen Rauch. Es war ein Bestandteil von etwas, was litt und bedroht war und mehr Liebe brauchte, als ein Mensch aufbringen kann. Was ihn bisher gequält hatte, wurde ihm gleichgültig. Suzanne war froh, daß er sie fortwährend betrachtete.

Französische Offiziere besuchten ihn nie. Vigneron kam kurz vor der Abfahrt des Schiffes, das sie beide hätte heimbringen sollen. Er setzte sich unter das Vordach und sprach von diesem gesicherten Ort aus: »Da liegen Sie nun, ein Weißer, allein, anstatt mit mir zu gehen.« Da Beauvais nichts sagte, sondern ihn nur aufmerksam ansah, fuhr er fort: »Wir werden oft an die Zeit zurückdenken, die wir gemeinsam in Guadeloupe verbracht haben.« Er rückte im Sprechen seinen Stuhl um einige Fußbreit zurück. »Es war keine leichte Zeit. Ich habe mich oft gefragt, wie man hier mit sowenig Härte wie möglich unsere erhabenen Grundsätze anwenden könnte.« Er sprach jetzt sehr laut. Er wandte sich nicht eigentlich mehr an Beauvais. Er hielt ihn für zu krank, um ihm zu folgen. Er sprach zu sich selbst oder auf einer Tribüne zu einer unbestimmten, allgemeinen Zuhörerschaft. Er bewegte sogar die Arme, als ob er die nicht vorhandenen Zeugen mitreißen wollte. Dann schob er erschrocken seinen Stuhl noch einen Fußbreit zurück. Er hätte es nicht übers Herz gebracht, diese erhabenen Grundprinzipien mit Maßnahmen durchzusetzen, die durch ihre Härte den Grundprinzipien zuwiderliefen. Beauvais hörte ihn mit geschlossenen Augen belustigt an. Er gab noch mehrere Redensarten, gemeine und platte, zum besten. Die Grundprinzipien zu ändern, dazu sei er nicht der Mann. Er machte, ohne den Kranken zu berühren, eine große Abschiedsgeste.

Er stand schon hinter dem Stuhl, da fiel ihm doch noch was ein. »Ihr Kommissar Hugues, mein Vorgänger, ist, wie ich höre, nach seinem Bestimmungsort, nach Guayana, abgereist.« Beauvais öffnete endlich die Augen. Vigneron fügte hinzu: »Bei all dem Regierungswechsel hat der Mann abwarten wollen, bis ihn der Konsul bestätigt. Obwohl er schon über ein Jahr seine Ernennung hat. Das ist eine Vorsicht, die ich vernünftig nenne. Wenn man bedenkt, daß er vom Konvent ernannt worden ist. Bestätigt vom Direktorium. Da ist es doch klar, daß es noch einmal schwarz auf weiß vom Konsul unterschrieben sein muß.« Er wandte sich endgültig ab, da Beauvais stumm blieb. Die weit aufgerissenen, brennenden Augen, das bleiche Gesicht – er schrieb das alles dem Fieber zu. Er hatte auch keineswegs den Kranken mit seiner Mitteilung erregen wollen; er ahnte nicht, daß er Beauvais beim Abschied das Kostbarste zerstört hatte: das geliebte Bild. Er ging mit gerecktem Hals zum Hafen hinunter. Beauvais grübelte auf seinem Lager. So sah es also daheim aus. Ein Mensch wie Hugues gab klein bei. Er tat das Vernünftige, wie es Vigneron nannte. Er ließ sich vom Konsul bestätigen. Er wollte sein Amt nicht verlieren. Er wollte die Macht nicht einbüßen. Er wollte Abenteuer und Ruhm. Er wollte die Erregungen seiner Jugend weiterschlecken. Er wollte nicht unbeachtet in einem stillen Winkel verrosten. Er wollte nicht von der Liste der Amtsanwärter gestrichen werden, wer diese Liste auch unterschrieb. Jetzt fühlte sich Beauvais erst richtig allein. Er hätte mit niemandem tauschen wollen, aber er war verteufelt allein.

Die Arbeit begann nach der Regenzeit verhältnismäßig glatt, ohne Stockungen. Die Straßen wimmelten von Soldaten. Wenn das eine Drohung bedeuten sollte, dann war sie zwecklos. Der Militärgouverneur hätte nicht den geringsten Anlaß zum Eingreifen finden können. Er suchte scheinbar auch keinen. Er ließ die Menschen unbehelligt, die nicht an die Arbeit gingen oder rasch wieder aufhörten. Zuerst waren mehr als sonst gekommen aus einer unbestimmten Angst vor unausgesprochenen Folgen. Als diese ausblieben, blieb die Angst auch aus. Das gab dann wieder Verwirrungen und Streit. Der Gouverneur dachte nicht daran, einzugreifen. Er überließ alles sich selbst. Dann befahl er, alle sollten mit ihren Familien an ihren ehemaligen Arbeitsplätzen antreten. Die Erlasse der letzten Regierung seien für ungültig erklärt.

X

Lucienne klopfte in ihrem Hof die Samen aus seltenen Blumen. Das Kind setzte die Körner reihenweise in schwarze, grüne und gelbe Häuflein. Es hüpfte auf seinen Vater zu. Es prallte zurück. Doch Berenger hatte es weder gestoßen noch umarmt. Sein Gesicht war die letzte Zeit immer kalt gewesen. Es war jetzt ein solches Gesicht, daß sich Luciennes Gesicht bei seinem Anblick entleerte. Sie dachte: Solange ich hier bin, war er nie froh. Sie dachte auch: Er war nicht einmal bei meiner Ankunft froh. Ich hatte damals gehofft, er würde strahlen vor Glück. Er war aber nicht glücklich. So schlecht wie heute war ihm noch nie zumute.

Sie hatte manchmal gewagt, ihn zu fragen, trotz Jacquelines Warnung. Ihre Fragen waren auch nutzlos gewesen. Er hatte gelacht. Er hatte den Kopf geschüttelt. Sicher, er hatte sich nur nach einem gesehnt: daheim aller Fragen enthoben zu sein.

Jacqueline kam hinter ihm her durch den Hof. Sie dachte bei Luciennes Anblick: Die Frau sieht jetzt ihrer Mutter ähnlich. Sie sah sonst aus wie ein goldener Engel. Warum sieht sie plötzlich wie eine alte Mulattin aus? Auch für unser Kind wäre es besser gewesen, wenn es einen Weißen zum Vater bekommen hätte. In Paris hätte die Frau nur zu wählen brauchen. Sie hätte den Grafen Lafayette sofort bekommen.

Sie folgte dem Herrn ins Zimmer. Sie stellte ein kaltes Getränk vor ihn auf den Tisch. Sie erschrak. Der Herr sah ihr ins Gesicht, als sei ihr festes schwarzes Gesicht aus Glas, und was es dahinter zu sehen gab, sei unerträglich. Der Herr sah aus, als hätte er einen Entschluß gefaßt, der aller Entschlüsse spotte. Sie hätte nicht einmal sagen können, ob sein Gesicht nach Verzweiflung aussah oder nach einem Triumph. Auf jeden Fall, es gefiel ihr nicht. Sie blieb ein paar Schritte von ihm entfernt stehen. Sie sah es noch eine Weile an, ohne klüger daraus zu werden.

Er dauerte sie, sie sagte: »Der Herr soll an etwas anderes denken.« Er sah sie an, als merke er erst an ihrer Stimme, daß er nicht mehr allein war. Er antwortete: »An was?« – »An unsere Frau oder an unser Kind. An Freunde oder an Pferde. Der Herr denkt immer an Dinge, die er nicht ändern kann.« – »Man kann sie nicht ändern«, sagte Berenger, »aber man braucht sie nicht mitzumachen.« Jacqueline zuckte die Achseln. »Mein lieber Herr, ach, mein lieber Sohn, da hast du recht. Man braucht sie nicht mitzumachen. Ich weiß, was in deinem Kopf herumgeht. Wir hier auf der Insel sprechen von nichts anderem mehr. Warum kannst du aber wenigstens nicht an etwas anderes denken? Du bist ein sehr guter Mensch. Darum. Du machst dir aber viel zuviel Sorgen um uns Neger. Was auch mit uns geschieht, es hat mit dir überhaupt nichts zu tun. Mit dir nichts, mit deiner Frau nichts, mit deinem Kind nichts. Es kommt überhaupt nicht in dein Haus.« Er hörte ihr angestrengt zu. – Sein Gesicht war sehr traurig. Was sie beinahe für einen Triumph gehalten hätte, war, wie sie auch gleich vermutet hatte, keine Spur von Triumph. Es war dann also Verzweiflung.

Er tat ihr leid, weil er viel zu gut war. Sie erklärte ihm sanft: »Ich kann mir gar nicht vorstellen, was für ein Negergesetz hier im Haus irgend etwas verändern könnte. Ich weiß, daß du zu mir sein wirst, wie du vorher warst.

Was soll sich dann also für mich verändern? Und glaubst du, ich könnte anders zu deiner Frau sein? Ich bin von Martinique nach Paris mit ihrer Mutter gekommen, als sie schwanger mit dem Kind war, das jetzt deine Frau ist. Ich war immer gut zu deiner Frau, denn ich hatte sie immer lieb, so lieb, wie ich jetzt deine Tochter habe. War etwas anders, früher, als ich als Sklavin in ihrer Familie diente? Ist etwas anders geworden in den sechs Jahren, in denen wir frei waren? War ich als Freie weniger treu? Wirst du weniger gut zu mir sein, wenn morgen ein Gesetz herauskommt, daß ich wieder deine Sklavin bin? Da lächelst du endlich. Du sagst es ja selbst, man braucht es nicht mitzumachen. Und weil man es gar nicht mitmacht, verändert sich gar nichts. Zwischen dir und mir verändert sich nichts.«

Sie wartete auf eine Antwort, die nicht kam. Berenger horchte auf den Brunnen, als hätte er einmal in alten Zeiten in einem Hof gewohnt, in dem der Brunnen das Meer übertönte.

»Ich bitte dich, Herr, gib diese Gedanken auf. Denn was du auch tust, es nützt nichts. Der neue Herr, den ihr jetzt habt, der alle Gesetze macht und alle Befehle gibt, das ist, wie sie sagen, ein sehr mächtiger Herr. Was kannst du gegen ihn tun, ein einzelner, hier auf der Insel? Ich war mit euch in Paris, da weiß ich so gut wie du es weißt, was niemand hier für möglich hält: Kein Mensch in Paris weiß, wo Guadeloupe liegt. Vielleicht ein paar, die etwas damit zu tun haben. Ein paar Soldaten. Ein paar Seeleute. Ein paar Kaufleute. Die meisten wissen nicht einmal genau, wo Martinique liegt, das viel größer ist. Sag selbst, was du hier auch tust, es ist vergessen, sobald es getan ist. Kein Mensch wird je davon hören. Ich habe erst in Paris erfahren, als ich nicht mehr jung war, wieviel Weiße es gibt. Die Neger hier können sich davon überhaupt kein Bild machen. Dabei ist unsere Insel so winzig, daß sie überhaupt nicht für euren mächtigen Herrn in Betracht kommt. Was ist ihm eine Insel mehr oder weniger?«

XI

Jean Rohan, der Schmied, erfuhr durch den gewaltigen Knall, mit dem das Fort in die Luft gesprengt wurde, daß die Sklaverei in Guadeloupe durch Gesetz wieder eingeführt worden war. Er hatte Berenger seit Jahren gekannt. Berenger hatte in der letzten Zeit seine Gepflogenheit wieder aufgenommen, auf der Insel herumzureiten und mit den Menschen zu sprechen. Sic hatten zusammen bei der Manon getrunken. Sie hatten sich ihre Befürchtungen mitgeteilt. Jean Rohan hatte einmal gefragt, was er zu tun gedächte, allein, von der militärischen Macht erdrückt, auf der winzigen Insel, falls es zum Schlimmsten käme. Sogar ohne Rückhalt an den Negern. Berenger hatte erwidert: »Das wirst du merken.«

Er hatte es also gemerkt. Der Knall war auf der ganzen Insel hörbar. Das Echo dröhnte ein paarmal in abgelegenen Bergspalten. Die Luft bebte lange. Dann war es still ... Soweit Jean Rohan darüber Bescheid wußte, gab es jetzt im Meer keine Insel mehr, wo die Sklaverei nicht bestanden hätte. Sie war nur auf den französischen Inseln durch die Revolution abgeschafft worden. Das hatte er oft erklären hören. Wenn sie jetzt doch wieder eingeführt wurde, gab es überhaupt keine solche Insel mehr. Berenger hatte die Nachricht als Kommandant des Forts frühzeitig bekommen. Er hatte sie so verstanden, wie sie Jean Rohan verstand. Er hatte danach gehandelt, und Jean Rohan beschloß, jetzt auch zu handeln.

Er hatte mehr Erfahrungen als ein Feldsklave. Er hatte auf seiner Schmiede, die zu dem Gut Rohan gehört hatte, bis in sein hohes Mannesalter Umgang mit allerlei Menschen und mit metallenen Dingen gehabt. Er war geschickt in seinem Beruf gewesen, auf allerlei Kunststücke aus. Er hatte nicht die Art Verstand, die sein viel jüngerer Vetter Paul besaß, den kühnen und wilden Verstand, der selten, aber dann verzweifelt zurückschreckt, wenn in der begrenzten Welt die Ausführung seiner unbegrenzten Erfindung unmöglich gemacht wird.

Er war nicht daheim, als das Fort explodierte. Er war zunächst in seiner neuen Schmiede geblieben, als viele Nachbarn und Brüder der Aufforderung gefolgt waren, sich an den ehemaligen Arbeitsstätten zu melden. Er war so lange wie möglich geblieben, auch als die Patrouillen kamen, um zu kontrollieren, wer der Aufforderung nicht gefolgt war. Er hatte in der vergangenen Nacht endgültig aufbrechen müssen. Er hatte sich bis zu einer entlegenen Schlucht durchgeschlagen, zu einer Siedlung, die dort vor zwei Jahren entstanden war. Es gab dort Neger mit Weibern und Kindern. Die hatten sich niemals eingefügt. Sie lebten dort, wie sie dachten, weiter in Freiheit. Sie lebten von Jagd und von Früchten und manchmal von Tausch und manchmal von Raub. Sie hatten schon drei- oder viermal einen schmalen Streifen anzubauen begonnen, aber obwohl ihre Saat rascher gewachsen war als ihr Kind im Mutterschoß, war ihnen selbst dieser Ertrag entbehrlich erschienen. Sie hatten auch schnell Streit bekommen.

Als Jean Rohan erschöpft bei ihnen ankam und erzählte, was dieser Knall zu bedeuten hatte, brachen sie in Gelächter aus. »Nun kommst du auch bei uns an, wir haben es gleich richtig gemacht.« Jean Rohan sagte: »Nein.« Was er voraus wußte, geschah: Die Patrouillen waren am nächsten Tag angelangt. Sie taten ihnen nicht viel zuleide. Sie wagten sich kaum in die Nähe. Der neue scharfe, findige Kommandant, der die Insel planmäßig durchstreifen ließ, würde gleich nach dem Bericht der Patrouille mit einer berittenen Abteilung anrücken. Es war auch klar, daß der Zeitpunkt vernünftig angesetzt war, mit Spielraum vor Anbruch der Regenzeit. Und ferner klar, daß die Soldaten mit Pferden und Hunden die flüchtigen Neger schnell erreichten.

Jean Rohan schloß sich ihnen nicht an, als sie die Hütten sich selbst überließen und in das innerste Innere aufbrachen. Er suchte sich seinen Weg allein. Er wußte, es gab vor der Sklaverei keine Rettung mehr. Er hätte genausogut vor der Luft selbst flüchten können. Er wußte, solche Männer wie sein Vetter taten sich da und dort zusammen und wehrten sich bis zum letzten Augenblick. Er hoffte wenigstens, daß sie es taten. Er hoffte, daß sie wenigstens da und dort noch Gruppen von seinesgleichen fänden, die Zeit hatten, sich gemeinsam zu wehren. Das könnte zwar auch nicht verhindern, daß sie zugrunde gingen. Es war aber ohne Zweifel die richtige Art, zugrunde zu gehen. Es war ein Aufschub immerhin, aber ein Aufschub solcher Art, daß sie sich sagen konnten, sie waren – einmal frei – nie mehr wieder Sklaven geworden. Sie hatten sich einmal befreit, und sie waren bis zum Tod frei geblieben. Das wollte er auch. Aber er mußte es jetzt allein tun. Mit allen zusammen, das würde ein ebenso blutiges Fest sein wie das Fest, das sie mit dem Volkskommissar Hugues gefeiert hatten, und es würde auch ein Fest aus demselben Anlaß sein, für die Freiheit, nur, wenn er dazu zu trommeln hätte, er müßte ganz andersartig trommeln. Für einen allein gibt es keine Trommel; für einen allein gibt es kein Fest. Er war aber dagegen gewesen, sich mit den andern zusammen an dem befohlenen Ort zu der befohlenen Zeit einzufinden, weil er den Befehl gehaßt hatte.

Er war in den Wald eingedrungen. Die Wurzeln drehten sich wie verknorpelte Hexen aus der Erde bis in die Äste hinauf. Die Äste wuchsen in den Erdboden zurück, und alles war verfilzt und vermoost und von Lianen verwickelt. Er brauchte nicht mehr zu kriechen. Der Wald saugte ihn auf. Er wurde von dem Getier angeschwirrt und manchmal angeglotzt und gekitzelt. Er war so allein, daß er sich nicht mehr allein fühlte. Er gab es auf, sich in dem Gewimmel allein zu fühlen. Er gab es auf, sich in soviel Leben als ein besonderes Leben zu fühlen, das vor etwas Angst hatte. Wenn er in der heißen, pfeifenden Finsternis noch auf Gedanken gekommen wäre, dann hätte er gedacht, daß er lieber auf tausend Arten zugrunde ginge, als von dem zugrunde gerichtet zu werden, vor dem er flüchtete.

Er sollte aber gerade dadurch zugrunde gerichtet werden. Er war noch gar nicht tief eingedrungen. Detachements hatten längst nach ihren genauen Plänen die ehemalige Siedlung erreicht. Sie hetzten jetzt ihre Meute in den Wald, denn allzuweit war das Pack noch gar nicht gekommen. Die auf die Neger abgerichteten schwarzen Hunde waren auf den Antillen berüchtigt. Sie hatten von jeher die Neger aufgespürt, die ihren Herren entflohen waren.

Die Offiziere hatten sich jetzt ganze Rudel dieser berüchtigten Hunde zugelegt. Daß sie schwarz waren wie die Beute, das verschärfte die Jagd. Als Rohan sie anschlagen hörte, fing er an, aufwärts zu klettern statt seitwärts. Er hatte schon weiße Struppeln auf seiner schwarzen Brust. Er war aber geschmeidig und schlau. Sein Haar war wie ein Lammfell. Er war auf der Flucht ganz weiß geworden. Es gab aber niemand darauf acht. Es gab auch niemand, der darauf achtgab, ob schwarze Hunde Neger verfolgten, die sich nichts aus der Bebauung von eigener Erde machten, oder einen Neger wie den Koch, der lieber ein angesehener Sklave war als ein Feldarbeiter, oder den Neger Jean Rohan, der alles sofort verstanden hatte. Er wählte sein Versteck so gut und verhielt sich so ruhig, daß die Hunde unter ihm jaulten und nicht gleich spürten, wo er war.

Daß etwas Menschenhaftes hier steckte, das schnupperten sie. Sie fingen auch plötzlich an, so rasend zu jaulen, daß es rundherum knackte von aufgeschrecktem Getier. Die Hunde sprangen, sie prallten ab oder rissen sich und starrten und heulten.

Jean Rohan wußte, daß es zu Ende ging. Es wäre besser gewesen, durch eine Schlange zugrunde zu gehen. Besser durch einen Skorpion, besser durch einen Jaguar. – Es wäre besser, ein Jaguar als ein Spürhund zu sein. Wäre es besser ein Sklave zu sein als ein Hund? Es war für einen Neger nur möglich, als ein Sklave oder gar nicht zu leben.

Die Hunde hatten inzwischen die Patrouille herbeigelockt. Die Patrouille war von Negern begleitet, die ihr den Weg mit Macheten schlugen. Wäre Rohan noch auf Gedanken gekommen, dann hätte er gedacht: Es ist nicht besser, als Sklave zu leben, es ist besser, nicht zu leben.

Die Hunde gerieten noch einmal in rasende Aufregung. Die Patrouille hätte sonst nicht das Dunkle vom Dunklen unterschieden, nicht die zwei weißen Punkte entdeckt, die dazu gehörten. Sie legte die Köpfe zurück und brüllte und pfiff und schrie. Dann legte sie an und schoß. Der Tote überschlug sich zuerst – dann kam er im Gleitflug herunter. Die Patrouille zog auf dem Pfad ab, den die Neger mit der Machete geschlagen hatten, nachdem sie – denn die Jagdzeit war kurz – die gierigen Hunde von ihrer Beute gerissen hatte. In ihrem Rücken stürzte sich eine Völkerwanderung von Insekten auf den Rest von Fleisch; dann kam kleines Getier mit Zähnen und Schnäbeln. Zuletzt kam, die ersten verscheuchend, ein großes, buschiges Raubtier mit seinem Jungen, gelassen und schwer, die Mutter hungrig, das Junge hungrig.

XII

Christophe, der ehemalige Küchensklave, und Ismael, der ehemalige Gärtnersklave, saßen zusammen unter dem Vordach der Hütte. Sie waren daran gewöhnt, miteinander die Abende zu verbringen. So hatten sie es als Sklaven auf dem Gut Noailles gehalten, so in den Jahren der Freiheit. So hielten sie es wieder als Sklaven auf dem Gut Noailles.

Das Gut hatte vor der Revolution nicht mehr den Noailles gehört, wenn es auch gewohnheitsmäßig weiter nach ihnen genannt worden war. Es war durch Erbschaft an einen Grafen Bechamel gefallen. Der war nur selten und zuletzt gar nicht mehr nach Paris gefahren. Er hatte ein Leiden, dem das französische Klima schadete, während die Tropen sein Leben verlängerten. Das erwies sich auch insofern als wahr, als er beim Ausbruch der Revolution bei einem berühmten Arzt auf einer portugiesischen Insel war. Wie sich die Dinge weiter entwickelten, blieb er dort. Da er trotz seiner Krankheit gern lebte, hatte er seine Geliebte, eine Mulattin, und deren Kinder bei sich. Eins davon, ein ausnehmend schönes, fast weißes Mädchen, war zur Erbin seiner Besitzungen in Guadeloupe bestimmt. Seine Frau hatte von ihm getrennt in Paris gelebt, später in London. Dort ging es ihr auch in der Emigration nicht gar zu schlecht.

Ismael und Christophe schwatzten, was aus all diesen Menschen geworden sein mochte, in deren Diensten sie Jahrzehnte gestanden hatten. Die Mulattin war unter den Sklaven als launisch und grausam verschrien gewesen. Ihr Geliebter hatte ihr jeden, selbst den unsinnigsten Wunsch erfüllt. Auch darüber schwatzten und lachten die beiden Alten. Die Frau hatte ziemlich viel von ihrer beider Berufen verstanden: der Gärtnerei und der Küche. Ihre Festmähler waren berühmt gewesen. Sie hatte den Gärtner Ismael angewiesen, einen Kräutergarten zu ziehen, der dem Kräutergarten des Klosters weit überlegen war. Christophe hatte sich dort alles Nötige für seine besonderen Gerichte gesichert. Er hatte für Ismael immer die Reste vorzüglich gelungener Speisen aufbewahrt. Die beiden Alten hatten sich oft eingestanden, daß sie sich nach den alten Zeiten zurücksehnten. Obwohl es aussah, als sollte bald alles wieder so werden, wie es gewesen war, ließ sich die Zeit, die nun mal ins Rollen geraten war, doch nicht mehr zurückstellen. Wieviel die beiden Alten auch schwatzten, es kam nichts Gescheites dabei heraus. Dafür war die Welt zu wirr. Aus solcher Wirrnis kam nur Gerede heraus, kein saftiger Tratsch.

Es war genug in den letzten Wochen geschehen, es fehlte den Ereignissen nicht an Klarheit. Sie waren so nackt und so einfach wie möglich. Man brauchte nicht von ihnen zu reden, sie redeten für sich selbst. Sie waren auch für die beiden Alten nicht zum Tratschen geeignet. Sie waren zum Schweigen. So daß man, hörte man nur diesen beiden zu, sich hätte einbilden können, es wäre nichts Besonderes geschehen. Wenn sie bis ins kleinste alles durchhechelten, womit sie zu tun hatten, dann stockten sie von Zeit zu Zeit einen Augenblick, von dem überwältigt, womit sie nichts zu tun haben wollten. Dann knirschten ihre Zähne, dann zitterte ihre welke schwarze Haut, dann drehten sich ihre Augäpfel, als bekämen sie Krämpfe, dann klopften ihre Herzen. Sie fingen schnell wieder ihr Gerede an. Dann stockten sie wieder, es dröhnte wieder mit Hammerschlägen in ihren Rippen:

Das Fort, das Berenger in die Luft gesprengt hatte. Was sonst noch auf dieses Signal in die Luft flog. Ein Militärdepot, ein Kasino. Die Schüsse, die da und dort auf Patrouillen fielen. Manon, die plötzlich einem betrunkenen Offizier, der sie angeherrscht hatte, mit ihrem Fleischmesser an die Kehle ging. Die ganze Familie lief entsetzt auseinander. Man trieb sie mit Hunden zusammen, man verbrannte die Hütte.

Was hätte man darüber reden sollen? Es war auch am besten, über Paul Rohan zu schweigen. Man hatte ihm gleich nicht getraut, als er, wenn auch mit Frau und Kindern, auf das Gut Rohan zurückkehrte. Auch Beauvais nicht, als er krank zurückblieb. Wahrscheinlich hatte Paul Rohan etwas im Sinn, was man am besten auch in Gedanken vermied.

Die beiden schwatzten so schnell wie möglich von den gewöhnlichsten Dingen. Es gibt ja schließlich genug in Guadeloupe, was sich nicht verändert. Es gibt auf eine besondere Art gewürztes Schweinefleisch. Es gibt grobe Zungen, die das Gewürz nicht herausschmecken. Zwar nicht auf den großen Gastmählern, nach denen man sich zurücksehnt. Es gibt statt dessen ein Kommen und ein Gehen von allerlei Leuten, die der Graf Bechamel früher nicht an seine Tafel gelassen hätte. Sie aßen auch nicht zu einer bestimmten Stunde; man wird nicht richtig aus ihnen klug. Beamte und Offiziere und Angestellte. Sie messen und stochern im Land herum. Es gibt aber auch unter ihnen Feinschmecker. Einer bestellte sich dreimal hintereinander dieselbe Fischsoße. Man kann nicht einmal eine Fischsoße erwähnen, ohne dabei an Manon zu denken. Und weil man von Manon nicht sprechen kann, ist es besser, auch über Fischsoße zu schweigen.

XIII

Cantal, der früher Verwalter auf dem Gut Rohan gewesen war, wagte sich nach Guadeloupe zurück. Er ritt bewaffnet unter militärischem Schutz in die Berge. Er war ein kleiner, unansehnlicher Mann, aber fest und beherrscht. Er ließ die Neger vor sich zusammentreiben. Er sagte aber nur lächelnd: »Nun, meine Kinder, da wären wir wieder zusammen.« Er sagte später ein paarmal: »Ihr habt ja hier eine schöne Bescherung angerichtet.«

Er hatte zunächst nur feststellen wollen, ob man überhaupt noch einen Profit aus den Ländereien herausschlagen konnte, mit wieviel Kredit, mit wieviel staatlicher Unterstützung, mit wieviel Veräußerung.

Sein Herr war nie nach Guadeloupe gekommen. Er hatte Versailles vorgezogen. Er war zufrieden gewesen, wenn sein Verwalter ihm pünktlich genügend Geld geschickt hatte. Cantal hatte ihm immer pünktlich genügend Geld geschickt. So pünktlich und so genügend, daß Herr und Verwalter auf ihre Kosten kamen. Der Herr war in Paris auf der Guillotine geendet. Da er ohne Kopf sowenig wie mit Kopf nach Guadeloupe fuhr, hatte sein Tod die Folgen aller vertrackten Todesfälle. Nachdem das vergossene Blut getrocknet war, kam die Tinte in

Fluß. Unsichere Familienmitglieder meldeten sich, als sie erfuhren, die neue Regierung mache es nicht unmöglich, etwas zu erben. Die meisten Aussichten hatte ein außerordentlich schäbiger Edelmann, der die Revolution an den Rouletten von Havanna überstanden hatte. Er war auf den Antillen hängengeblieben, weil ihn schon längst eine unklare Verwandtschaft seiner Frau mit einem dort fundierten Vermögen dazu veranlaßt hatte, sein Glück in der westlichen Hemisphäre zu suchen. Der Verwalter hatte ihn einmal durch ein paar kräftige Neger aus dem Tor befördert. Unter dem Wappen der Familie, das einen Mohrenkopf enthielt: als Zeichen, daß ihr Stammbaum bis auf die Kreuzzüge zurückging. Cantal stieß in den Spielsälen wieder auf den ihm bekannten Edelmann. Sie trugen sich beide nichts nach, denn der Verwalter wäre keiner gewesen, wenn er sich nicht auf Nutzen verstanden hätte. Der angeheiratete, außergewöhnlich schäbige Edelmann war jetzt nützlich: Cantal versprach dem Edelmann, aus dem er sich vielleicht einen neuen Herrn ziehen könnte, den fraglichen Anspruch persönlich und schriftlich für ihn zu erledigen und, wenn er ihm wenigstens einen Rest brauchbaren Landes ergatterte, genügend Geld ans Roulette zu schicken. Frau Cantal war jene spöttische Schönheit gewesen, die ihren unbezähmbaren Ehrgeiz, der sich von Toilette und Küche bis auf die Allmacht Gottes erstreckte, auch auf das Schicksal der Sklaven angewandt hatte. Sie war es, die ihren Mann veranlaßt hatte, den Feldsklaven Paul Rohan, durch einen Verkauf nach dem Gut Noailles, von seiner Geliebten zu trennen.

Der Verwalter wußte noch nicht, ob er die Plantagen, die er besichtigte, wieder anbauen könnte. Es lohnte sich vielleicht nicht, die Sklaven roden zu lassen, die auf dem Papier zunächst mal zu ihm gehörten. Er verstand es zwar, seine Neger anzutreiben. Er besaß aber nicht mehr die unbändige Kraft der ersten Ansiedler, die einst das Land der Wildnis entrungen hatten. Er wollte sich aber auf jeden Fall so sicher wie möglich zeigen, bevor er sich über die Zukunft klar war. Er ließ ein paar Neger, die durchgebrannt waren, von Hunden stellen. Er ließ ihnen soviel Hiebe aufzählen, wie er es in solchen Fällen gewohnt war. Er drohte ihnen mit einer Brandmarkung als Kennzeichen bei einer zweiten Flucht. Das waren die Strafen aus dem Schwarzengesetz der Könige. Als er feststellte, daß der Schmied Jean Rohan fehlte, ließ er dessen Familie zusammentreiben. Er ließ sogar seinen Schwager verhören, der als freigelassener Gärtner im Klostergut arbeitete. Er ließ ihn in Ketten legen, denn das Gesetz sah vor, daß freigelassene Neger, die einen entlaufenen Sklaven versteckten, ihre Freiheit wieder verloren.

Der Militärgouverneur tat manches, um solche Maßnahmen einzudämmen. Er ließ sogar diesem Neger die Ketten abnehmen, als sich seine Unschuld herausgestellt hatte.

Cantal hatte dabei erfahren, daß der Vetter des Schmiedes, Paul Rohan, ein Hauptaufwiegler gewesen war. Es kam ihm sonderbar vor, daß dieser Mann nicht geflüchtet war. Er hatte sich sogar eingefunden mit seiner Frau, die man nicht mehr von ihm trennen konnte. Cantal erinnerte sich noch ungefähr an den Vorfall, bei dem seine eigene Frau eine Rolle gespielt hatte. Er fand keinen Grund, etwas gegen Paul zu unternehmen. Es war, als hätte sich Paul in das Unvermeidliche gefügt.

In manchen Stunden sah es an manchen Flecken der Insel aus wie in alten Zeiten. Der Rauch stieg von abgesengten Landstreifen hoch. Die Kopftücher schimmerten in breiten Abständen. Die Lieder waren so schwermütig und so eintönig, daß sie länger vorhielten als die Peitschen und Schreie und die schrillen Preisangebote auf den Negerauktionen.

Es war Cantal leid, ein paarmal hinauf und herunter zu reiten. Er ließ sich ein neues Verwalterhaus richten. Er ließ so viel Erde ausstechen und in der Sonne trocknen, als könnte er nicht Lehmziegel genug für das neue Haus haben, in dem er mit seiner Frau, seinen Kindern und Enkeln zu wohnen gedachte.

Der Gouverneur tat sein Bestes, den Einfall dieses Verwalters zu unterstützen. Er stationierte ein starkes Kontingent von Soldaten auf dem Gut.

Cantal wurde von einer Gewehrsalve empfangen. Kein Mensch war mehr auf den Gedanken gekommen, daß irgendwo Waffen versteckt sein könnten. Man hatte auch nur den Versuch eines Widerstandes für unmöglich gehalten. Auch dieser Versuch wurde sofort erstickt. Und als er bereits erstickt war, drang seine Nachricht in alle Teile der Insel.

Als Schuldige und Verdächtige grausam bestraft worden waren, begriffen die Neger, daß sie ihr Joch nicht abschütteln konnten. Die Neger in Haiti, die sich noch immer im Urwald verschanzten, erfuhren, die Sklaverei sei in Guadeloupe wiederhergestellt worden. Sie verstanden, was ihnen blühte, wenn sie sich ergaben. Das gelbe Fieber kam ihnen zu Hilfe und siebte die Besatzung.

XIV

Nach einer gewissen Zeit kam ein junger Mensch, der Louis Sampigny hieß, nach Guadeloupe, um dort sein Glück zu versuchen. Er war der Sohn einer wohlhabenden Familie aus Martinique. Die hatte Mühlen und Destillationen besessen, aber oft in Streit mit den Plantagenverwaltern gelegen; denn nur die Aristokraten besaßen Erde. Jetzt war dieses Vorrecht aufgehoben. Der junge Sampigny plante, sich eines Stücks Landes zu versichern, um Zuckerrohr anzubauen. Er fing auch gleich an, alles Nötige zu erwerben: verschiedene Einrichtungen, die er wieder instand setzen ließ, eine neumodische englische Maschine, durch die er Esel oder Pferde ersetzen konnte, allerlei verwahrloste Gerätschaften, Sklaven, Fässer und anderes Material aus Holz und Glas, Hanf, Baumwolle und Leinwand. Er wurde bei der Besichtigung weder mit Jubel noch mit Gewehrsalven empfangen.

Um diese Zeit fand in einem Haus in der Stadt eine Auktion statt. Versteigert wurden: verschiedene von den erwähnten Gegenständen, ein komplettes Service, Möbel, Sattelzeug und zwei Sklavinnen.

Die Sklavinnen waren Suzanne und ihre Mutter. Sie ließen sich stumpf von allen Seiten besehen. Sie ließen sich stumpf von den Käufern wegführen. Die Alte galt bei ihren neuen Herrschaften für geschwätzig und hinterlistig. Suzanne galt für trotzig und faul.

XV

Seit diesen Ereignissen waren viele Jahre vergangen. Der erste Konsul Bonaparte war Kaiser Napoleon geworden. Er hattc halb Europa erobert. Er stand kurz vor dem Marsch nach Rußland. Was sich zu Beginn des Jahrhunderts auf einer Insel im Karibischen Meer ereignet hatte, war den Köpfen der Menschen entglitten. Sie wurden von wichtigeren Ereignissen ausgefüllt, von glänzenderen Namen. Höchstens erwähnte einmal ein Leutnant oder ein Hauptmann den Namen der Insel, auf die ihn sein wildes Soldatenleben geworfen hatte.

Der Oberst Boyer verbrachte den Urlaub auf dem Landhaus seiner Schwiegereltern, nicht weit von der Schweizer Grenze. Die ganze Familie drängte sich um den Gast und wurde nicht müde, ihn erzählen zu hören. Denn während der Oberst schon in der Revolutionsarmee unter Bonaparte gekämpft hatte, vor Marengo und unter den Pyramiden, in Mitteleuropa und in verschiedenen Kolonien, war diese Familie in ihrem stillen Haus mit Haushalt und Garten, mit Lederhandel und mit Aufzucht der Kinder beschäftigt gewesen. Jetzt standen allen die Mäuler offen, die Nasenflügel waren gebläht vor Erregung. Die Frauen ließen die Stickereien in ihre Röcke fallen, bei ganz unglaublichen Vorkommnissen. Die Kinder vergaßen, Gebäck zu kauen, sie verkrümelten es vor Aufregung. Der Schwiegergroßvater nagte an seinem Schnurrbart. Der Schwiegervater trank mehr Schnäpse denn je; all die erzählten Gefahren machten ihn durstig. Die Schnäpse waren ordentlich aufgereiht auf dem goldflüssigen Mahagonitisch vor dem Kamin. Boyers Gesicht war rot im Kaminschein, als säße er wieder am Biwakfeuer. Sein jüngster, spätgeborener, erst zwölfjähriger Bruder starrte ihn unverwandt an. Alphonse war ein blonder, dünnhäutiger Junge, der Mutter nachgeschlagen, die bei seiner Geburt gestorben war. Und dieses Unglück schien den schmalen, aber gelenken Knaben, der immer noch über das eben Gehörte grübelte, während die ganze Familie über das nächste Erlebnis staunte, mit einem Anflug von Schwermut beschattet zu haben.

Der Oberst Boyer geriet immer mehr ins Erzählen. Er fühlte sich glücklich, weil er soviel erlebt hatte und jetzt auf Urlaub daheim war und nicht für immer. Es war ein Abend, an dem es schien, er hätte soviel Gefahren bestanden, nur um den Seinen davon zu erzählen. Er hatte nicht nur im Mittelmeer und in Ägypten Abenteuer erlebt, sondern auch im Karibischen Meer. Er erzählte, wie sie auf einer Insel, die Guadeloupe hieß, die Sklaverei wieder hatten einführen müssen. Die Insel sei in den paar Jahren verludert, in denen die Neger nicht mehr gezwungen wurden, Zucker und Kaffee zu ziehen.

Es war kein Zufall, daß ihm sein kurzer, aber erregender Aufenthalt in Guadeloupe gerade hier und gerade jetzt ein fiel. Ein Kamerad hatte ihm morgens erzählt, der damals berühmte Toussaint sei in den benachbarten Bergen in einer Festung verreckt. »Was du nicht sagst! Hat der noch gelebt?« – »Jawohl. In der Nachbarschaft war er eingesperrt. Die Neger hatten noch nicht einmal beigegeben, als wir ihn schon deportiert hatten. Die spielen sogar noch jetzt weiter Krieg.«

»Die Insel Guadeloupe«, erzählte der Oberst, »war so stark besetzt, daß sich kein Neger mehr gerührt hat. Nur ein Mulatte, der zufällig dort Kommandant war, hat sein Fort in die Luft gesprengt. Warum? Das habe ich mich damals auch gefragt. Man weiß nie, was in einem Mulatten vorgeht. Er kann einen noch so hohen Rang haben. Er kann noch so weiß aussehen. Ich glaube, der Mensch war inwendig schwärzer, als man ihm ansah, sonst wäre er nicht auf solch einen Wahnsinn verfallen, nur weil den Negern etwas mißfiel. Es kam sonst zu keinem besonderen Zwischenfall. Nur einmal, als ein Verwalter auf seine alte Plantage ziehen wollte. Das Haus war gerade fertig eingerichtet. Wir hatten ihm zu seinem Schutz eine Abteilung Soldaten mitgegeben. Wie sie anrückten, wurden sie aus dem Haus mit Gewehren empfangen. Ich bin dann sofort mit einer Verstärkung hinaufgeritten. Die Neger waren noch einmal ganz außer Rand und Band. Sie hatten schon unterwegs aus verschiedenen Löchern auf uns geknallt. Die Bande war sicher von ihrem geheimen Häuptling angestachelt worden. Wir haben ihn dann selbst erwischt. Zerschossen, aber noch lebend. Wir haben ihn öffentlich absterben lassen, einen Ring um den Hals. Da hat er in einem eisernen Käfig gehangen wie ein verendender Vogel. Das Beispiel war nötig, um ein für allemal Schluß zu machen. Da sieht man, was dabei herauskommt, wenn man solche Gedanken wie Freiheit und Gleichheit in solche Köpfe pflanzt. Die Negerinnen waren womöglich noch schlimmer. Es gab eine kleine schwarze Teufelin in derselben Bande. Die haben wir erst –« Boyer warf einen Blick auf seine Frau. Er brach ab, seine Augen lachten, sein Schwiegergroßvater kaute an seinem Schnurrbart.

Was er eigentlich hätte erzählen wollen. Das Sonderbarste an dieser Geschichte. Sie hätten damals die toten Neger auf einen Haufen geworfen. Da hätte plötzlich jemand geschrien, der ist ja weiß! Man soll sich nur ihr Erstaunen vorstellen. Ein einzelner weißer Mann in der ganzen schwarzen Masse. Soll man ihn herausziehen? Ihn gesondert begraben? Ach, Unsinn, hatte sein Freund gesagt, soll er die Auferstehung mit ihnen feiern. – Er hätte selbst den Rapport nicht mehr miterlebt. Was war nur noch an jenem Tag geschehen? Abkommandiert? Wohin?

Die Schwiegergroßmutter klapperte mit den Nadeln. Sie ließ ihr Strickzeug nie in den Schoß sinken, weil sie nie derart erregt war. Ihr Nadelgeklapper brachte den Gast zu immer neuen Einfällen. Er fing auch gleich an, etwas von Toulon zu erzählen.

An Beauvais hätte sich nie mehr ein Mensch erinnert, wenn unter den Zuhörern nicht dieser Knabe gesessen hätte. Was er eben gehört hatte, regte ihn auf bis ins tiefe Herz. Ein Kommandant, der sein eigenes Fort in die Luft sprengt. Warum? Der Oberst hatte es selbst nicht gewußt. Er sprengt es ohne Befehl in die Luft, und selbst der Oberst weiß nicht warum. Es platzt und es dröhnt, und es hört nicht zu dröhnen auf, bis man den Grund versteht. Was aber den größten Eindruck auf den Knaben machte, das waren die letzten paar Sätze: der weiße Mann in dem Haufen von toten Negern. Der Knabe hörte nicht weiter zu. Er grübelte. Die Ahnung von einer ihm unbekannten Welt machte ihn frösteln. Das war eine Welt, die von seiner eigenen vertrauten wie durch einen Vorhang getrennt war. Es gab also noch eine andere Welt. Dort wurde nach anderen Gesetzen gehandelt. Der fremde Mann hatte sein Leben für etwas geopfert, was nichts mit dem Ruhm zu tun hatte, von dem man hier las und sprach. Der Ruhm, der rundherum die jungen Leute berauschte. Der Ruhm aus Triumphbögen und aus Orden, der Ruhm aus Trommelwirbel und über den grabgesenkten Fahnen. Der Ruhm des fremden Mannes bestand nur aus einem Frösteln, das über den Rücken des Knaben rieselte.

Das Licht auf dem Galgen

I

Antoine verließ das Café, in dem er oft nachmittags etwas trank, bevor er zu seinen Schülern ging. Er wurde sofort in der Straße aufgehalten. »Sind Sie der Bürger Antoine?«

Er setzte seinen Weg fort, als hätte er nichts verstanden. Der Fremde packte ihn am Arm. »Sind Sie's oder nicht?« Antoine sagte scharf: »Lassen Sie mich in Ruhe! Was wollen Sie denn?« Er hatte in den vergangenen Jahren gründlich gelernt, wenn auch noch längst nicht ausgelernt, auf der Hut zu sein vor Narren und Dummköpfen, vor Spitzeln und Provokateuren. Der Fremde ließ seinen Arm los; er lief ein paar Schritte neben ihm her. »Der Brief da ist sicher für Sie.« Sein Gesicht war breit, gesund, gleichmütig, sein Blick gewohnheitsgemäß genau. Antoine, an die Einschätzung von Gesichtern gewöhnt, nahm an: ein Seemannsgesicht. Es gab keinen Grund, abzustreiten oder zuzugeben, daß er der Gesuchte sei. Dann sah er eine Art Vorwurf in den grauen und ruhigen Augen, Bedauern oder Vorwurf. Er nahm den Brief in die Hand.

Er rief: »Der ist schon alt!« – »Mehr als zwei Jahre«, sagte der fremde Mann, »mein Freund hat Ihnen selbst sagen wollen, was drinsteht. Wir trafen uns unterwegs in einem Lazarett in Kuba. Dort hat auch mein Freund den Tod ausgebrütet. Er hat zuletzt von nichts anderem geredet als von dem Brief. Man hat mich zwar bis auf die Knochen ausgeräuchert; den Brief hat man aber nicht erwischt.

Mein Schiff fuhr nach Florida, da hat uns der Spanier einen Strich durch die Rechnung gemacht und uns festgehalten in Kuba. Als ich endlich loskam und zurück nach Martinique wollte, hat mir der Engländer einen Strich durch die Rechnung gemacht. Er fing mich, und er schleppte mich bis Trinidad, und er ließ mich erst dieses Frühjahr weg, als der Konsul Bonaparte einen Frieden mit ihm gemacht hat.

Dann fuhr ich nach Martinique. Und von dort nach Boulogne.«

»Ja aber«, sagte Antoine und drehte den Brief in der Hand, »wie haben Sie mich denn hier gefunden?«

Er dachte: Ein Fehler, ihn wissen zu lassen, wer ich bin. Es abzustreiten – genauso falsch.

Das Gefühl, auf unsicherem Boden zu stehen, war ihm vertraut. Er hatte wieder ein Gefühl von Gnadenfrist. Die gelben Äpfel des Straßenmarktes, vor dem sie jetzt standen, hatten in der dunstigen Luft den Schimmer flüchtiger Lichter. All die Gerüche, die er auf einmal spürte, beinah berauschend, würde es nie mehr in seinem Leben geben. – Er hatte die letzte Zeit mit seiner Frau unbehelligt und unbekannt in einem kleinen abgelegenen Zimmer gewohnt. Sie waren dorthin gezogen, als die neue Jagd auf Jakobiner begonnen hatte nach dem Attentat auf den Konsul. Er kam nur in dieses Stadtviertel, um ein paar Sprachstunden zu geben.

Der fremde Mann antwortete: »Ich ging zuerst in die Straße, die mir Galloudec genannt hatte. Mein Freund – das war Galloudec. Das Haus, in dem Ihr Büro liegen sollte, steht aber leer. Alles wird renoviert. Doch jemand, der im Keller hinter den Baugerüsten wohnt, schickte mich in die Schule, in der Sie früher mal Stunden gaben. Dort waren Sie auch nicht mehr. Irgendein Aufräumeweib hat behauptet, ihr Neffe hätte Sie kürzlich hier gesehen. Er ist Fuhrmann – der Neffe. Ich fand ihn; er sah Sie inzwischen hier öfters. Er hat Sie mir auch genau beschrieben. Er sagte: ›Seine Brauen sind zusammengewachsen.‹ Er riet mir, vor diesem Café zu warten. Nur, morgen muß ich zurück nach Boulogne. Mein Schiff heißt ›Adriane‹. Ich heiße Malbec. Entschuldigung, das vergaß ich. Es war ein guter Zufall, daß wir uns gleich getroffen haben.«

Antoine fühlte den Boden fester werden, ohne recht zu wissen, warum. Er hatte kein Gefühl mehr von Gnadenfrist. Die gelben Äpfel waren blank und sorgsam geschichtet, die kleinen Stiele alle nach oben. Die dunstige Luft war die gewöhnliche frühe Dämmerung des Herbstnachmittags. – An diesem Mann, dachte Antoine, ist nichts Besonderes. Wahrscheinlich ist alles ganz einfach: Er hat seinem toten Freund etwas versprochen, und er ist treu. Der Zufall – der ist wie ein Waisenknabe, gerät manchmal an eine Stiefmutter, manchmal in treue Hände.

»Nun öffnen Sie schon«, sagte der Mann, »der Brief ist nicht verpestet, sonst wär ich's auch.«

Antoine faßte ihn unterm Arm. Sie gingen in eine Marktwirtschaft. Es war voll. Die paar Lichter machten den Raum nicht hell, nur da und dort ein Gesicht, ein Tischeck. Die Decke war niedrig, aber gewölbt, kapellenartig. »Ich weiß, was drinsteht, so oft hat er mir's erzählt. Da ich's nun mal versprach, lesen Sie selbst.«

Antoine bestellte ihm etwas zu trinken.

II

»Ich benutze diese Gelegenheit, um Ihnen mitzuteilen, daß die Bürger Debuisson und Sasportas verhaftet wurden. Sasportas ist sofort vor Gericht gestellt worden und schon in Kingston gehenkt. Debuisson hat Jamaika auf einem englischen Schiff verlassen. Er hat sich durch ein Geständnis gerettet.«

Malbec fragte: »Sie haben die beiden gut gekannt?« Antoine hatte schon auf der Zunge: Kaum. Dann bedachte er, wie enttäuscht der andere sein müßte, nach soviel Mühe, den Brief an den Mann zu bringen. Und er erwiderte: »Ich kannte den Toten schon ziemlich lange.« – »Ich war einmal mit ihm auf demselben Schiff –«, wollte Malbec mit Erzählen beginnen, aber Antoine unterbrach ihn. »Trinken Sie ruhig aus. Ich muß fort. Hier ist ein Zettel für meine Frau. Wir wohnen hinter der Kirche Saint-Eustache im letzten Hof, der zu dem grünen Haus gehört. Warten Sie dort.«

Er hatte viel Zeit versäumt mit Malbec und dem Brief, und er kam atemlos bei seinen Schülern an. Die wohnten zum Glück alle zusammen; denn sie gehörten zu ein und derselben Familie: Vater und Söhne und Schwiegersöhne. Sie nahmen Englischunterricht, und alle verbesserten ihren Stil und ihre Rechtschreibung. Sie hatten sichere Ämter und hofften, bald höher zu steigen. Antoine wurde zwar ausgesaugt wie ein Schwamm, doch diese Familie und einige andere Schüler ernährten ihn und seine Frau. Sie hatten im neuen Jahrhundert nicht oft zu hungern brauchen.

Lehrer war Antoine schon vor der Revolution. Sein Vater war Schreiber gewesen in der Gutsverwaltung des Grafen Savenay. Ein Pater gab dem Knaben Unterricht. Dann ließ ihn, auf Empfehlung des Paters, der alte Savenay ausbilden. Der Knabe gefiel durch seine Aufmerksamkeit, sein Äußeres, seine Antworten. Er wurde Hauslehrer im Schloß. Er lernte gleichzeitig Englisch, abends und nachts, wenn seine Zöglinge schliefen, auf Geheiß seines Herrn, der ihn zum Sekretär machen wollte. Er war, selbst noch nicht zwanzig, krank vor Schlaflosigkeit, auch vor Angst, daß man ihn, wenn er versagte, in eine Schreibstube stopfe zu seinem Vater oder, noch schlimmer, unter die Bauern.

Beim Ausbruch der Revolution nahm die Familie Savenay an, ohne im geringsten daran zu zweifeln, daß ihnen ihr Hauslehrer nach England folge – auf das Gut einer

Schwiegertochter. Antoine lachte, es lachten die Diener, als ihnen befohlen wurde, den Aufsässigen festzuhalten.

Er zog nach Paris, teils zu Fuß, teils auf Bauernwagen. Der Menschenstrom wuchs in Stunden. Er hörte sich in den Dörfern, in den Landstädten, an den Straßenkreuzungen alle möglichen Reden an. Man hörte auch ihn schon an, als er in Paris ankam. Er wußte bald nicht mehr, ob immer ein Wirbel entstand, wo er erschien, oder ob er erschien, wo ein Wirbel entstand.

Er vergaß sich selbst. Nur, eines Abends hatte er unter den Menschen, die zu der Neuen Brücke strömten, ein Gesichtlein entdeckt, dann ging es ihm wieder verloren in der Menge am Brückenkopf. Er fand es noch einmal, und er machte sich dicht heran, damit er es nicht mehr verliere. Das Mädchen hieß Monique.

Sie waren meistens hungrig und immer glücklich. – Er dachte an diesem Abend auf dem Heimweg nach der Kirche Saint-Eustache, hinter der sie jetzt wohnten: Es kam uns als Glück vor, was auch geschah, zusammen dabeizusein. Bei jedem Gang durch die Straßen, bei jeder Demonstration, bei jedem Lied und bei jedem Schrei, bei Pferdegetrappel unter dem Fenster, bei Siegesnachrichten, bei Gerüchten von Niederlagen, bei Jammer und Tod. Wir erwarteten alles. Man mußte sich nur noch durch manches durchschlagen. Es hatte sich auch schon viel erfüllt. Ich war endlich frei in der Stadt. Die Grafen Savenay waren geflohen. Ihr Schloß war gestürmt. Ihre Güter waren verteilt. –

Jemand hatte ihm in der Zeit des Konvents Abschreibearbeit für einen Beamten namens Bouvet verschafft. Der brachte ihn auf einem Verwaltungsamt der Westindischen Inseln unter. Im Thermidor, nach Robespierres Hinrichtung, mußte sich Bouvet verstecken. Denn alle wußten, er war ein Studienfreund Robespierres. Über Antoine war nichts bekannt. Er blieb im Amt. Er blieb auch, als der Konvent vom Direktorium abgelöst wurde.

Es hieß zwar auf einmal um ihn herum, man hätte ihn mit Bouvet in Robespierres Wohnung gesehen und öfters mit seiner Frau im Jakobinerklub. Doch Cervin, sein neuer Vorgesetzter, hielt ihm die Stange. Und er ließ ihn sogar, wenn das Gerede gefährlich wurde, in seiner eigenen Villa arbeiten.

Nach dem 18. Brumaire riet ihm derselbe Cervin, schleunigst zu verschwinden. Antoine haßte den Konsul, und er machte daraus kein Hehl. Der lustige, kalte Cervin, der sonst über jede Veränderung Witze gerissen hatte, war plötzlich ein glühender Anhänger Bonapartes. –

Es überrascht einen immer, dachte Antoine auf seinem Heimweg, wofür sich kalte und spöttische Menschen plötzlich begeistern können.

Wir standen noch ganz vorzüglich miteinander, als uns die beiden aufsuchten, von denen im Brief die Rede ist. Sasportas und Debuisson. Wann war es? Anfang 98? Noch etwas früher? Warum waren sie zu uns gekommen? Weil damals das Direktorium neue Kommissare auf unsere Antilleninseln geschickt hat. Mit Militär. Mit zivilen Begleitern. Wir stellten ihnen Papiere aus. In dieser Sache muß Debuisson in unser Büro gekommen sein, zusammen mit Sasportas.

Ich teilte Cervin mit, mir sei Sasportas bekannt. In einer der Schulen, die der Konvent gegründet hatte, war er mein Schüler gewesen, und gleichzeitig gab er selbst Unterricht in einer anderen Abendschule. Er war noch sehr jung, ein aufgeweckter und witziger Bursche. Er stammte von spanischen Juden ab. Er wollte Arzt werden. Plötzlich gab er das Studium auf. Er trat in unsere Armee ein. Ich hatte ihn aus den Augen verloren, ich hatte ihn völlig vergessen. Da kam er auf einmal mit diesem Debuisson zu uns. Der war Arzt und nahm Sasportas als Gehilfen mit. Sie fuhren in Begleitung des Kommissars, der für Haiti bestimmt war. Der Kommissar hieß Hédouville, und er war uns nicht unbekannt; denn er hatte den Aufstand in der Vendée endgültig niedergeschlagen. Wir sagten uns: Dem gibt man nur schwierige Aufgaben. Auf den Antillen ist sicher was los. –

Antoine war gleichzeitig wach und erschöpft. Wie verschwommen und düster die Gassen auch waren, seine Gedanken wurden genauer und klarer. –

Während die beiden auf ihre Papiere warteten, die geprüft, registriert und gestempelt wurden und was man sonst noch unternehmen kann mit Papieren, erzählte der Bürger Cervin dem Bürger Antoine, was er von Debuisson wußte: Der sei Militärarzt in englischen Diensten gewesen. Seine Jugend habe er auf Jamaika verbracht. Als die Engländer die französische Insel Guadeloupe besetzen wollten, sei er zu den Franzosen übergelaufen, besser gesagt, zurückgekehrt, da die Franzosen seine Landsleute waren. –

Antoine glaubte damals, Debuisson fahre als Arzt mit dem wichtigen Beamten. Sasportas redete unbekümmert drauflos, das hatte er schon in der Abendschule getan, wenn ihn etwas erregte: Er hätte sich immer gewünscht, auf die Antillen zu kommen, die Befreiung der Neger – so ähnlich sprach er, in der Art junger, überschwenglicher Menschen, als hätte sich Antoine noch nie solche Gedanken gemacht – sei für das Vaterland ein gewaltiges Unternehmen, es könne die ganze westliche Welt von heute auf morgen verändern.

Antoine dachte: Er hat wirklich Glück, dieser Junge, daß ihn Debuisson mitnimmt nach Haiti, unserer reichsten Insel, die Toussaint Louverture regiert, von dem man überall spricht. Und ich begriff Sasportas' Wunsch, die Negerrepublik, die Toussaint in kurzer Zeit geschaffen hatte, aus der Nähe zu sehen, vielleicht sogar Toussaint selbst, der sicher ein großer Mann war, nicht nur der gescheiteste Neger, sondern ein ungewöhnlicher Mensch, wie nur einer wachsen kann auf dem fruchtbaren, an ungewöhnlichen Menschen reichen Boden der Revolution. –

Nachdem die beiden fort waren, hatte Antoine an keinen mehr gedacht. Nicht mehr an Debuisson. Nicht mehr an Sasportas. Er hatte auch nie mehr etwas von ihnen gehört. Den jungen Sasportas vergaß er sogar schon zum zweitenmal. Keinen Augenblick hatte er mehr an ihn gedacht. Warum auch? Was hätte er denken sollen? Daß Sasportas irgendwann wieder zurückfuhr nach Frankreich? In Paris herumlief? In einer anderen Stadt? Daß er im letzten Jahr in Haiti gestorben sei, an einer Wunde oder am gelben Fieber? Er kam Antoine nicht einmal in den Sinn, als Bonaparte diese Strafexpedition von achtzig Schiffen gegen die unglückselige Insel geschickt hatte.

Er dachte erst jetzt: Sasportas und Debuisson, sie waren zwei unter zahllosen Menschen, die in den letzten Jahren um mich herumgewirbelt sind; sie waren zwei unter Hunderten, die durch unsere Bürotür gegangen sind. –

Als gäbe es auch im Kopf einen Horizont, verschwinden die Menschen, wenn sie die Türschwelle überschritten haben, wie Schiffe verschwinden zwischen Meer und Himmel. Im Weggehen hat Debuisson den Arm um seinen jungen Begleiter gelegt. Das fällt mir jetzt wieder ein. Sasportas sah ihn kurz an, mit großem Vertrauen.

Ich fühlte eine Art Eifersucht bei diesem Lächeln und diesem Blick. Das Gefühl war ganz flüchtig, ganz sinnlos. Denn ich kannte den einen nur wenig, den anderen gar nicht. Warum hatte der Junge solches Vertrauen zu dem Mann? Wie war es gewonnen worden? Ich dachte aber an keinen von beiden mehr, sobald sich die Tür hinter ihnen geschlossen hatte. –

Erst heute nachmittag mit dem Brief, den Malbec gebracht hatte, waren die beiden, wie heimwärts segelnde Schiffe am Horizont, wieder in Antoines Kopf aufgetaucht. Und jetzt, in der dunstigen Herbstnacht, kamen sie näher und näher. Sie wurden Antoine so klar und so deutlich, wie sie beim Abschied gewesen waren. Er hatte sogar noch einmal das Gefühl von Eifersucht bei dem zuversichtlichen Blick, den der junge Mensch auf den älteren richtete. Er dachte bitter: Da hast du dich geirrt.

Er fühlte den Brief in seiner Tasche, als er über die Brücke ging. Er dachte einen Augenblick: Besser den Brief in die Seine werfen. Das tat ihm auf einmal weh. Er dachte: Der tote Freund dieses Malbec, wie hieß er doch? Galloudec? Der hat recht gehabt. Ein Brief ist viel wert. Wenn er auch für ein Amt bestimmt war, das es gar nicht mehr gibt, für einen Menschen, der nicht mehr beamtet ist. Solch ein Brief ist ein echtes Zeugnis. Leicht kann man den jungen Menschen vergessen. Wie ich ihn beinah vergessen hätte. Wie viele sind schon vergessen worden! Geringeren baut man Denkmäler. Ihm nicht. Nur das bißchen Papier ist geblieben.

III

Im Kerzenlicht sah man Monique, seiner Frau, die dreizehn Jahre nicht an, die sie zusammen verlebt hatten, seitdem Antoine ihrem Gesicht nachgejagt war. Zu seinem Erstaunen hatte sie einen Spitzenkragen auf ihr grauseidenes, etwas abgetragenes Kleid genäht. Und sie trug Schuhe aus dem gleichen Seidenstoff. Die wurden seit langem mit den Spitzen und einigen anderen, selten gebrauchten Dingen in einem Kasten aufbewahrt. Zwei neue, gedrehte Wachskerzen steckten in blankgeriebenen Leuchtern. Am Wein und am Brot, an dem weißen Tischtuch, an dem Geruch von gebratenem Fleisch nahm Antoine wahr, daß alles für einen besonderen Gast gerichtet war.

Malbec saß im Dunkeln. Er streckte die Beine weit von sich. Er sah gleichmütig der Frau zu, ihrem Hin und Her, ihrem großen Schatten, wie er bei jeder Ankunft dem Hin und Her am Kai zusah.

Er rückte seinen Stuhl an den Tisch neben Antoine. Monique brachte das Abendessen. Ihr Herz war froh, seitdem Malbec mit dem Zettel erschienen war. Gäste waren selten geworden. Sie ertrug die aufgezwungene Einsamkeit schlechter als Tumulte und Razzien. Sie fragte Malbec, wie es ihm schmecke. »Danke«, erwiderte er, »ganz gut.« Er fügte nach einer Weile hinzu: »Ihr hier, ihr habt ziemlich alles.« Antoine sagte: »Nicht alle Tage.«

Malbec sagte, es komme ihm vor, als hätten sie in dieser Stadt keinen Mangel. Geschäfte und Märkte seien voll von allem möglichen Zeug. Es sei den Parisern anzusehen, wie sie sich freuten, daß Krieg und Blockade beendet waren. Sie merkten wenigstens nichts mehr vom Krieg, und also dächten sie, es gäbe keinen.

Monique wartete, was ihr Mann darauf sagen würde. Er schwieg. Sie goß Wein ein. Auf einmal fing Malbec wieder an, nicht laut, aber in Wut: »Da, wo ich herkomme, raucht es. Es trätscht von Blut. Von uns sind die Besten draufgegangen. Die Valmy und Fleuri mitgemacht haben, waren nicht schlecht erstaunt, als ihnen die Neger, von denen es hieß, sie seien verrohtes, verdummtes Pack, die Marseillaise entgegenschmetterten. Weil der Konsul mit England Frieden gemacht hat nach soviel Jahren, glaubt ihr vielleicht, es gäbe keinen Krieg mehr. Er hat Frieden gemacht, weil er jetzt die Engländer braucht. Sie sollen ihm nicht in die Quere kommen, solange er Haiti erledigt. Sie kommen ihm dort auch nicht in die Quere –«

Er schnickte mit einer Schulter, als läge in seinem Rükken die Insel, von der er sprach. »Die sind ihm nur dankbar, die Engländer, daß er Schluß macht mit der Negerrepublik. Man sagt, Bonaparte kann die Neger nicht leiden. Was weiß ich? Vor allem: Er braucht sie. Er braucht in den Kolonien Sklaven.«

Malbec hatte sich abgewandt von dem schweigenden Antoine, von seiner starren, beklemmenden Aufmerksamkeit. »Verstehen Sie das, Bürgerin? Verstehen Sie, warum Sasportas aufgehängt wurde?«

Monique sagte: »Was für ein Sasportas?«

Sie sah sich erst jetzt den Gast genau an, für den sie alles sorgsam gerichtet hatte. Auf seinen ruhigen grauen Augen, die fast nie blinzelten, entstand eine Spur von Trauer, wie Schaum, ein Restbestand von Erinnerungen.

»So hieß ein junger Bürger, den die Engländer in Jamaika schnappten, als er versucht hat, auch ihre Sklaven frei zu machen wie in Haiti. Sie haben davor gezittert, die Engländer, seit auf dem Karibischen Meer die ersten Schiffe mit Trikoloren gesichtet wurden.« Er schnickte noch einmal mit der Schulter. »Jamaika steckte bald voll Emigranten. Die hatten sich irgendwie Passagen verschafft nach der englischen Insel. Weil man über das Wasser nicht mit Postkutschen fahren kann wie nach Koblenz, wären sie immer noch lieber zwischen den Haifischen durchgeschwommen, als in Haiti zu bleiben, wo die Neger frei wurden.

Die Engländer schnüffelten immerfort nach Agenten. Sie machten in ihrer Angst vor unserer Revolution andauernd blinden Alarm. Bis sie wirklich zwei echte Republikaner entdeckten. Das heißt, nur einer war echt, wie sich's inzwischen gezeigt hat. Euer Konsul hatte hier in Paris die Republik schon ins Schlepptau genommen, da machten sie drüben ihre Entdeckung, Ende neunundneunzig -« Er wandte sich plötzlich Antoine zu. »Ich hab's Ihnen schon erklärt, warum der Brief so lange gebraucht hat. Macht nichts. Es ist kein Liebesbrief, die Braut ist nicht älter geworden, ein Toter bleibt immer jung, Sasportas, wenigstens der erfährt nicht mehr, daß man den Toussaint eingesperrt hat, er weiß nicht, daß Haiti verbrannt ist, er weiß nicht, daß Bonaparte das Befreiungsedikt zurücknahm, das wird er alles nie erfahren. Doch der lebende Debuisson, der hat sicher einen sehr guten Posten, weil er sehr gut verraten konnte. Den Sasportas haben die Fische gefressen. Nein, Antoine, nicht die Geier. Ich sage: die Fische. Denn so ist es Brauch in Port Royal, wenn dort einer gehängt wird. Dort steht der Galgen auf einem Kliff, und wenn jemand vom Leben zum Tod gebracht worden ist und der Strick zerschnitten, dann fällt der Gehenkte ins Meer.

Ein eisiger Schreck soll die Menschen befallen, die so etwas mit ansehen. Mich würde kein eisiger Schreck befallen, mich nicht; ich würde mir sagen, wenn man tot ist, ist es vorbei. Und wenn es mich selbst beträfe, ich würde mir sagen: Das waren die Schrecken der Erde. Es ist vorbei.«

Antoine sagte: »Haben Sie zugesehen?«

»Ich? Wieso?« erwiderte Malbec. »Hab ich Ihnen nicht gleich gesagt, daß mir alles mein Freund erzählt hat? Galloudec, der neben mir in Kuba gestorben ist. Schon meine erste Fahrt hab ich mit Galloudec gemacht. Dann fuhren wir zusammen in dem Konvoi, der den Kommissar nach Haiti begleitete. War das ein Glück, als wir uns zuletzt trafen, in Kuba, in diesem Stall, in den man uns beide eingesperrt hatte! Er erzählte mir alles. Er hat gespürt, daß er nicht mehr heimkommt. Er hat sich auf mich verlassen.«

Er trank sein Glas aus. Er wollte sich nachgießen, dann nahm er die Hand von der Flasche, und er zog seine Börse heraus, und er sagte zu Monique: »Holen Sie uns noch etwas, Bürgerin.« Monique schüttelte zornig den Kopf. Sie schob die Börse weg, und sie lief aus dem Zimmer. Sie kam hastig zurück wie eine Motte mit weichen, grauen Flügeln, furchtsam, doch unwiderstehlich angelockt vom Kerzenlicht, von den Männern am Tisch.

Antoine goß ein. Malbec fing da an, wo ihn Antoine in der Wirtschaft unterbrochen hatte.

IV

Er war mit Debuisson und Sasportas auf einem Schiff im Winter 98 und 99 von Brest abgefahren. Der Zeitpunkt war so gewählt, daß man den Frühjahrsstürmen entging, die in der Biskaya vorzeitig anfangen konnten. Sie mußten zugleich den Engländern ausweichen, mit denen

Frankreich seit sechs Jahren im Krieg lag. Vom Kapitän bis zum Schiffsjungen war jede Mannschaft auf jedem Begleitschiff entschlossen, das Ihre dazu beizutragen, daß sie rechtzeitig Haiti erreichten. Die bittere Kälte war ein Ansporn, der ihnen half. Sie wären vereist mit dem Takelwerk ohne rasende, besessene Eile. Wie es ein paar Matrosen voraussagten, die in den letzten Jahren dieselbe Fahrt mehrmals gemacht hatten, verging die Kälte fast über Nacht. Wie auf Befehl kam ein sehr günstiger Wind auf. Sie erreichten schnell die Azoren. Hier wurde das Trinkwasser erneuert, Lebensmittel wurden gekauft und Reparaturen gemacht, alles fliegend, aber in einer erstaunten, freudigen Eile, in einem Übermaß von Sonne und Licht. Der Wind roch nach Orangen. Die Matrosen sagten, das sei nur der Vorgeschmack von dem, was sie auf den Antillen erwarte.

Die Bevölkerung drängte sich am Hafen zusammen und besah sich ratlos erstaunt die neuen Fahnen, die Trikoloren. Sasportas und Debuisson standen wartend mit ein paar Leuten von der »Viktoria«. Malbec trat dazu. Auch Galloudec von der »Françoise Marie« und einige Leute ihrer Mannschaft. Malbec wußte damals noch nicht, daß Galloudec etwas mit Debuisson zu tun hatte. Zwei Tage vor der Abfahrt aus Brest war Malbec in einer Kneipe auf Galloudec gestoßen; mit ihm hatte er sich schon vor Jahren auf seinem ersten Schiff angefreundet, und in der Kneipe wurde die Freundschaft begossen.

Der junge Sasportas, der Portugiesisch verstand, übersetzte, was man um sie herum redete. Alles sei gleich geworden in Frankreich, sagten die einen, das könne man hier wieder sehen, die Offiziere vermischten sich mit den Matrosen, die Kapitäne lachten mit der Mannschaft; die anderen sagten, das sei ein Land ohne Gott und Glauben, sie müßten die Kinder von diesen Verfluchten fernhalten. Den Kindern sagten sie, es gäbe auf jedem Schiff eine zusammenklappbare Guillotine, mit der sie in Paris ihren König enthauptet hätten.

Die Matrosen lachten. Aber Galloudec sagte, auch Toussaint in Haiti, der mehr Verstand hätte als viele Weiße, sei auf den spanischen Teil der Insel hinübergegangen, als in Paris der König enthauptet wurde. Er hätte damals geglaubt, Gott wolle die Könige; einer der Heiligen Drei Könige sei ein Neger gewesen.

Die Mannschaft der »Viktoria« wünschte sich, mehr aus dieser vergangenen Zeit zu erfahren – darunter verstand sie die Zeit vor sechs, sieben Jahren –, sie lud Galloudec ein. Der war mit dem Kommissar, der die Befreiung der Negersklaven durchgeführt hatte, in Haiti gewesen.

Galloudec ruderte in der folgenden Nacht von der »Françoise Marie« zur »Viktoria«. Einige Offiziere, die jene Zeit nicht miterlebt hatten, drängten sich unter die Zuhörer.

An Debuisson gelehnt, hörte Sasportas gespannt zu. Malbec war ruhig und gleichmütig, als gehe ihn der Bericht nichts an. Die Vorkommnisse, die Galloudec beschrieb, glitten wie Schatten über Malbecs Augen. Sein Freund sprach immer und jetzt mit einer Erregung, die er angestrengt beherrschte; seine Augen funkelten.

Die Negersklaven in Haiti, sagte er, hätten genau gewußt, was in Frankreich geschah. Beim Bedienen hätten die Haussklaven zugehört, worüber die Tischgesellschaften sprachen: die Demonstrationen, der Zug nach Versailles, der Sturm auf die Bastille, die Beschlüsse der Nationalversammlung. Scheinbar plötzlich, im August 91, hätten sich alle Neger auf Haiti erhoben, hunderttausend auf mehr als zweihundert Zuckerplantagen, sechshundert Kaffeeplantagen, zweihundert Baumwollplantagen und anderen. Sie seien von Farm zu Farm gezogen; bald hätte das Zuckerrohr gebrannt, die Gutshäuser hätten Feuer gefangen, die ganze Insel hätte gebrannt, es hätte bis in den Urwald gezüngelt und bis in die Städte hinein. Es habe lange so ausgesehen, als sei die beste, die wertvollste Insel für Frankreich verloren, wenn nicht durch die Brände, dann durch die Engländer, die sie jeden Tag überfallen und schlucken konnten.

Der Konvent hätte zuverlässige und entschlossene Männer nach Haiti geschickt, drei Kommissare – einer von ihnen hieß Sontonax –, von Militär begleitet, mit Vollmachten ausgestattet. Die alten großen Reiche, England und Spanien, in ihrer Wut auf die junge Republik, hätten den Ozean belauert, von der Biskaya bis Westindien. Aber sie seien angekommen.

»Ich war dabei!« rief Galloudec. In den Augen der Zuhörer stand ein besonderes Licht, der Abglanz von Galloudecs Augenlichtern: Er war selbst dabei!

»Die Kommissare hatten zwar diktatorische Vollmachten in den Taschen. Wer aber sollte ihnen auf dieser Insel helfen, die Trikolore aufzupflanzen und zu verteidigen? Bestimmt nicht die Grundbesitzer; denn sie haßten uns. Wenn noch nicht alle geflohen waren, dann nur, weil sie mit einer raschen Änderung, mit der Ankunft der Engländer rechneten. Bestimmt nicht die zahlreichen kleinen Weißen – Geschäftsleute, Handwerker, Beamte. Denn die waren auf Treu und Verderb an ihre Kundschaft, die Reichen, gebunden. Auch nicht die Mulatten. Ob die reich oder arm waren, sie haßten die neue Gleichheit, die ihnen kein anderes Recht zudachte als den Negern. Gerade von diesen sich abzusondern, waren sie ihr Lebtag bemüht gewesen, vielleicht seit Generationen.

Der Kommissar Sontonax sah ein, daß ihm keine anderen Bundesgenossen blieben als die Neger. Aber wollten die ihm helfen? Die mißtrauten den Weißen, ihrem Freiheitsgerede. Wenn auch die Weißen diese Revolution begonnen hatten – wahrscheinlich, so dachten die Neger, war es nur ihre eigene Revolution, mit Vorteilen nur für die Weißen, mit Freiheit und Gleichheit nur für die Weißen.

Toussaint war damals fast unbekannt. Nicht ganz – Sontonax hörte, dieser Neger sei der einzige, der sich in dem heillosen Durcheinander einen festen Anhang geschaffen hätte. Soldaten, keine Banditen. Sie lungerten nicht herum und plünderten nicht. Sie liebten ihn, sie gehorchten ihm. Doch Toussaint und seine Negersoldaten befanden sich auf dem spanischen Teil der Insel. Toussaint war einmal Haussklave gewesen, Kutscher; er hatte die Frau seines Herrn vor dem Ausbruch des Aufstandes in die Stadt gefahren. Dann hatte er sich dem Aufstand angeschlossen. Er war aber zu den Spaniern übergegangen, aus dem Grund, den ich euch heute morgen an Land erklärte.

Wir sahen sein Biwakfeuer nachts jenseits der Demarkationslinie, und er sah unseres. Wir schickten ihm eine Botschaft. Schließlich kam Toussaint selbst, um mit dem Kommissar zu sprechen. Sie saßen zusammen. Sie tranken ein wenig; ich kam so dicht wie möglich heran. Gelacht wurde nie, nicht einmal gelächelt. Gesprochen nur das Notwendigste. Der Kommissar versprach den Negern französische Bürgerrechte.

Sontonax hat denn auch wirklich die Freiheit der Neger proklamiert. Gewiß, er hatte die Vollmachten. Gewiß, Toussaint hat ihm vertraut. Doch beide mußten ihre Verantwortung tragen, beide brauchten Entschlußkraft. Das war alles nicht leicht. Und zu dem Schweren rechne ich nicht mal die äußerst schwierigen Fahrten: von Haiti nach Frankreich, damit die Proklamation vom Konvent bestätigt wurde, und mit der Bestätigung wieder zurück.« –

Die Leute horchten gespannt; keiner dachte daran, daß ihre jetzige Fahrt nicht minder gefährlich sei. Da die Engländer von Jamaika aus Haiti angriffen, stand ihnen noch bevor, die englische Blockade zu durchbrechen, um an ihr Ziel zu gelangen.

»Bei meiner Abfahrt von Haiti«, fuhr Galloudec fort, »waren die Städte eingeäschert. Als ich nach ein paar Jahren zurückkam, sahen die Städte prächtig aus, mit Gärten, mit Brunnen. Auf den Docks war ein großes Gewimmel. Die Warenlager waren voll. Auch aus Amerika kamen Handelsschiffe. Alle Plantagen wurden bestellt, von Negern, die keine Sklaven mehr waren. Das hatte Toussaint fertiggebracht. Er war der Chef. Er war der Richter. Er erließ die Gesetze. Er trug mit Würde seine französische Generalsuniform. Oft trug er um seinen Kopf, bisweilen sogar über seiner Perücke, das Taschentuch geknüpft, wie es Brauch ist bei seinen schwarzen Landsleuten. Vielleicht seht ihr ihn bald. Bei ihm sind schwarze und weiße Menschen glücklich, alle sind bei ihm glücklich.« –

In dieser Nacht blieb Galloudec auf der »Viktoria«. Er wachte und schlief mit Malbec. Malbec war erstaunt, weil sein Freund inzwischen viel gelernt hatte und erfahren und flüssig sprach, fast wie ein Kommissar.

Darauf sagte Galloudec, man müsse den anderen erklären, was man selbst wisse. Wer noch nie in Haiti gewesen sei, müsse wissen, was dort geschieht. Er selbst sei dort schon zweimal gewesen. Das erstemal im ersten Jahr des Konvents, wie er es vorhin berichtet habe, und dann noch einmal vor anderthalb Jahren, zusammen auf einem Schiff mit demselben Debuisson, der jetzt hier auf der »Viktoria« sei.

Er fragte Malbec, was er denn von Sasportas halte, den Debuisson diesmal mit sich führe.

Malbec sagte: »Sasportas? Über den hab ich noch nicht nachgedacht. Der ist ein ganz lustiger Junge. Den Frauen gefällt er. Ich glaube, es gab deshalb noch in Brest einen Krach vor der Abfahrt.«

Galloudec sagte: »Debuisson hat sich in einem Lazarett in Belgien mit ihm angefreundet.«

»Er scheint aus dem Süden zu sein«, sagte Malbec, »seinem Namen nach ist er Spanier. Ich glaube, er ist ein spanischer Jude. Wir mögen ihn alle ganz gern. Er kann dir auch deinen Arm wieder einrenken, wenn du ihn ausgerenkt hast, und er kann dir deine Knochen zusammenflicken.«

Galloudec sagte: »Das muß er auch können. Deshalb hat ihn Debuisson mitgenommen.« Das klang so entschieden und ernst, daß Malbec ein wenig lächeln mußte. –

Galloudec sprach oft von Debuisson. Der sei halb Engländer, halb Franzose, auf Jamaika geboren. Seine Mutter hätte dort Land geerbt. Nach dem Tode der Eltern sei Debuisson niemand geblieben als ein verrückter, ziemlich verruchter Großvater, der sein Erbe verwaltete und nach und nach stahl und den Knaben möglichst weit weg schaffte. –

Viel später, wenn Malbec an diese Auskünfte dachte, war er fast sicher, sein Freund habe auf der »Viktoria« zum erstenmal Debuissons Großvater erwähnt. Er wußte nicht mehr genau, ob Galloudec schon damals gesagt hatte »sein Großvater, der Doktor, der verrückte Rumdoktor«, und ihm erklärt, der Mann sei berühmt auf Jamaika durch seine Destillationsmethode, er verdiene daran einen Haufen, er lebe von seinem Rum, er heile mit seinem Rum. –

Er hätte dafür gesorgt, daß sein Enkel schließlich auch Arzt geworden ist. Victor Debuisson hätte die Kämpfe um die französische Insel Guadeloupe mitgemacht. Er wäre bei der ersten Gelegenheit zu den Franzosen übergegangen. »Er hat nicht erst abgewartet«, erzählte Galloudec, »ob es den Republikanern gelingen wird, die Engländer zu vertreiben. Er sah unsere Trikolore wehen, er wußte, wohin er gehört.

Dann ist er Arzt in unserer Armee geworden. Er ist nicht bloß Arzt, er weiß viel, und wir brauchen ihn. Er ging in Paris mit seinem neuen Freund Jean Sasportas in die ›Gesellschaft der Freunde der Schwarzen‹, in den Mulattenklub. Er hat die Bedeutung all der Sachen, um die sie dort stritten, in allen Einzelheiten verstanden. Zusammen sprachen die beiden, der Ältere und der Jüngere, sämtliche Sprachen, die man auf den Antillen spricht. Victor Debuisson kennt die Negersklaven von Kind an aus nächster Nähe. Und was die Befreiung ist – wie wir sie nach Guadeloupe brachten –, das hat er miterlebt.«

V

Ein Dreimaster fuhr von den Antillen nach Osten. Er wich zuerst dem Konvoi aus, eine Stunde verschwand er, dann erkannte er ihre Trikoloren. Es gab eine Flaggenbegrüßung. Spiegelsignale blitzten auf in der Morgensonne. Der französische Dreimaster meldete ihnen, Toussaint habe gesiegt, die Engländer zögen ab von Haiti.

Darauf sagte Galloudec zu Malbec: »Bis jetzt war mir bang, wir brauchten zuviel Zeit, um durch die Blockade zu kommen. Jetzt ist mir bang, die Engländer sind schon weg, bevor wir ankommen.«

»Warum ist dir bang?« fragte Malbec. Darauf erklärte ihm der Freund, Debuisson suche nach Mitteln und Wegen, um zurück nach Jamaika zu fahren. Er halte es nicht für unmöglich, mit den Engländern Haiti zu verlassen. Sein Übergang auf die Seite der Republik in Guadeloupe sei vor den Engländern zu verbergen. Er könne sein Verschwinden so darstellen, als sei er gefangen worden und verschleppt.

»Und du?« fragte Malbec. »Was hast du mit alldem zu tun?«

Darauf sagte Galloudec stolz, er sei nicht zufällig wieder auf der »Françoise Marie«. Er sei bestimmt worden, Debuisson zu begleiten. Er kenne als Seemann viele Verbindungen in Kingston, in Habana, in anderen Häfen, er müsse über den Verlauf ihrer Mission nach Paris berichten. »Debuisson nimmt Sasportas als seinen Gehilfen mit. Wenn wir drei die erste Etappe hinter uns haben, dann wirst du bald etwas von uns hören. Denn was wir vorhaben, kann nicht lange verborgen bleiben, dir nicht und niemand.«

Malbec war überzeugt, daß er alles Wissenswerte ohne Drängeln zu hören bekäme, ob es etwas Geheimes sei oder in den Straßen und Kneipen beredet werde. Die meisten Menschen sprachen gern und offen mit ihm, obwohl er selbst kein großes Bedürfnis nach Aussprache hatte und ruhig und schweigsam war. Ich habe nicht viel zu erzählen, dachte er, ich habe nichts Besonderes erlebt, und ich habe nichts Wichtiges vor. – Er hatte Achtung vor seinem Freund, dem man eine Mission anvertraut hatte.

Alle Augen waren hungrig auf Grün. Die ersten winzigen Inselchen tauchten auf wie Bäume, die im Meeresgrund ihre Wurzeln haben und ihre Äste über das Wasser strecken. Einige waren schon von Vögeln bewohnt.

Als sei die Inselkette zerrissen, die den Golf von Mexiko vom Atlantischen Ozean trennt, schienen einzelne Brocken Land mit Hütten und Feldern an ihnen vorbeizutreiben.

Falls die Engländer noch im Nordwesten von Haiti saßen, müßte sich die Besatzung an der Südküste ausbooten und über die Landzunge nach Port au Prince durchschlagen, das jetzt Port Republicain hieß. – Vorerst dachte niemand an Schwierigkeiten, die einem vielleicht morgen bevorstanden. Sie dachten auch nicht an das, was ihnen der Tag bringen könnte, der gerade begonnen hatte. Bei Sonnenaufgang überkam sie stets eine Sorglosigkeit, die sonst nur Kinder spüren, als könnte alles so bleiben, wie es im Augenblick war. Es würde bald unerträglich heiß sein – noch war es kühl und windig. Bald würden die Augen verbrennen – jetzt war der Grundstoff der Welt ein reines Purpur, das alles färbte, Himmel und Meer und Segel und Menschen, und das konnte durch nichts getrübt werden. Schiffsleute und Soldaten kletterten schimpfend und lachend, nackt und halbnackt an Deck herum, sie schleppten ein paar Bütten an, es spritzte purpurn, und purpurn waren die Tröpfchen in ihren Bärten und Achselhöhlen. Auf einmal wurden sie still, als ob sie merkten, daß etwas in ihrer vertrauten Welt anders als sonst war. Sie hielten den Atem an. Delphine hüpften über dem Wasser.

Jean Sasportas, in seiner Bütte, sah wie ein Knabe aus

neben dem haarigen, breiten Freund. Um sie herum sprachen die Leute vom Landurlaub, der ihnen vielleicht in Martinique bevorstand. Ihre Hoffnung auf Land war die Hoffnung auf ein von Frauen bewohntes Land. Sie fielen auf einmal mit Fragen und Späßen über Sasportas her. Vielleicht, weil er der Jüngste war, vielleicht, weil es etwas an ihm gab, woraus sie nicht klug wurden. Jean Sasportas erwiderte aber schnell und frech. Er war nie verlegen. Er hätte sich nur geschämt einzugestehen, daß es nicht weit her sei mit seinen Liebeserfahrungen. Seine Abenteuer fingen immer groß an, dann kam scheinbar ein Zufall dazwischen, und sie vergingen spurlos. Während er lachte mit seinen starken Zähnen, hatte sich sein Gesicht verfinstert.

Die Welt war schon längst nicht mehr purpurfarben. Sie war blau, und das Blau war quälend. Die Sonne biß. Die Leute stöhnten. Ein fremdes, holzbeladenes Schiff bog in eine Bucht ein. Es fuhr gleich wieder zurück, an ihnen vorüber. Es war nicht gelandet, es hatte seine Ladung ins Meer geleert. Ein Dutzend Neger, Stricke zwischen den Zähnen, schwamm in die Bucht, knüpfte die Balken zusammen, spannte sich vor die Flöße.

Jean Sasportas sah einem Neger zu, der weit hinausschwamm, einem abgetriebenen Balken nach. Sein Körper war biegsam und blank wie ein Fisch. Er drehte den Kopf nach ihrer Flagge. Lachte er? Jean hätte nicht sagen können, ob sein Blick stumpf oder neugierig war.

Er hatte als Knabe auf der Galerie des Konvents gestanden. Drunten im Saal war eine Negerdelegation vor der Tribüne erschienen. Ihr Führer, um den Bauch eine Trikolore, hatte der Republik gedankt für die Bürgerrechte, die sie ihnen verlieh. Ein Beifall war losgebrochen im Saal, als seien die Menschen überwältigt von ihrer eigenen Großmut. Die Stimmen hatten sich heiser geschrien, die Hände hatten sich wund geklatscht.

Jetzt standen Debuisson und Sasportas Seite an Seite, und sie starrten über das Wasser.

Jean Sasportas sagte: »Hat uns dieser Neger erkannt? Weiß er, wer wir sind?« – »Wenn er es nicht weiß, wird er es lernen. Wir sind dazu hergekommen.«

»Ein Neger von Martinique muß es wissen, so nahe liegt es bei Haiti.«

»Nein«, sagte Debuisson, »so nahe nicht. Hier sind die Neger nicht stark genug, um unser Befreiungsedikt zu erzwingen. Die Farmer von Martinique sind ihm nicht gefolgt. Darum kann Toussaint behaupten, der Zeitpunkt, etwas auf Jamaika zu ändern, sei noch nicht gekommen; es gäbe noch viel bei uns zu tun. Er will vielleicht seine Insel von Frankreich losreißen, er hat sich einen Kommissar nach dem anderen vom Hals geschafft, er wird noch den Hédouville, den schlauen Bürger Grafen, den wir jetzt zu ihm bringen, heimschicken.«

Sasportas horchte, aber er dachte bald nicht mehr darüber nach. Kurz nach seiner Ankunft in Port Republicain sah er mit eigenen Augen, wofür er hierhergekommen war. Er dachte: So sieht der Auftrag aus, den man uns gegeben hat. – Alles übrige kam ihm, damit verglichen, belanglos und vage vor.

Es war an einem Apriltag. In der Hauptstraße drängten sich die Neger der Stadt und ihrer Umgebung mit Frauen und Kindern zusammen. Die Sklaverei war beendet mit dem Abzug der englischen Besatzung. Niemand gab auf Jean acht. Die Menge aus Schwarzen und Mulatten war von einzelnen weißen Gesichtern durchsetzt.

Von der Kirche her zog der Knabenchor an; man trug ihm das Kreuz voraus; Gesichter und Hemden waren weiß und schwarz. Als die Geistlichkeit die Treppe herabstieg, ritten ihr aus der Stadt Bürger- und Farmersöhne entgegen. Viele Kaleschen reihten sich auf mit Frauen und Töchtern, schwarzen und braunen und weißen. Im heißen, flimmerigen Staub kam ein Trupp Offiziere angesprengt; Toussaint wurde erst sichtbar, als er vom Pferd stieg, um vor dem Kreuz zu knien. Er trug seine Generalsuniform, er trug sein gelbes Madrastaschentuch um den Kopf geknüpft. Ein paar Bürger, die rasch einen Baldachin über ihm ausspannen wollten, wurden entschieden zurückgewiesen. Was er dazu sagte, war nicht zu verstehen, obwohl die Menge ihre Erregung dämpfte. Er stieg auf sein Pferd. Sein Blick ging langsam über die vielfarbigen Menschen, die endlich zu einer Bürgerschaft zusammengeschmolzen waren. – Jean dachte, Toussaint habe auch ihn bemerkt; das dachten viele.

Um dieselbe Zeit saß Debuisson in einem Büro in der Stadt. Man hatte ihm abgeraten, sich öffentlich zu zeigen. Sein Plan, sich als Gefangener einzureihen, war gebilligt worden. Ein französischer Offizier, Lecroix, und ein englischer, Galdy, regelten den Gefangenenaustausch. Es gab nicht wenige Weiße in den von Toussaint befreiten Gebieten, die mit den Engländern zurückkehren wollten, verspätete Emigranten, denen es unmöglich vorkam, mit ihren ehemaligen Sklaven unter gleichen Gesetzen zu leben. Sie hofften jetzt, London von Jamaika aus zu erreichen. Die Engländer ließen bereitwillig französische Gefangene frei, da Toussaint ihnen entgegenkam bei der Freilassung englischer. Debuisson nutzte diese Gelegenheit. Er war gerade noch rechtzeitig angekommen.

Er verbrachte einen Abend mit Galloudec und mit Sasportas, um die nächsten Maßnahmen zu besprechen. Die beiden durfte er mitnehmen, den einen als Arztgehilfen, den anderen als seinen Diener. – Es gab auf Jamaika einige Menschen an verschiedenen Orten, die bereits ihre Ankunft erwarteten. Mit diesen Verbindung aufzunehmen, war ihre erste Aufgabe. »Keine leichte Aufgabe«, sagte Debuisson, »macht euch darauf gefaßt.« Er sah Jean aufmerksam an mit dem Gedanken, ob dieser junge Mensch wisse, was ihm bevorstand. Jean erwiderte seinen Blick, er sagte nichts.

In derselben Nacht suchte Galloudec noch einmal seinen Freund Malbec auf. Er teilte ihm mit, jetzt sei es soweit. Er küßte ihn, und er sagte: »Gott weiß, wann wir zwei uns wiedersehen.« Er schleifte sein Bein stark nach. »Ich muß verwundet sein«, sagte er, »ich darf kein Seemann mehr sein, damit es dem Engländer nicht einfällt, mich auf eins seiner Schiffe zu setzen.«

Als der Leutnant Galdy Debuisson erblickte, rief er froh aus: »Victor! Bist du das wirklich!«

Sie waren Jugendfreunde, sie waren zusammen zur Schule gegangen. Er brachte Debuisson und seine beiden Begleiter auf einem der ersten Schiffe unter, mit dem er selbst zurück nach Jamaika fuhr.

Sein Kummer über die Niederlage war viel geringer als seine Verblüffung über den Sieg des Negergenerals. Er hörte ziemlich gleichmütig zu, ganz ohne Argwohn, was ihm Victor erzählte: Sein Boot, mit Verwundeten beladen, sei von dem französischen Piraten Hughes gekapert worden, dann hätte man ihn verschleppt von einer Insel zur anderen. Der Leutnant Galdy kam gar nicht auf den Gedanken, Debuisson zu mißtrauen. Die Möglichkeit, einer seiner Bekannten könnte sich irgendwie für die Zustände in Frankreich begeistern, sich mit einem Wort, ja nur mit einem Gedanken, für die Befreiung der Neger einsetzen, wäre ihm so sinnlos erschienen, als ließe sich sein Bekannter freiwillig mit Leprakranken einsperren.

Es gab eine Willkommenszecherei zu Debuissons Ehren, zuerst an Land, die dann an Bord fortgesetzt wurde.

Daran nahm auch Jean Sasportas teil. Der war minutenlang schweigsam und, wenn man ihn ansprach, frech und rasch. Galloudec war sofort von ihnen getrennt worden und in den Kielraum gestopft. Die Engländer glaubten Debuisson, so wie sie ihm den Bericht über seine Gefangenschaft glaubten, daß Sasportas die Republik hasse wie er. Sie glaubten ihm auch ohne viele Fragen, daß Galloudec, sein treuer Diener, seit Jahr und Tag geradezu darauf brenne, zusammen mit seinem Herrn in englisches Hoheitsgebiet überzusiedeln.

Das war noch kein Grund, um ihn mehr zu verwöhnen als all die übrigen Diener, Lakaien und Schreiber. Es gab auch genug Negersklaven, die mit ihren französischen Herren in den Krieg gegen Haiti gezogen waren und mit ihren Herren zurückkehren mußten und sogar wollten. Bei manchen Herren ging es lustig zu mit Tanz und Musik, sie wohnten ordentlich, sie aßen viel und gut. Als Freie wäre ihr Leben in Haiti schwerer geworden, voll harter Arbeit und ungewiß.

Der Laderaum des englischen Schiffes, in dem sie jetzt steckten, war noch viel enger und schlechter als der Kielraum, der für die niedriggestellten Weißen bestimmt war. Aber die Fahrt war kurz; außerdem waren die niedriggestellten Weißen streng abgetrennt von allen Militärpersonen, und diese waren erst recht, wenn auch nur durch Bretterwände, in Rangordnungen geteilt.

Galloudec hörte und sah sich alles aufmerksam an. Er verstand etwas Englisch, er brachte Witze zustande, über die alle lachten. Er galt bald als guter Kumpan. Er dachte keinen Augenblick daran, daß er sich in Gefahr begab, schon begeben hatte. –

Der Leutnant Galdy sprach inzwischen an Deck mit seinem Schulfreund Debuisson. »Dein Großvater Bering«, sagte er, »der ist ganz groß raus. Ich glaube sogar, daß er sich über dich freut. Ich glaube, daß du ihn nicht einmal störst. Er wird im Gegenteil froh sein, wenn du für ihn den Arzt spielst. Er heißt bei uns Rumdoktor. Er hat seine Destillation renoviert, er hat ein neues Verfahren erfunden, das hat er lange geheimgehalten. Auf die Dauer ist ihm das nicht geglückt. Man spricht jetzt überall von Berings Methode. Man spricht bei uns hauptsächlich über zwei Sachen: über Berings Rumdorf und über unseren letzten Maronenkrieg. Hast du das noch miterlebt, wie wir endlich Schluß gemacht haben mit den Maronen?«

Sasportas versuchte dazwischenzufragen: »Womit Schluß gemacht?« Doch Galdy fuhr redebegierig fort: »Es war Weihnachten 95. Warst du da schon in Gefangenschaft? Wir hatten wieder einmal Schießereien im Innern der Insel. Wir hatten genug davon ein für allemal. Wir wollten diesmal in Frieden Weihnachten feiern. Jemand an der Nordküste hat unseren Oberst Quarrel – der ist inzwischen gestorben – auf die Idee gebracht, aus Kuba ein paar Hundejäger zu borgen. Die Farmer von Kuba halten sich nämlich Jäger, um ihre durchgebrannten Sklaven einzubringen. Die Jäger halten Hunde, die spüren die Schwarzen auf, sie beißen sie nicht, sie umkreisen sie und fletschen sie an und halten sie fest, bis die Jäger zur Stelle sind –«

Galdy stutzte unter Sasportas' Blick. Er sagte schnell: »Mir ist heute ein katholischer Spanier lieber als ein gottloser Franzose«, und er machte Sasportas eine kleine Verbeugung. Sasportas aber hatte die Augen gesenkt, er nahm die Verbeugung nicht wahr.

Debuisson sagte: »Erklär ihm mal, was es auf sich hatte mit den Maronen.«

»Herr«, sagte Galdy, »das war unsere Plage auf Jamaika seit hundertdreißig Jahren, seit der Admiral Penn die Spanier vertrieben hat. Dabei blieb mancher in den Bergen hängen. Auch mancher Sklave hat sich versteckt, der die Nase voll hatte von seinem spanischen Herrn. Es kam auch mancher dazu, der gar keine Arbeit leiden konnte, keine englische, keine spanische. Auch weiße Spitzbuben, leider. Wer Angst hatte vor dem Galgen, der auf unserem Kliff in Port Royal steht. Von unseren Farmen sind später auch ein paar Neger durchgebrannt.

Das wurde dann nach und nach im Innern der Insel eine bunte Gesellschaft. Man hat sie Maronen genannt. Sie waren nicht mehr Sklaven, sie waren auch noch nicht richtig frei. Immerfort kamen neue dazu. Nichtstun gefiel ihnen. Sie hatten eigene Äcker, eigene Dörfer. Wir hatten keine Gesetze, um es ihnen zu verbieten, und wir hatten auch noch nicht genug Waffen, um sie wegzujagen. Man hat sie lange Zeit nicht gestört, wir sind gutmütig. Wenn ihnen etwas nicht paßte, fingen sie einen kleinen Krieg an, überfielen die Farmen.

Bis uns schließlich jemand auf diese Idee mit den Hunden brachte. Wir haben gewiß auch eigene Hunde. Doch so gut dressiert wie die spanischen sind sie nicht. Auch haben sie drüben auf Kuba gelernte Sklavenjäger. Da fuhr er denn los nach Kuba, der Oberst Quarrel, um welche zu borgen. Die Maronen hörten das Viehzeug nur bellen, und sie kriegten es schon mit der Angst zu tun.

In ledernen Kleidern gehen die spanischen Jäger, mit Kreuzen um ihren Hälsen. Die Schwarzen auf unseren Farmen bebten, wenn diese Jäger mit ihren Hunden vorbeizogen. Wir schickten sie auch nicht gleich ins Gebirge, wir schickten sie unsere große Straße hinauf und hinunter. Die Hunde fütterten wir mit rohem Fleisch.

Wütend waren die Jäger, als Oberst Quarrel sie nicht mehr brauchte; denn die Maronen waren von dem Hundegebell mehr verschreckt als von allem Gewehrgeknatter, und es kam gar nicht zur Jagd. Wir haben sie hinunter nach Kingston getrieben und auf ein paar Schiffe verfrachtet und nach Halifax transportiert.

Doch glaubst du, wir hätten jetzt auf Jamaika Ruhe? Es ging schon wieder was los, diesmal in den Trelawaybergen. Schon wieder hat sich ein Räubervolk zusammengebraut. Du hast es nicht miterlebt –«

Debuisson sagte: »Ich hab genug miterlebt.«

»Das glaub ich dir gern«, sagte Galdy, »aber alles ist besser daheim. Man weiß dann wenigstens wofür.«

VI

Bering, Debuissons Großvater, den Galdy den Rumdoktor nannte, war bereits durch die ersten Rückkehrer auf ihre Ankunft vorbereitet. Er winkte mit beiden Händen, als ob er sich unmäßig freue. Vielleicht freute er sich; denn sein Beruf war ihm lästig geworden, seitdem ihn eine neue, besonders stramme Behörde besonders genau kontrollierte und dadurch bei seiner Lieblingsbeschäftigung störte. Von nun an würde ihn Debuisson vertreten, der würde an seiner Stelle von einer Farm zur anderen reiten. Er hatte auch gern Gesellschaft, er wurde abends leicht schwermütig, wenn er allein war.

Ein mächtiger Neger, der ihn zum Hafen begleitet hatte, stieß bei Debuissons Anblick sonderbare, gepreßte Schreie aus, und er lag einen Augenblick später platt auf dem Kai wie ein Riesenschatten zu Debuissons Füßen, er rieb die Stirn an seinen Knien, und er stöhnte entzückt: »Der junge Herr Debson!«

»Ach, Douglas!« sagte Debuisson verwundert. »Steh auf, um Gottes willen!« Er wandte sich an Sasportas, der stumm zusah, und er sagte: »Der hat meinen Eltern gehört, und er gehört jetzt meinem Großvater.« – »Ich versichere dir«, sagte Bering, »er ist noch der alte Narr. Nur, es sah großartig aus, wenn dieses Ungetüm deine kleine Mutter begleitet hat, das Dämchen, mein Töchterchen.«

Debuisson konnte sich nicht mehr genau an seine Mutter erinnern, nur an ihre Beschreibung. Er hatte nie leiden können, daß Bering über sie sprach. Er sagte schnell: »Hier ist mein junger Freund, mein Leidensgefährte, mein unentbehrlicher Helfer, Jean Sasportas.«

Bering sagte ungefähr dasselbe, was Glady gesagt hatte: Heute sei ihm ein Spanier lieber als ein Republikaner. Darauf erwiderte Sasportas lachend, er sei weder das eine noch das andere, er sei französischer Emigrant. Bering war trotz seiner ziemlich höflichen Worte gar nicht erbaut. Sein Gesicht, das verdrießlich und zerknittert in dem gestärkten Kragen steckte, verschrumpelte noch etwas mehr. Er schluckte, dann sagte er: »Na, Junge, wenn Sie meinem Enkel ganz unentbehrlich sind, dann zeigen Sie's mal.«

Er drehte Sasportas den Rücken, er trat an Debuisson heran. »Offen gesagt, unser Bedarf an Emigranten ist voll gedeckt. Wir ließen die französischen Herren auf unsere Schiffe steigen und mit uns nach Haiti fahren, sie haben es aber nicht einmal fertiggebracht, den Toussaint wegzujagen und sich die eigenen Plantagen zurückzuholen. Jetzt sind sie wieder hier, die Emigranten. Ich habe in unserer Stadtversammlung dafür gestimmt, daß man sie schnell, schnell wegschickt –«

Debuisson hatte schon mehrmals versucht, Galloudec seinem Großvater zu zeigen. Aber Bering sah jedesmal weg; er sagte schließlich: »Laß nur, ich weiß schon. Mir hat der Oberst Wilson, der auf dem ersten Schiff ankam, alles erzählt. Den da, den brauchst du gar nicht. Diesen –« – »Galloudec, aber –« – »Ich will keinen weißen Diener. Auf meiner Farm laufen mir schon zuviel Schwarze herum. Tagediebe in Hülle und Fülle. Jetzt auch noch einen Weißen? Brav? Treu? Ehrlich? Sag mir jetzt nur noch, daß er gern arbeiten will. Da soll er gleich hier am Hafen bleiben. Dein –« – »Galloudec, aber –« – »Douglas soll ihn gleich zu Knowles bringen. Dem Mulatten, dem Bootsbauer.« – »Aber –« – »Was denn? Stört ihn noch was?«

Galloudec selbst griff vergnügt ein, bevor Debuisson etwas sagen konnte: »Nichts stört mich, Herr. Im Gegenteil, Herr. Ich danke Ihnen für Ihre Hilfe.« Bering sah Galloudec zum erstenmal an. »Also los, Douglas, bring den Mann in Knowles Werkstatt!«

Galloudec sagte auf französisch: »Lieber Herr Debuisson, leben Sie wohl. Sie befinden sich jetzt in Ihrer Familie. Ich bin darüber ganz glücklich. Wenn es Ihr Herr Großvater gestattet, darf ich Sie bald einmal besuchen. Auf Wiedersehen, Herr Victor, auf Wiedersehen, Herr Jean –«

Bering sagte: »Kommt mit, ihr zwei.« Er mähte sich mit den Armen einen Weg durch das Hafengedränge. Sein kleiner Körper sah verbeult und verquollen wie sein Gesicht aus. Doch der braunseidene Frack, den er bei Stadtvisiten zu tragen pflegte, war straff über seine etwas hervorstehende linke Hüfte gezogen, über sein Buckelchen.

Offene Werkstätten lagen zu beiden Seiten der Straße, die den Hafen mit dem Marktplatz verband. Sattler und

Zimmerleute, Schneider und Schuhmacher, Töpfer und Weber und Strohflechter stellten ihre Erzeugnisse aus: diese hingen über den Köpfen wie Beutestücke oder wie Strandgut.

Bering schwang seine Arme heftig nach rechts und nach links, um sich einen Durchgang zu verschaffen. Schließlich hatte er ihnen einen Weg in den Markt gegraben. Wie eine Woge überkam da Debuisson das ihm von Kindheit an vertraute Gefühl von berauschter Verzweiflung; denn er fürchtete sich, und er wünschte sich, in dem Gewimmel verlorenzugehen. Endlich war er wieder da, der Geruch aller Früchte dieses Landes und aller Fische dieses Meeres, alles war wieder da in den Farben, die er sich nie mehr vorgestellt hatte; denn es war nichts zum Vorstellen, es war zum Dasein. Auch die schrillen und sanften Menschenstimmen, die die Käufer beschworen oder bedrohten, Hahnenschreie, Grunzen und Quietschen von Schweinen, die ausgehandelt und geschlachtet oder lebendig weggezerrt wurden, all das Gefeilsche, die Markttrommeln, alles war unverändert, auch der süße Faden eines Liedes, der, so dünn er war, nie abriß, und er war auch nie abgerissen, seit Debuisson zum letztenmal hier gestanden hatte vor seiner Abfahrt in den Kampf gegen die Republikaner auf einem englischen Kriegsschiff.

Mit dem Gebrodel an diesem Ort verglichen, war sogar in Paris das Leben recht dürftig, und es war auch viel dürftiger auf den Inseln, die in Aufständen und Kriegen ausgeblutet waren.

Hier und dort stockte Bering vor einer Schießbude oder vor einer Lotterie. Alle Marktleute waren Neger, von ihren Herren hierhergeschickt, um zu verkaufen, was auf den Farmen wuchs und verfertigt wurde. Das war von jeher der Brauch, auch wenn der Erlös nur ein winziges Taschengeld einbrachte mit den Waren verglichen, die in die Bäuche der Schiffe gingen, Zucker und Kaffee und Baumwolle und Rum und Kakao und Pfeffer und Edelholz.

Es war auch ein Brauch, daß man sich von den schwarzen Aufseherinnen, die die Marktwagen begleiteten, den Verdienst an Ort und Stelle aufzählen ließ, um ihn sogleich auszugeben. Bering stockte nicht lange – dabei immerzu mit den Armen mähend, um sich ein freies Kreisrund zu verschaffen – vor der Bude der eigenen Plantage; seine Wirtschafterin Lucie zählte ihm schnell die Einnahmen auf, dann strebte er ans andere Ende des Marktplatzes. Debuisson fiel der »Admiral Penn« ein, das Gasthaus, in dem sein Großvater am liebsten trank und spielte und übernachtete.

Victor Debuisson hatte sekundenlang seinen jungen Freund vergessen, der packte ihn am Arm. »Was ist das?« Bering mußte im Lärm die Frage gehört haben, denn er sagte, als sie vor der Wirtshaustür gelandet waren: »Der war meinem Freund Dudley durchgebrannt.« Er fügte hinzu: »Ließ auch noch den Revolver mitgehen, den man dem Sohn frisch zum Geburtstag geschenkt hatte. Dudley hat das drei Burschen gekostet: den hier und zwei, die der abgeknallt hat, bevor er sich fangen ließ.«

Auf einem Sockel stand in der Sonne ein hoher, dachloser Käfig. Um zu sehen, was darin steckte, mußte man den Kopf zurückbeugen. Es sah aus wie ein großer schwarzglänzender Vogel, der mit dem Halsband an der Querstange befestigt war. Da kein Laut mehr aus ihm kam, hätte man ihn für tot halten können, aber die Augen glitzerten. – Es war voll im »Admiral Penn«; Bering brachte sie schnell in das luftige Zimmer, in dem seine Freunde warteten: Dudley, dem der Neger im Käfig gehörte, Berings Nachbar Collings, der klein und sanft war, Svettenham, einer der mächtigsten Grundbesitzer der Insel, seine zwei Söhne, mehrere Vettern aus der Raleigh-Familie, die dem Svettenham an Reichtum wenig nachstand. Alle Männer aus dieser Familie waren sich ähnlich, hochgewachsen, mit länglichen, schönen Gesichtern. Seit dem die Eltern tot waren, befand sich nicht nur die Leitung des Haushalts, sondern der ganzen

Farm in den Händen der einzigen, hochgewachsenen schönen Schwester Elisabeth. Und die Leute, die sich fragten, wie man die vielen Verwandten befriedigen könne und zugleich verwerten, beruhigten sich, wenn die Rede auf Elisabeth kam; denn sie war äußerst schlau, sie verstand es, Menschen und einen Besitz zusammenzuhalten.

Alle begrüßten Debuisson erstaunt und erfreut. Als ihnen Sasportas vorgestellt wurde, empfingen sie ihn nicht unfreundlich, aber mit großer Zurückhaltung. Sie verabscheuten jeden Franzosen, der irgendwie die Revolution mitverschuldet hatte, und sie fühlten ein wenig Mitleid, vermischt mit Verachtung, für jeden Franzosen, der nicht imstande gewesen war, die Revolution zu verhindern.

Nur Collings nahm sich Sasportas' an. Der junge Mensch, der ohne Familie nach Jamaika geraten war, dauerte ihn.

Sie tranken und spielten Karten. Collings erklärte Sasportas ihr Lieblingsspiel »Rasender Teufel«. Debuisson beschrieb andauernd alle möglichen seltsamen Vorkommnisse, die er erlebt haben wollte. Er spürte bald, daß er seine Sache gut machte und widerspruchslos in den alten Kreis aufgenommen wurde.

Die Wirtsleute kamen zu seiner Begrüßung, nachdem sie sich geputzt und frisiert hatten, und mit ihnen kamen drei Nichten, die schon seit Jahren nur Amtspersonen und Offiziere und einige wichtige Farmer bedienten. Debuisson erinnerte sich, daß sein Großvater versuchte, wenn er betrunken war, möglichst nach allen dreien zu greifen, es fiel ihm auch wieder ein, welche dann quietschte, welche biß, welche zornig die Lippen zusammenpreßte. Zwei waren fetter, eine ein wahres Skelett geworden, es waren vielleicht auch drei neue Nichten, die inzwischen aus England gekommen waren.

Da Bering gerade erst anfing, sich einzutrinken, bat Debuisson um die Erlaubnis, sich mit seinem Freund in ihr Nachtquartier zurückziehen zu dürfen.

Er hätte das Mädchen, das ihnen das Bett richtete, fast nicht wiedererkannt. Vor seiner Abfahrt war es ein Kind gewesen. Inzwischen hatte sie Brüste bekommen, die, um ihr Dasein zu beweisen, etwas zu ihm heraufgerichtet waren. Unglaublich weißhäutig war diese jüngste Nichte der Wirtin, unglaublich blauäugig. Es verdroß ihn, daß sie zu seinem Freund hinüberguckte.

Jean war aber nicht auf Mädchen aus. Er wartete ungeduldig, bis sie knickste und wegging. Er legte sich neben seinen Freund. Dann sprach jeder von ihnen ins Ohr des anderen, damit sie niemand belauschen könne.

Debuisson sagte: »Von jetzt an sind wir allein. Galloudec hat man entfernt. Wie ich Bering kenne, wird er ihn schwerlich zu uns lassen. Wir müssen aber ständig mit Galloudec in Verbindung bleiben. Er hat es wohl leichter als wir, Verbindung mit den Crocrofts aufzunehmen, die man uns als Stützpunkt angab. Spärlich sind sie, unsere Verbindungen, und dünn gesät unsere Stützpunkte. Von Haiti kommt keine Hilfe. Und auch die Stütze im Innern der Insel selbst ist weggefallen, du hast es gehört, unser Auftrag hat doch gefordert, daß wir eine Verbindung zu den Maronen knüpfen, in Paris nimmt man an, daß noch immer ein beträchtlicher Teil in den Bergen versteckt ist, mir scheint, sie sind ganz ausgerottet. Vergiß keinen Augenblick, Jean, was wir trotzdem in kurzer Zeit erreichen müssen. Der Kommissar, von dem Galloudec sprach, hat es in Haiti mitten im Aufruhr fertiggebracht, ohne Erfahrungen, ohne Rat. Du mußt das kleinste Zeichen, das ich dir gebe, begreifen. Was ich dich tun heiße, mußt du rasch tun.«

Darauf sagte Jean Sasportas: »Gewiß.« Er spürte, wie sich die Haut auf seinen Backenknochen spannte, als ob er friere.

Debuisson schlief bald ein. Sasportas lag noch lange wach. Seine Gedanken quälten ihn mehr als der Lärm auf dem Markt und in der Wirtsstube unter dem Bett.

Als sie am Morgen hinuntergingen, lag Bering ausgestreckt auf dem Tisch. Der kleine Collings, der offenbar das Bedürfnis hatte, in Notständen zu helfen, zupfte hilflos an ihm herum. Alle anderen Gäste waren bereits aus der Stadt gefahren. Die Wirtin sagte zu Debuisson, sie hätte nur auf sein Erscheinen gewartet, und sie schickte Mary aus, ihre jüngste Nichte, um den Neger Douglas heranzubringen.

Solche Stadtfahrten waren auch für Douglas Höhepunkte des Monats. Sein Herr pflegte zwar, wenn er noch nicht ganz betrunken war, rasend auf ihn einzuschlagen, Krüge, Teller und Stühle nach ihm zu werfen, doch Douglas war mächtig groß, die Wurfgeschosse schmerzten ihn nicht. Er hatte hier mehr Freizeit als auf der Farm und alle Art von Vergnügungen. Mary war flink und gleichmütig. Sie wußte, was einem Neger blühte, wenn er sie nur angerührt hätte. Die Neger betrachteten sie zudem mehr belustigt als gierig.

Der Marktplatz war inzwischen geräumt. Die Sklaven zogen heim, der größte Teil auf Marktwagen, ein kleiner Teil zu Fuß, Schultern und Köpfe beladen. Ein Dutzend Negerinnen war zum Fegen zurückgeblieben. Die endlosen Schwingungen ihrer Palmwedel erfüllten die Sonnenluft, die sich schon zu erhitzen begann, mit Staub, mit Gestank, mit dem Wirbel von Blättern und Federn. Einige Stadtwachen in ihren grünen Uniformen besichtigten die Räumung des Platzes, das ununterbrochene Wedeln, die offenen Brüste. Zwei Soldaten gingen, ihrer Vorschrift gemäß, die Häuserreihen entlang, vom Hafen durch die Straße der Werkstätten und rund um den Marktplatz herum bis zum »Admiral Penn«. Im Käfig hing der Neger jetzt unbeachtet an seinem eisernen Halsband. Er hatte die Augen geschlossen. Da es aber fast still war, hörte Mary, die auf der Suche nach Douglas vorüberkam, ein Knirschen in dem Käfig. Es glich weder Röcheln noch Stöhnen, vielmehr dem letzten Knirschen eines steckengebliebenen Wagenrades.

Sie fand Douglas in der nächsten Mulattenkneipe, die in ihrem Hof auch an Neger ausschenkte. Sie brauchte nur Berings Namen zu rufen, und Douglas erhob sich, er trottete hinter ihr her. Bering war bewußtlos, er schlug nicht einmal um sich. Douglas lud ihn vom Tisch auf seinen Rücken, er trug ihn in die Kutsche.

Dort wurde Bering sorgfältig zugedeckt. Seine Beine hingen aus dem Wagen. Debuisson und sein Freund setzten sich auf den Rücksitz. Douglas sprang auf seinen gewohnten Platz, auf das Trittbrett, das am Wagen angebracht war. Der Negerkutscher hatte die zwei Fremden angestarrt, er kannte sie schon aus Douglas' Bericht. Die Wirtsleute und ihre Nichten winkten. Sie fuhren los.

Oft tauchte das Meer zwischen den Hügeln auf. Die Bucht, in der sie gestern gelandet waren, lag bald so tief, so weit weg, so verflimmert, als hätten sie ihre Ankunft nur geträumt. Der Marktplatz war ein winziger weißer Fleck, es wimmelte auf den Docks und Werften. Zur Ausfahrt bereit, die für die einen endlich Heimkehr war und für die anderen Abschied für immer, lagen vier gleiche, neue, weiße englische Schiffe, sie waren vorn und achtern so zugespitzt, als hätte man ihnen alles überflüssige Holz weggeschnitten. Eine geschmeidige Dauphine, die vielleicht im letzten Krieg ein Spanier gekapert hatte, zog ihre schlichten Segeldreiecke ein. Ein mächtiger holländischer Dreimaster entfernte sich erstaunlich schnell. Auch einzelne Inseln schienen sich mühelos zu entfernen wie die Schiffe, schienen zwischen Himmel und Erde zu schweben.

Douglas verschlang Debuisson mit den Augen, er sagte in einem fort: »Herr Debson, Herr Debson.« Er sagte von Zeit zu Zeit: »Ganz glücklich ist Douglas, ganz glücklich. Herr Debson ist da.«

Die Mittagshitze überstanden sie auf halbem Weg in einem Gasthaus. Die Wirte waren freie Mulatten. Douglas bewachte den Wagen, der in den Schatten gezogen wurde. Nachmittags fuhren sie wieder los.

Ein Halbkreis Land hinter der Stadt war nicht bebaut. Es gab hier weite Stapelplätze, es gab Warenlager, Tischlereien, Küfereien, Schmieden und Stellmachereien. Hier mündeten mehrere Zufahrtsstraßen aus den Bergen.

Auf der Nachmittagsfahrt begann ihr Weg stärker anzusteigen. Die Hügel türmten sich ineinander. Da der Himmel fleckenlos blau war, mußte die dunkelblaue Wolke ein ferner Bergzug sein. Die breiten Abhänge waren mit Zuckerrohr bepflanzt, darüber lagen Streifen Weideland. Die Gegend war einsam geworden. Sie kamen nur selten an einer Gruppe von Hütten vorbei, Dorf oder Siedlung, darin wurde geschrien, gelacht, gesungen, gewaschen, getanzt. Ein Pfefferbaum glühte auf, ein schwarzes Ferkel lief ihnen zwischen die Räder. Bering war immer noch bewußtlos. Douglas sagte von Zeit zu Zeit: »Herr Debson ist da.« Er sagte auch: »Das Land da gehört dem Herrn Raleigh – das Land da gehört dem Herrn Bering.« Debuisson sagte lachend auf französisch zu Jean: »Dann hat es meiner Mutter gehört.« Sasportas sagte gleichfalls lachend: »Dann gehört es im Grunde genommen dir.«

Sie hielten abends ihren Einzug mit dem schlafenden Herrn. Douglas trug ihn in seinen Armen aufs Bett, entkleidete ihn und deckte ihn zu.

VII

Zuerst war Galloudec trotz seiner Höflichkeit über die Weigerung Berings, ihn mit seinen Freunden aufzunehmen, recht bestürzt. Doch schon unterwegs, als ihn Douglas zu Knowles, dem Bootsbauer, führte, sagte er sich, daß dieses Quartier für ihren Auftrag besser geeignet sei als die Bering-Farm.

Wenn er den verrückten Doktor richtig verstanden hatte, war Knowles freier Mulatte. Meistens waren Mulatten untereinander bekannt; denn sie hatten den Drang, sich von den Schwarzen abzugrenzen; von den Weißen wurden sie nicht für voll genommen. Er würde wahrscheinlich durch diesen Knowles bald an die Leute herankommen, an die man sie vor ihrer Abfahrt aus Frankreich ausdrücklich verwiesen hatte. Denn sie waren gleichfalls Mulatten, hatten auch etwas mit Bootsbau zu tun. Sie hießen Crocroft. Sie wohnten im Norden der Insel an der Annotta Bay.

Besonders einer der Crocroft-Söhne, Robert, kam Galloudec so vertraut vor, als seien sie lange zusammen zur See gefahren. Denn man hatte ihm jede Einzelheit seines Lebens mitgeteilt. Noch kurz vor der Abfahrt hatten ihm Matrosen in Brest den Robert Crocroft empfohlen, seine Klugheit gelobt, seine Gesinnung. Sie hatten behauptet, er sei beinahe ein Republikaner, voll Haß gegen die englische Sklaverei, im Gegensatz zu vielen Mulatten davon überzeugt, daß man die Schande gemeinsam abschütteln müsse.

Darüber dachte Galloudec nach, als ihm Douglas einen Weg durch das Menschengewühl bahnte, mühelos, ohne die Arme zu regen, wie eine Walze, mit seinen Hüften und seinem Brustkorb.

Der Bootsbauer Knowles traute zuerst seinen Ohren nicht, als ihm Douglas den Auftrag brachte, dem weißen Franzosen Galloudec Arbeit zu geben. Dann fiel ihm das neue Gesetz ein, von dem jemand gesprochen hatte: Französische Emigranten dürften hier nur noch wohnen, wenn sie Verwandte hätten oder eine Arbeitsstätte.

Als Douglas fortgegangen war – in die Kneipe, aus der ihn die Wirtsnichte Mary am nächsten Morgen fischte –, stellte Knowles fest, daß Galloudec ein vernünftiger Mensch war und ein Gewinn für die Werkstatt. Er war zwar zunächst der einzige Weiße in der Straße, aber sein Beispiel machte Schule noch in derselben Stunde. Irgendein armer Teufel, halb Diener, halb Sekretär – sein Herr war in Haiti gefallen –, nahm in der Nachbarschaft, in der Schreibstube, die auch einem Mulatten gehörte, Arbeit an.

Galloudec begann vor Freude zu singen, als er, ungefähr eine Woche später, vernahm, daß ein Crocroft-Sohn in Knowles' Werkstatt erwartet wurde. Er sang alle Lieder seiner Heimat, Schwarze und Weiße guckten herein. Der kleine französische Schreiber weinte vor Freude; er fiel ihm um den Hals.

Jack Crocroft – der ältere Bruder jenes Robert, über den Galloudec so gut Bescheid wußte – war hellhäutig, sein Haar war seidig gebürstet, glatt und schwarzbraun; er sah aus wie der Sohn eines spanischen Edelmannes. Er war in Geschäften in Kingston. Ob ihm sein Bruder Robert etwas gesagt hatte, wußte Galloudec nicht. Jack drang aber in Knowles, ihm den Franzosen, falls dieser dazu bereit sei, für ein paar Wochen zu überlassen. Er hätte dringende Aufträge, sein bester Gehilfe läge fast unbeweglich an einem Huftritt.

Knowles gab nach – erstaunlich bereitwillig, dachte Galloudec. Warum, das wurde ihm unterwegs klar. Knowles war erregt wie Jack Crocroft, wie alle Mulatten, bei denen sie einkehrten auf ihrem Weg nach der Nordküste, von dem jüngsten Ereignis in Haiti. Dort hatte sich der Mulattenführer Rigaud gegen Toussaint erhoben. Er zog die Mulatten, die in Port Republicain und in einigen Teilen von Haiti die Mehrheit hatten, an seine Seite, heraus aus den Kämpfen und einem Frieden, der ihnen zwar Gleichberechtigung brachte, aber unter der Herrschaft von Negern.

Waffen für Rigaud zu besorgen, war Jacks Sache. Seine Familie ging teils auf die nächste Werft, teils in die eigene kleine Bootswerkstatt. Aber ihr Wohlstand beruhte hauptsächlich auf Waffenschmuggel. Der Gouverneur drückte da ein Auge zu. Nach ihrem mißglückten Angriff hofften die Engländer, Rigaud gegen Toussaint ausspielen zu können, und sie versorgten ihn von Jamaika aus.

»Die Engländer«, sagte Galloudec, »kommen zurück, wenn beide ausgeblutet sind, und sie erledigen beide.« Er bereute diese Worte, denn Jack Crocroft rief heftig: »Nein. Toussaint schlug erst auf unseren Rigaud, als die Engländer abgezogen waren.«

Das Haus der Crocroft-Familie lag an einer kleinen Bucht im Westen der Annotta Bay. Ein steiler Nordabfall des Gebirges hing hier über dem Dorf. Aus den Wäldern drang der Dunst in die Hütten und Werkstätten. Stundenlang legten sich goldene und grünliche Schwaden zwischen Menschen und Licht. Die Küstenbewohner hatten erst den nächsten Streifen Land gerodet und bebaut. Die höheren Bergzonen waren noch unberührt. Im Innern des Gebirges, das nahe gerückt war, aber gar nicht zum Bezwingen lockte, hatten die Maronen gelebt und gesiedelt, und vielleicht war dort schon wieder ein Volk von Flüchtlingen vielerlei Herkunft im Entstehen. Bei Tisch sprach zuerst nur der Vater Crocroft, ein breiter, gedrungener, dunkler Mulatte. Um diese Werkstatt herum hätte sich schnell, schon zu Zeiten seines Großvaters, ein Dorf gebildet. Die Siedler wären meistens Mulatten. Doch seien auch ein paar Weiße hängengeblieben. Die allererste weiße Familie sei bettelarm mit ihren Sklaven angekommen. Man hätte ihr das letzte Stück Land abgegaunert. Sie hätte nichts mehr besessen als die Sklavenfamilie und etwas Tischsilber. Sie hätte aber die Sklaven nicht verkauft, sondern freigelassen. Zuerst hätten sie alle zusammen mit geliehenen Booten und Netzen gefischt und dann auf der Werft gearbeitet, alle zusammen.

An dieser Küste, fuhr er fort, gibt es alle Arten Menschen. Es gibt noch Spanier, wenn auch vereinzelt und weiter nach Westen. Hier fühlen sie sich wohl Kuba näher, aber sie wollen nicht recht herüber.

»Der Oberst Quarrel«, sagte jetzt Jack Crocroft, »verdankt einem der Spanier den Rat, sich Jäger und Hunde aus Kuba zu borgen, um endgültig Schluß zu machen mit den Maronen im Innern der Berge.«

Er ließ sich darüber aus auf Galloudecs Fragen, denn der hatte im Kielraum nicht erfahren, was Leutnant Galdy an Deck erklärte. Jack sprach kalt, ohne eine Meinung zu äußern, als handele es sich um zeitlich und örtlich entlegene Dinge, die niemals sein eigenes Leben berühren könnten.

Galloudec sah einem Teil der Familie, die um den Tisch herumsaß, die spanische Herkunft an, vor allem Jack selbst und seiner Mutter. Die war noch schön, nur ihre Haut war gelb. Die Schwestern kamen ihm unwünschbar, unbesitzbar schön vor, aus mattem und dunklem Gold.

Erst gegen Ende der Mahlzeit trat Robert Crocroft ins Zimmer. Er war hochgewachsen, seine Nase war lang und scharf. Seine langen Hände waren dunkel wie sein Gesicht, mit rosa Innenflächen.

Sein Bruder Jack erklärte ihm, Galloudec sei bereit, aus Knowles' Werkstatt zu ihnen herüberzuziehen. Wenn Robert auch ahnte, wer der Franzose war und seine Ankunft erwartet hatte, nach einer kurzen Begrüßung aß er schweigend. Er sah nur zwei- oder dreimal auf. Wie Lichtsignale kreuzten sich ihre Blicke.

Sie gaben sich einer dem anderen endgültig zu erkennen, als Robert Galloudec in den Bungalow brachte, der für ihn vorgesehen war. Der war schäbig, verwahrlost. Doch Galloudec nahm sich vor, ihn schnell instand zu setzen. Dieser Ort erschien ihm geeignet als dauernde Wohnstätte. In einem dringenden Notfall, mit dem er rechnen mußte, obwohl er keinen Augenblick daran dachte, war Kuba von hier aus erreichbar.

Sein Vater hätte ihn oft in Geschäften nach Kuba geschickt, begann Robert Crocroft ihr erstes Gespräch. Man hätte schon jahrelang überall mit großem Haß von Frankreich, vor allem von Haiti gesprochen. Doch manchmal, ganz selten, hätte auch einer hartnäckig geschwiegen. Von diesem Schweigen betroffen, hätte er sich gesagt: Das muß ich mir ansehen.

Er sei dann von Kuba aus auf dem kürzesten Weg heimlich nach Haiti gefahren, nach der Mole St. Nicolas.

»Dort bin ich«, sagte Robert mit leuchtenden Augen, »euren Matrosen begegnet. Ich hatte noch nie in meinem ganzen Leben mit solchen Menschen gesprochen. Ich sagte mir: Wenn das Republikaner sind, will ich auch einer sein.

Kurz nach meiner ersten Rückkehr aus Kuba, denn wir trafen uns noch einmal, hab ich hier die Jagd auf Maronen mit kubanischen Hundejägern miterlebt. Glaubst du, daß irgend jemand an dieser Küste sich entsetzt hat, glaubst du, daß irgendein Mensch sich geschämt hat? Man hatte uns Angst gemacht, solange ich mich erinnern kann, vor diesen Maronen. Sie könnten heruntersteigen von ihren Bergen und unsere Boote stehlen. Darin ist kein Sinn, wir glaubten es aber. Jetzt, als diese Meute kam, waren alle zufrieden, nicht nur die Engländer, nicht nur die Offiziere und Gutsherren, auch meine Schwestern, die zwei schönen Mädchen, waren ganz damit einverstanden. Wenn ich nicht die französischen Matrosen auf der Mole von St. Nicolas bald wiedergesehen hätte – ich konnte doch nicht riskieren, in so kurzer Zeit weiter ins Land hineinzufahren –, dann hätte ich mir eingebildet, eine schwere Krankheit, eine Art Geisteskrankheit sei über mich gekommen, nur weil ich erstickte vor Zorn, nur weil sich mein Herz zusammenkrampfte.«

Galloudec sah erstaunt, daß dieser Mensch beim Erzählen vor Erregung zu zittern begann. »Wenn du es nicht erträgst«, sagte er, »dann hilf uns.«

Er fragte ihn nach den Namen aus, die man ihnen mit auf den Weg gegeben hatte. Einer hieß Swaby, er bestellte ein durchwuchertes Landstück, einen Ausläufer der Collings-Farm, der in eine Gebirgsschlucht überging; Swaby war so verschuldet, er mußte so viel von seinen Ernten an Collings' Verwalter abzahlen, daß er fast ein Pächter zu nennen war.

Crocroft stand sich gut mit diesem Swaby. Er legte

Galloudec auch einen jungen Sklaven der Collings-Farm namens Bedford ans Herz. Mit Hilfe dieser zwei Menschen, Swabys, des weißen Pächters, und Bedfords, des Negersklaven, könnte er leicht in Verbindung bleiben mit seinen auf der Bering-Farm verbliebenen Freunden.

Crocroft zog die Brauen hoch, als ihn Galloudec nach einem Neger namens Cuffee fragte. »Der war auf der Raleigh-Farm«, sagte er, »er ist nicht mehr dort.« – »Wo ist er jetzt?« – »In den Bergen.« Dann erklärte Crocroft: »Sie haben geglaubt, wenn die Maronen verschickt sind, gibt es keine Unruhen mehr. Cuffee wird aber bald wieder ein paar hundert Menschen gesammelt haben. Wenn du mit ihm sprechen wolltest, bist du ein wenig zu spät gekommen. Er ist geflüchtet, ohne auf dich zu warten. Er hat wohl den Ehrgeiz, der Toussaint von Jamaika zu werden.«

»Ist es wahr«, fragte Galloudec, »daß Cuffee lesen und schreiben kann?«

»Er hat vielleicht etwas beim Pfarrer gelernt. Auch Bedford auf der Collings-Farm hat etwas gelernt.«

Galloudec suchte nach einer Gelegenheit, alles, was er erfahren hatte, Debuisson zu berichten. Bald nahm ihn jemand mit nach Port Antonio. Er gelangte von dort um das Südkap herum, bis Kingston. Aus Vorsicht nahm er auch eine Bestellung für Knowles' Werkstatt mit.

Alle wußten, daß Bering im »Admiral Penn« übernachtete. Er war schon dreiviertel betrunken, aber Douglas zuckte die Achseln, als ihn Galloudec fragte, wie er schnell auf die Bering-Farm gelangen könne. Douglas wußte, daß sein Herr diesen Fremden nicht liebte. Schließlich fand Galloudec Platz auf einem Collingschen Marktwagen, und er sprang auf der Bering-Farm ab.

Debuisson freute sich über das Wiedersehen. Er warnte Galloudec aber, sein Großvater hätte ihm ausdrücklich diesen Besuch verboten; denn er hasse die Schnüffeleien und Fragen, die darauf folgen könnten. An

Jean Sasportas hätte er sich gewöhnt, den nehme er nicht als Franzosen.

Ein großer Vorteil sei es für ihren Auftrag, daß er mit Sasportas gemeinsam die Farmen abreiten müsse, sowohl um einzelne Herren zu pflegen als auch um seuchenverdächtige Negersiedlungen festzustellen und Geburten und Todesfälle zu registrieren, wie es die neue Verwaltung vorschrieb. Doktor Bering sei nur in all dem genau, was sein Kochhaus und seine Destillation betreffe.

Darauf erzählte Galloudec, was Robert Crocroft berichtet hatte. Sie machten aus, daß sich Sasportas, sobald sie auf die benachbarte Collings-Farm kämen, zuerst mit Bedford in Verbindung setzen werde. Wie man an Cuffee herankomme, der im Gebirge Leute zusammenschare, wollte Debuisson wissen.

»Cuffee läßt keinen Weißen an sich heran«, berichtete Galloudec, »wir wissen nicht, ob es Vorsicht ist oder Haß, ob es nur für heute gilt oder für immer. Robert Crocroft glaubt, der junge Neger Bedford sei heimlich bei ihm gewesen. Obwohl es nicht lange her sein kann, daß dieser Cuffee die Raleigh-Farm verlassen hat, besitzt er schon großes Ansehen unter den Sklaven.«

Sie wurden sich einig, Galloudec und Debuisson, daß man auf den wichtigen Farmen zuverlässige Menschen feststellen müsse und zwischen diesen und Cuffee eine Verbindung schaffen; dann könne man an ein gemeinsames Vorgehen denken. Alle zersplitterten Unternehmungen würden einzeln erstickt werden. Das sei sogar mit den starken Maronen der Fall gewesen und erst recht mit planlosen Unruhen auf dieser und jener Farm. Kein Mensch würde je davon erfahren, selbst hier in Jamaika würde kaum jemand davon erfahren.

Debuisson ermahnte Galloudec noch einmal, keinen entscheidenden Schritt ohne seine Anweisung zu unternehmen.

Ihr Gespräch wurde durch die unvermutete Ankunft Berings abgekürzt: Es hatte eine Schießerei im »Admiral

Penn« gegeben, die Stadtwache war gekommen, Bering war überstürzt abgefahren, denn er haßte polizeiliche Untersuchungen.

Er stellte sich jetzt, als bemerke er Galloudec gar nicht – wie er es getan hatte bei der Ankunft am Hafen. Er gab Douglas einen Wink. Der führte dann Galloudec zu dem Aufseher Bloomfield.

Auf der Bering-Farm gab es zwei Aufseher. Der, dem die Feldarbeit unterstand, hieß Myrtle. Bloomfield hatte mit allem zu tun, was die Rumbereitung anging, von der Ankunft der Zuckerrohrernte bis zum Transport der Fässer.

Er nahm Galloudec mit in sein Haus. Der Tisch war schon gedeckt, seine Frau erwartete ihn mit ihren zwei kleinen Töchtern. Sie war eine Wirtstochter aus Cornwall, auch hier fein geputzt. Sie gab dem einzigen eigenen Sklaven einen Wink, für Galloudec in einer besonderen Kammer ein Mittagessen zu richten.

Doch Bloomfield, ein ziemlich roher und rauher Geselle, der sich Gott weiß wie aus einer verworrenen Jugend bis nach Jamaika und auf die Bering-Farm vorgepirscht hatte, war trotz allen Stolzes auf seine drei geschniegelten Weiblichkeiten für einen Schwatz mit dem Fremden. Der roch nach See, nach verschiedenen Sachen, auf die er verzichten mußte.

Da Bering um diese Zeit schlief, nahm er Galloudec unterm Arm, und er führte ihn auf sein Gelände. Das war vor Fremden geschützt wie ein Tempel – mit Kochhaus und Raffinerie und Mühle und Lagerhäusern. Er zeigte ihm den neuen, mächtigen Ochsen, ein Negerjunge trieb ihn mit seiner Gerte auf dem Rundgang, und Bloomfield, im Vorübergehen, trieb den Jungen mit seiner Gerte. Er sagte immer nur: »Unser Ochs« und »unsere Mühle« und »unsere Destillation«, und er sagte: »Wir haben nur noch gußeiserne Röhren, wir haben keine Holzröhren mehr, wir haben kupferne Kessel und Pfannen.« Er sprach von »unserem Neger, der die Skala ablesen kann«.

Er hieb bald dahin, bald dorthin mit seiner Gerte in die Schwarzen hinein, die andauernd hin und her rannten und etwas Kupfernes blank rieben.

Nur in der Raffinerie, die sich an das Kochhaus anschloß, ging es so still zu, daß Galloudec unwillkürlich leise wie Bloomfield auftrat. Bloomfield flüsterte: »Unser Rum wird so durchsichtig wie Madeirawein.« Dazu sei bei der Bereitung eine bestimmte Wärme nötig, ein Zusatz von Kalk und ein bedächtiges Abschäumen. Dann könne man, das habe Doktor Bering herausgefunden, die Flüssigkeit ruhig sich selbst überlassen, die öligen Teile setzten sich ab, da nun die verdickte Molke auch noch die feinsten Teilchen von Unreinlichkeiten abfangen würde. Man müsse aber den richtigen Augenblick des Sich-selbst-Überlassens kennen, mancher lerne es nie.

Er erschrak heftig, als die Stimme Berings ertönte: »Bloomfield!« Er stieß Galloudec in einen Schuppen.

Abends sagte Doktor Bering zu seinem Enkel: »Der Mann kommt mir hier nicht mehr rauf.«

Galloudec schlief in Kingston. Auf dem Dock der Amerikaner fand er den Gehilfen des Lotsen. Der war ihm in Port Republicain empfohlen worden. Mit seiner Hilfe gelangten Nachrichten nach Haiti und nach Frankreich und wieder zurück nach Jamaika. Der Bursche war ein heller und fröhlicher Mensch; sie tranken zusammen; Galloudec fühlte sich einige Stunden beinah so wohl wie in Brest.

VIII

Viele Gutshäuser waren seit mehr als hundert Jahren mit Schießscharten versehen. Jetzt hatten einige Farmer im Innern der Insel den Gouverneur um militärischen Schutz gebeten; denn es hieß, der geflüchtete Sklave Cuffee hätte wieder eine Bande hinter sich.

Darüber sprachen Debuisson und Sasportas auf ihrem Ritt zu der Collings-Farm. War Toussaint in Haiti am Anfang der Negeraufstände etwas anderes in den Augen der Farmer gewesen als ein gefährlicher Bandenführer? Und die weißen Farmer? Wie viele ihrer Großväter waren verwegene Piraten gewesen! –

Collings freute sich über seine Besucher; er schätzte sie mehr als die hiesigen Ärzte. Er war einer der kleinen Grundbesitzer; er war weder grausam noch hart; er hielt sich streng an alle Gesetze, auch an alle Gebräuche, die sich zugunsten der Neger auswirkten. Nur, er hatte junge und schöne Töchter in England, er wollte sie gut verheiraten, und er war, an seinen Nachbarn und an seinen Bekannten gemessen, ein bescheidener Farmer. Er fügte sich seinem Verwalter Glavish, den ihm ein Freund empfohlen hatte. Und dieser Glavish wollte höher hinaus, er ging Collings gegenüber, der ihn ordentlich bezahlte, auf Verpflichtungen ein, und bald auch Fremden gegenüber, die ihm Prozente zusteckten. Glavish hatte auch Kinder in England, er war für eine gewisse Zeit nach dem Westen gegangen, damit seine Söhne vorwärtskämen. Er setzte sich durch, wenn auch vorerst in untergeordneter Stellung, er war grausam und unerbittlich.

In den Herzen der Sklavenfamilie Bedford – Bedford war der Name ihres ersten Herrn gewesen, der sie gleich nach der Landung bei der Auktion am Hafen erworben hatte, doch bald darauf an Collings' Vater weiterverkauft – war die Erinnerung an ein vergangenes Leben nie abgestorben. Die meisten ihrer Gefährten waren stumpf geworden unter dem Druck der dauernden Zwangsarbeit. Die Bedfords waren nach wie vor, unentwegt, jede Sekunde bereit, Hoffnung zu fassen. Sie horchten auf jedes vage Gerücht, das mit der Wiedergewinnung der Freiheit zusammenhing. Es gab noch keinen Bruch zwischen ihrer Vergangenheit und einer Zukunft, die mit dem gegenwärtigen, sinnlosen Zustand nichts zu tun haben würde. Was in Frankreich passiert war, verstanden sie nicht, sie erfuhren aber, was in Haiti und in Guadeloupe geschehen war, sogar ziemlich schnell und genau; denn die Herren konnten ihre Entrüstung nicht schlucken, zumal nach der letzten Niederlage.

Herr Collings war zu gutherzig, um eine Sklavenfamilie auf seinem Gut durch Umsiedlung oder Verkauf oder aus sonst einem Grund auseinanderzureißen. Die Bedfords wohnten ordentlich zusammen, und abends, in ihrer Hütte, erzählten die Alten aus vergangenen Jahren. Den Kindern, die ihnen zuhörten, kam es vor, als sei ihr eigenes Leben ein spurloses, unfaßbares Leben in Wäldern und Wüsten, in Häfen und Meeren verdunstet.

Der gierige Stammeshäuptling, erzählten die Alten, hatte sie einstmals mit List herangelockt und an weiße Händler verkauft. Von dieser Untat sprachen sie mit derselben Wut, mit der sie von Collings' Verwalter Glavish sprachen.

Der junge Bedford war bereits in Jamaika geboren. Er war aber nie von seinen Großeltern getrennt worden, die von Afrika aus den Transport auf dem Sklavenschiff miterlebt hatten. Sein Vater hatte schon seine Striemen wegbekommen von der Peitsche des Glavish oder, was schlimmer war, von der Peitsche des Negers, der sie auf Glavishs Befehl gebraucht hatte.

Über diesen Neger dachte der junge Bedford oft nach. Nichts, niemand würde ihn jemals zu so etwas bringen. Er dachte auch über den tückischen gierigen Häuptling nach. Seine Brüder rechneten nur mit dem Unterschied zwischen Schwarz und Weiß. In seinem Kopf war aber schon früh ein Samenkorn von Verständnis gefallen für den Unterschied zwischen Recht und Unrecht.

Der Aufseher Glavish erlaubte ihm, ein paar Unterrichtsstunden bei dem Pfarrer der Collings-Farm zu nehmen. Denn die Zahlen und Buchstaben, die der junge Bedford erlernte, würden ihm, Glavish, nützlich sein bei der Verwendung des Sklaven.

Es gab auf der Farm, dicht an der Hauptstraße, eine

Schmiede, die mit einer Stellmacherei verbunden war. Die Straße schlang sich wie eine Spirale um das bläuliche, in seinem Innern unwegsame Gebirge; ihr tiefster und breitester Kreis, der fast den Fuß des Gebirges umfaßte, lief im Norden über der Küste und berührte dabei die Dörfer oberhalb der Annotta Bay; im Süden fing die Spirale hoch über der Bucht von Kingston an, und sie trennte die Collings-Farm und die Bering-Farm von der großen Raleigh-Farm ab.

Die Straße und daher auch die Schmiede wurden von allerlei Volk benutzt, von einzelnen Reitern, von Regimentern, von Transporten zu Märkten und Häfen. Hier hatte seit Generationen, vielleicht schon seit der Vertreibung der Spanier, eine weiße Familie von Schmieden ihr Handwerk ausgeübt. Der Alte war vor kurzem gestorben, sein einziger Sohn, der letzte der Familie, war zur See gegangen. Das hatte der Aufseher Glavish weder mit Bitten noch mit Geldangeboten verhindern können. Der Sklave Bedford, der seit einiger Zeit in der Schmiede von morgens bis nachts half, war schweigend und, wie die weißen Männer glaubten, verständnislos den heftigen Gesprächen zwischen dem Sohn des Schmieds und dem Aufseher Glavish gefolgt. Dabei war ihm der furchtbare Zwang seines eigenen Zustandes besonders deutlich geworden.

Er stellte sich aber gut mit Glavish; er verbarg seinen Haß. Glavish vertraute ihm die Schmiede an; der dafür ausgesetzte Lohn – denn die Schmiede waren bisher bezahlte Handwerker – ging in Glavishs eigene Tasche. Das ganze Jahr über gab er sich den Anschein, als erwarte er eine neue Familie von Schmieden, die aus Port Royal zuziehen sollte.

Und Bedford war äußerst geschickt; den Blasebalg bedienten abwechselnd zwei lustige Bengel, seine Neffen, die er zu zügeln verstand.

Oft ritt der Mulatte Robert Crocroft in Geschäften zur Küste. Dieser Weg war unsinnig lang. Er ritt ihn um Bedfords willen, vielleicht auch sich selbst zuliebe. Denn der

Glanz von Wißbegierde und Staunen in Bedfords Augen erhellte sein eigenes, oft ungewisses, oft einsames Ich. Wenn er an der Schmiede haltmachte, beschrieb er seine Fahrt von Kuba nach Haiti, er prägte Bedford ein, was ihm die französischen Matrosen eingeprägt hatten.

Ungefähr um dieselbe Zeit hörte Bedford auf der Collings-Farm zu, was ein paar Sklaven von Cuffee erzählten, dem Neger, der von der Raleigh-Farm ins Gebirge geflüchtet war und sich bereits einen Anhang geschaffen hatte. Bedford bewunderte diesen Cuffee, in seinem Herzen erwachte der Wunsch, ihn mit eigenen Augen zu sehen. Sein Wunsch war keineswegs mit der Absicht verbunden, in die Berge zu fliehen. Es gab irgend etwas, was es war, vermochte er gar nicht auszudrücken, das hielt ihn in seiner Familie fest, in seiner Siedlung, in der Farm, in der Schmiede, an dieser Landstraße, in diesem verworrenen, oft erzwungenen, oft verhaßten Leben, es hielt ihn stärker fest, als ihn die Berge lockten.

Manchmal suchte Swaby, der weiße Pächter, die Schmiede auf. Der geriet immer tiefer in Schulden, Collings' Aufseher forderte ein gut Teil seiner Ernten. Bedford beschlug ihm sein Pferd, besserte seinen Wagen aus, tat heimlich und kostenlos manchen Handgriff, obwohl ihn Glavish gestraft hätte, wenn es herausgekommen wäre. Dabei war ihm klargeworden, welchen Weg er einschlagen mußte, um Cuffee zu treffen: Mit Hilfe Swabys, dessen Pachtland am Ende der Collings-Farm lag, konnte er bis tief hinein in die Bagolischlucht gelangen. Dort war man schon fast in den Trelawaybergen, dem Zufluchtsort Cuffees.

Robert Crocroft erklärte ihm, sooft er kam, was in Frankreich geschehen war, was in Haiti geschah. Die Entfernung zwischen Jamaika und Frankreich verstand Bedford nicht. Und von der Zeit, die immerzu rann und rann und in ihrer Unerschöpflichkeit ewig stillzustehen schien wie der Wasserfall in der Bagolischlucht, verstand er erst recht nichts.

Doch eines Tages brachte Crocroft den Galloudec in die Schmiede. Bedford hielt ihn für einen jener Matrosen, mit denen Crocroft auf der Mole St. Nicolas zusammengekommen war. So viel hatte Crocroft von diesem Franzosen erzählt, daß Bedford ein solcher Besuch zwar wie ein Wunder vorkam, aber gar nicht unmöglich. Galloudec packte den jungen Sklaven mit seinem starken, menschenabschätzenden Blick, und er fragte ihn aus und gab ihm Antwort auf Fragen, die in Bedfords Kopf im Entstehen, aber noch längst nicht auf seiner Zunge waren.

Bedford hatte noch nie einen Weißen gesehen, wie Galloudec einer war. Er verstand jetzt, wie es möglich gewesen war, daß solch ein Mann Crocrofts Leben verändert hatte. Ein Licht ging ihm auf unter Galloudecs Worten. Er verstand auf einmal in ihrem Zusammenhang die Wut der Collings-Sklaven auf den Aufseher Glavish, das Unrecht, unter dem Swaby litt, Cuffees Flucht in die Berge. Jetzt verstand er, wer Toussaint auf Haiti war, der aus uraltem Unrecht, aus zahllosen Sünden und Leiden einen mächtigen Aufstand geschmiedet hatte. Bedfords Begreifen glich der Wirkung der großen Trommel, von der sein Großvater manchmal sprach. Sein Vater hatte daheim noch die Sprache der Trommel verstanden, die zu Krieg oder Frieden aufrief, zu Wanderungen, zu Überfällen, zu Festen, zu Weiden, zu Jagden, zu Gottesdiensten. Sie hatte einzelne Männer zu besonderen Taten aufrufen können. Ihr Dröhnen hatte aber für Uneingeweihte nur aus dumpfen, erschreckenden Schlägen bestanden.

Jetzt fühlte sich Bedford als Eingeweihter. Und Galloudec, als er sicher war, daß Bedford die Fähigkeit besaß, Verbindungslinien zu ziehen und zu knüpfen, kündigte ihm den Besuch eines Freundes an.

Bald darauf trat der Aufseher Glavish in die Schmiede; Sasportas begleitete ihn; Debuisson war in Collings' Gesellschaft im Gutshaus geblieben. Beschläge für Berings Transportwagen waren der Vorwand des Besuches. Der Knabe, der den Blasebalg trat, war heute unlustig, schlaff.

Er hatte eine verschmutzte Brandwunde. Sasportas blieb minutenlang ungestört in Bedfords Nähe. Er zog den Knaben an sich, behandelte ihn, redete auf ihn ein; der Knabe sah ihn verwundert an. Auch Bedford sah ihn verwundert an. Bevor Sasportas sich zu erkennen gab, hatte er ihn an seinem Gebaren, am Ton seiner Stimme, am Griff seiner Hände, am Blick als Galloudecs Freund erkannt. Sasportas sprach in Gegenwart Glavishs nur von den Beschlägen für die Transportwagen. Er sagte: »Ich komme morgen sehr früh vorbei. Mach sie bis dahin fertig.«

Es war noch Nacht, als sie sich trafen. Das weiße Gesicht war im Mondlicht undeutlich; Bedford suchte angestrengt und unruhig nach Sasportas' wirklichen Zügen.

Debuisson hatte Sasportas befohlen, festzustellen, ob dieser Bedford wirklich der Mann war, den Crocroft und Galloudec in ihm sahen. Als sich einer des anderen versichert hatte, bestand ihre Aufgabe darin, zuerst nur auf der Collings-Farm, dann auf der Raleigh-Farm, dann auf den angrenzenden Farmen die Sklaven festzustellen, die in Zukunft bereit sein könnten, sich zusammenzuschließen.

In London waren im Parlament schon einzelne Redner gegen den Sklavenhandel aufgetreten. Obwohl sie nur Ärger und Spott hervorgerufen hatten und jeder Redner verdächtigt wurde, er sei angesteckt von französischen revolutionären Ideen, setzte sich in der Regierung die Ansicht durch, man müsse jede Gefahr erkennen und ihr zuvorkommen. Um Aufstände zu verhindern, müsse man den Sklavenhandel, ohne ihn laut zu verbieten, eine Zeitlang beschränken und langsam einstellen. Gerüchte kamen mit den Schiffen, man sprach darüber bei Tisch in den Gutshäusern. Die Farmer, die genug Mittel aufbringen konnten, schafften sich rasch vor der Ernte noch einige starke Sklaven an. Darum gab es in dieser Zeit auf vielen Farmen frisch gekaufte Sklaven verschiedener Stämme und Sprachen. Nur wer schon längere Zeit hier lebte, verstand gut Englisch. Alle Bedfords verstanden Englisch. Der alte Bedford verstand die Sprachen einiger Ankömmlinge, die plötzlich in den Baracken der Feldsklaven auftauchten.

Der junge Bedford machte zuerst seinem Großvater, den er für den Klügsten in der Familie hielt, die Aufgabe klar. Bald strich der Alte, besessen von dem Plan seines Enkels, mit Fragen und Späßen und Liedern um die Baracken herum. Mehr Nachbarn als früher kamen abends zu ihm. Die gutgestellten Sklaven wohnten, wie er, in Hütten mit Aschenböden, mit Dächern aus Fuchsschwanzgras, in ihrer Siedlung hinter den Hecken. Der junge Bedford sah von einem zum anderen, während sie rauchten und schwatzten. Er fand heraus, was in jedem vorging. Er holte sich oft am nächsten Tag einen heran, fragte ihn vorsichtig aus.

Herr Collings merkte, daß seine Leute gut gelaunt waren, regsam und singlustig, und er war zufrieden mit seinem Verwalter. Er dachte sogar: Ich hielt Glavish manchmal für herzlos und hart. Ich tat ihm wohl unrecht. –

Als Robert Crocroft wieder einmal an der Schmiede vorbeiritt, teilte er Bedford aus Vorsicht mit, Galloudec sei schon abgefahren. Jetzt fühlte sich Bedford mit seinen Gedanken und seinem Herzen allein an Sasportas gebunden. Er war mit dem Auftrag, den ihm Sasportas anvertraut hatte, so weit gekommen, daß er bald in der Bagolischlucht eine Zusammenkunft von Negern aus den drei Farmen vereinbaren konnte, wenn nicht aus fünf Farmen. Denn er wußte schon, wer unter den Dudley-Leuten und wer unter den Svettenham-Leuten geeignet war.

Dabei gab er den Gedanken nicht auf, Cuffee zu besuchen, wie er sich's vorgenommen hatte. Man sprach andauernd von diesem Mann, seitdem ihm vor kurzem ein Überfall auf die Svettenham-Farm geglückt war. Das hatte er gewagt, obwohl das Gutshaus mit seinen Mauern und Türmen einer Festung glich und sich früher oft gegen Maronenüberfälle verteidigt hatte.

Die Collings-Sklaven waren der Meinung, ohne das Mitwissen vieler Svettenham-Sklaven sei dieser Überfall, der Cuffee Beute und Munition verschaffte, gar nicht denkbar gewesen. Das Militär, das dort stationiert war, um die Svettenham-Farm zu schützen, sei im Schlaf überrascht worden. Eine Negerin aber, die mit ihren zwei kleinen Kindern in einem Speicher geschlafen hätte, sei plötzlich von einem fremden Neger geweckt und aufgescheucht worden, sie müsse sofort mit den Kindern ins Freie; der Speicher hätte etwas später in Flammen gestanden. Der Neger sei Cuffee selbst gewesen. – Svettenham sei der reichste Farmer der Insel, er hätte vor kurzem so viele, im voraus bestellte Sklaven gleich bei der Landung aus dem Schiff übernommen, daß seine neuen Aufseher, die mit diesem Kauf nötig geworden waren, gar nicht Bescheid wissen konnten; da hätten sich sicher irgendwie Cuffee-Leute unter die Svettenham-Sklaven gemischt. Als plötzlich Speicher und Vorratshäuser brannten, seien die Löscharbeiten nur langsam vor sich gegangen. Die Soldaten in ihrer Verwirrung hätten nicht einmal recht gewußt, auf wen sie schießen müßten. Die Aufseher und Svettenhams Söhne hätten befürchtet, ihre eigenen neuen, teuren Sklaven durch unüberlegtes Vorgehen einzubüßen.

Die Collings-Sklaven schwatzten, lachten und sangen über diese Begebenheiten. Bedford fühlte stärker denn je den Wunsch, Cuffee zu begegnen. Er begriff zugleich, wie dringend sein Auftrag war, eine Verbindung zwischen den Cuffee-Leuten und den besten Negern der mächtigsten Farmen zu schaffen.

Er wußte, daß sein Freund Sasportas – der hatte selbst zu ihm gesagt: »Nenn mich Freund« – einem verborgenen Auftraggeber gehorchte. Er wußte nicht, wer das war. Er empfand Achtung und Furcht vor diesem Geheimnis. Man hatte manchmal erwähnt, der Enkel des Rumdoktors sei gekommen, er reite die Farmen ab und besuche die Kranken. Bedford kam nie auf den Gedanken, der Mann, bei dem sein Freund in Arbeit war, könnte der Auftraggeber sein. Bisweilen kam Crocroft auf einem Geschäftsritt in die Schmiede und immer zu einer Stunde, in der er Sasportas begegnen konnte. Mit Crocrofts Hilfe, manchmal mit Hilfe des weißen Pächters Swaby, erfuhr dann Galloudec, was sich begab, und er schickte die Nachricht mit Hilfe amerikanischer Freunde nach Haiti. Von dort erreichte sie Frankreich. Er hatte auch schon Antwort erhalten – Lob und Bestätigung. Das war für die drei ein glücklicher Tag gewesen. –

Einmal traf Sasportas den Swaby allein. Der sagte, Bedford hätte vor kurzem in Abwesenheit des Aufsehers heimlich die Schmiede verlassen. Er sei Tag und Nacht unterwegs gewesen bis in die Bagolischlucht. Auf dem Rückweg sei er erschöpft bei ihm, Swaby, eingekehrt.

In Debuissons Auftrag sagte Sasportas bei seinem nächsten Besuch: »Du, Bedford, weißt also jetzt, wo Cuffee lebt.« – »Nein«, sagte Bedford, der in seinem Wesen merklich verändert war, schweigsamer, düsterer. »Niemand weiß, wo er lebt.« – »Warum traust du mir nicht? Ich weiß, daß du mit ihm gesprochen hast.« – »Das ist nicht wahr. Ich hab mit einem Mann gesprochen, der mit ihm gesprochen hat.« – »Dann mußt du wieder mit diesem Mann sprechen, Bedford. Bald muß Cuffee wissen, wie weit wir sind, und wir müssen wissen, wie weit er ist. Versprich mir, daß du alles tun wirst, um deinen Mann wiederzufinden.« – »Ich will es versuchen«, sagte Bedford, »so etwas Schweres verspreche ich nicht.«

Nach langem Schweigen erklärte er, er sei von seinem Unternehmen trotz aller Anstrengungen zu spät in die Schmiede zurückgekommen. Der Aufseher Glavish sei vor ihm aus der Stadt zurückgekehrt. Er, Bedford, habe sich noch herausgeredet, er hätte Swaby begleitet, um ein Werkzeug zu richten. Glavish habe ihm nicht getraut, er sei sofort zu Swaby geritten, doch Swaby habe ihn, Bedford, gedeckt und sogar das Werkzeug gezeigt, das er,

Bedford, angeblich hergestellt hätte. Das hatte er Swaby kostenlos voriges Jahr repariert; und nun habe der arme Swaby sein letztes Geld dem Glavish aufzählen müssen.

Bei seiner Rückkehr habe Glavish gesagt: »Was unterstehst du dich, diesem Swaby zu gehorchen. Wenn du das nächste Mal aus der Schmiede wegläufst, wirst du durchgepeitscht, bis du nicht mehr zum Schmied taugst, man braucht dich auch nicht mehr, die Schmiedeleute kommen endlich aus Port Royal.«

Bedford lachte auf einmal, als hätte ihn das Erzählen erleichtert. Er sagte: »Ich glaube kein Wort davon. Ich werde hier in der Schmiede bleiben. Swaby ist gut, nicht wahr?«

IX

Galloudec kam nicht mehr auf die Bering-Farm, seitdem es ihm Debuisson verboten hatte. Er kam nur manchmal nach Kingston, allein oder mit einem der Crocrofts, für die Augen der Leute mit einem Auftrag für Knowles' Werkstatt. Dabei stieß er dann und wann auf Douglas, der seinen Herrn begleitete. Einmal schickte Doktor Bering den Sklaven zurück auf die Farm, während er im »Admiral Penn« trank. In der Straße der Werkstätten fragte Douglas Galloudec: »Was soll ich Herrn Debson sagen?« – Galloudec schrieb ein paar Worte auf, die für jeden Dritten belanglos waren – es handelte sich um den Dank der Freunde, die ihre Nachricht erhalten hatten.

Douglas sah dann Debuisson an, daß ihn der Zettel freute, den er ihm überbracht hatte. Er freute sich selbst, er rieb sich die Hände, er lachte. Er fragte, ob er dem fremden Herrn etwas bestellen solle. Debuisson schrieb ihm, wieder für alle belanglos, drei Worte auf, die aber für Galloudec eine Menge bedeuteten. Diesen Zettel drückte Douglas in Kingston sofort in Galloudecs Hand. Zwar hatte ihn niemand gebeten, seinem Herrn etwas zu verschweigen, er sagte sich aber von selbst, so sei es wohl besser.

Galloudec gab Douglas nichts mit, als er wieder einmal auf ihn stieß. Und Debuisson sagte nur gleichgültig »gut«, als Douglas, heimlich tuend, die Begegnung erwähnte.

Viele Wochen vergingen, bis Douglas Galloudec wieder traf. Die kleine spitzbrüstige Nichte der Wirtin hatte Douglas aus der Kneipe geholt, die neben Knowles' Werkstatt lag. Er hatte es nicht besonders eilig, denn sein Herr war vermutlich viel zu betrunken, um auf ihn zu warten. Darum sah er aus Neugierde in die Werkstatt, er trat ein, als ihm Galloudec winkte. Er blieb, bis Galloudec etwas geschrieben hatte; das, was der Weiße geschrieben hatte, kam Douglas dringlich, erregend, sonderbar vor. Er hätte es gern seinem Herrn gezeigt. doch ein Gefühl von Zuneigung bewog ihn, diesen Zettel Debuisson zu bringen, dem Sohn seines ehemaligen Herrn.

Am nächsten Morgen steckte er ihn Debuisson zu, sobald er eine Gelegenheit fand. Dabei machte er verschiedene Zeichen, mit denen er seine Verschwiegenheit beteuerte, und er blinzelte zu seinem Herrn hinüber, dem Doktor Bering, der im Sessel döste.

Debuisson ging in sein Zimmer und las. Er zerknüllte plötzlich den Brief, und er stopfte ihn in den Mund. Seine Zähne zerkauten ihn wütend, als müßten sie Knochen zermahlen. Er trat an Sasportas heran. Der rüstete ihr Gepäck für einen Ritt. »Galloudec schreibt«, sagte Debuisson, er atmete schwer, so daß Sasportas sofort seine Beschäftigung unterbrach und den Freund erstaunt ansah. »Da lies! Ach, ich habe den Brief zerkaut. Er war ganz kurz. Der General Bonaparte sei plötzlich zurück nach Paris gekommen, und er hätte sich am 9. November zum Konsul gemacht. Es gäbe kein Direktorium mehr –«

Sasportas sagte nichts. Er verschloß Debuissons Taschen. Douglas trat in die Tür; er fragte, ob die Herren fortzureiten gedächten. Sasportas gab ihm die Taschen.

Douglas drehte sich noch einmal um. Erst in seinem Rücken sagte Debuisson: »Das war vor zehn Jahren.« – »Was?« – »Die Revolution. Der hat ein Gefühl für so was. Das ist der Zeitpunkt, an dem alle Menschen scharf sind auf etwas Besonderes, Neues, und sie haben das Alte satt.«

Douglas hatte den Gesichtern entnommen, daß das Geschriebene so sonderbar und erregend sein mußte, wie er es sich vorgestellt hatte. Doch was es bedeutete, konnte er keinem gesprochenen Wort, keiner Miene entnehmen. Vor Neugierde zog sich sein Herz zusammen. Er bereute jetzt, daß er diesen Zettel nicht auf den Tisch im »Admiral Penn« gelegt hatte. Dann wäre ihm aus den Ausrufen, aus den betroffenen Mienen, aus der allgemeinen Erregung seine Bedeutung klargeworden. Er ärgerte sich auch über Sasportas, der alles zu hören bekam, was der Sohn seines früheren Herrn erfuhr.

Sasportas begann erst zu sprechen, als sie zu der Raleighschen Farm ritten. »Du mußt alles so einrichten, daß wir dort schlafen können.«

Debuisson fragte: »Warum?«

»Damit ich Bedford in der Nacht treffen kann, alles ist vorgerichtet.«

»Nein. Heute nicht«, sagte Debuisson schnell.

»Wieso nicht? Ich sage dir, alles ist vorbesprochen. Bedford wird sicher kommen.«

»Dann wird er kommen, dein Bedford, und er wird dich nicht treffen, und er wird unverrichtetersache zurückgehen.«

»Das ist unmöglich!« rief Sasportas. »Das würde für ihn eine Enttäuschung bedeuten, eine furchtbare Enttäuschung! Das dürfen wir nicht, man kann es nicht machen.«

»Was kann man nicht?« sagte Debuisson ruhig. »Von was für einer Enttäuschung sprichst du, Enttäuschung für wen?« – »Mehr als Enttäuschung«, fing Sasportas noch einmal an, »wenn man entdeckt, daß Bedford nachts weg war. Auf der Collings-Farm geht es nicht so sacht zu wie bei deinem Großvater Bering. Kennst du ihren Aufseher, den Glavish? Wenn der Bedford erwischt –« Debuisson unterbrach ihn: »Hör mal, wir tragen auch unsere Haut zu Markte. Ich bin nicht hergekommen, um als Landarzt herumzureiten und dem alten Raleigh ein Geschwür aufzuschneiden, und du bist nicht hier als mein Arztgehilfe, auch wenn du das manchmal möchtest.« – »Was?« – »Schon gut«, sagte Debuisson, »wir sind hier, um den Sklaven zu helfen. Einer von ihnen ist dieser Bedford. Wir riskieren was für ihn. Er muß auch etwas für uns riskieren. Hast du mich jetzt verstanden?«

Sasportas sagte: »Nein, ich habe dich nicht verstanden. Vielleicht kann sich Bedford noch einmal herausreden, ich weiß nicht wie. Er wird sich eher totschlagen lassen, als etwas zu verraten. Warum aber soll man ihn nutzlos einer Bestrafung aussetzen? Warum soll ich ihn denn nicht treffen? Es ist ausgemacht worden: Wir müssen uns treffen. Wir müssen von ihm erfahren, wer bereit ist, von jeder Farm zu der Begegnung zu kommen, die er in deinem Auftrag festgesetzt hat.«

Debuisson sagte noch ruhiger: »Ja, Jean, darum geht es. Ich bin nicht mehr für diese Begegnung, seitdem ich weiß, was in Paris geschehen ist, und ich mir ausdenken kann, was noch alles geschehen wird. Ich will nichts überstürzen –«

»Wieso überstürzen?« rief Sasportas. »Wir haben diese Zusammenkunft mühselig vorbereitet. Im Grunde genommen hat Bedford sie vorbereitet. Wochenlang. Du kannst dir nicht vorstellen, was er allein auf sich genommen hat. Weil er verstand, daß es der erste Versuch sein soll, um zu erfahren, mit wieviel Farmen wir sofort rechnen können –«

»Ich weiß, darum geht es«, sagte Debuisson gleichmäßig ruhig, »und siehst du, ich, der mehr hinter sich hat als du, der weiß, was Verantwortung ist, ich will Galloudecs Nachricht überschlafen. Wissen wir denn, was jetzt kommen wird? Unter der neuen Regierung? Wissen wir denn, ob wir noch weiter vorstoßen können? Ob nicht die neue Regierung mit neuen Plänen unseren alten Plan über den Haufen wirft?« – »Welchen Plan? Wovon sprichst du?«

Debuisson hatte nicht gemerkt, daß Sasportas unter seiner braunen Haut erbleicht war; er erwiderte in gelassenem Ton: »Du hast es soeben selbst erklärt. Diese erste Zusammenkunft und was sich daraus ergibt.« – »Das Zusammentreffen einiger Sklaven von fünf Plantagen? Damit wir abschätzen können, wie viele bereit sind, wenn es soweit ist?« – »Ja. Man muß diese Zusammenkunft verschieben.« – »Und damit auch, was ihr folgen sollte?« – »Ja, alles übrige auch. Man muß zuerst abwarten, was uns die nächsten Nachrichten sagen.« – »Über unseren Auftrag, die Befreiung der Sklaven auf dieser Insel vorzubereiten? Über unseren Plan?« – »Ein solcher Plan könnte hinfällig werden. Ein solcher Auftrag würde ohne die Stütze unserer Regierung –«

Sasportas sprengte plötzlich davon. Dann sah ihn Debuisson auf einem gegenüberliegenden Abhang; die Straße lief drüben kaum merklich höher als hier in einer sachten Kurve. Debuissons Augen folgten ihr unwillkürlich, kaum daß sie den Reiter gestreift hatten, dann ließen sie auch die Straße sein; sie nahmen ungebunden das ganze Tal auf, das auf der bewaldeten Bergseite bläulich schimmerte. Bergschatten lagen bis herunter zur Bucht auf seinen gelben und grünen Abhängen. Mindestens drei, vier Generationen hatten hier angebaut. (Darunter verstand er die Engländer, nachdem die Spanier vertrieben waren; die Neger waren nicht mitgerechnet.) Nur durch ein paar schmale Klüfte zwischen den Bergausläufern drang noch ungebändigter Urwald ein. Diese Kluft dort, dachte Debuisson mit einer flüchtigen, unbewußten Befriedigung, hatte einstmals Jonathan Svettenham, der Onkel seiner Mutter, gerodet. Nachher war wieder alles verkommen. Dann hatte sich

Collings' Vater von neuem den langen schmalen Landstreifen abgesteckt.

Ein anderer Mann war dieser Collings gewesen als heute sein sanfter Sohn. Der hatte noch einen Sohn heimlich von einer Irländerin. Das ahnte jeder und niemand. Die irischen Katholiken, die einstmals Cromwell nach Westindien verfrachtet hatte, hießen die weißen Sklaven; denn sie waren verachtet und wurden nur zur härtesten Arbeit verwendet. Der alte Collings hatte dem unehelichen Sohn scheinbar großzügig das verwilderte Land überlassen; der hatte sich daran totgerackert. Dessen Sohn war jener Swaby, den jetzt der Aufseher Glavish quälte; er zahlte an Glavish ab, was er unbedingt mußte, er hoffte sogar noch manchmal, daß er seine Schulden loswerden könne.

Die Raleigh-Farm, die Bering-Farm und die Collings-Farm stießen in einem Dreieck zusammen; die große Straße bog kurz vor der Raleigh-Farm nach der Bucht zu ab.

Debuisson hatte nicht mehr an ihr kurzes scharfes Gespräch gedacht, seitdem Sasportas seinen Augen entglitten war, und er dachte auch nicht mehr an Galloudecs Nachricht. Soviel, soweit er von hier aus sah, so vieles, so Abgelegenes ging ihm durch den Kopf. Es fiel ihm auch ein, wie günstig die Biegung der Landstraße an dieser Stelle für die Raleigh-Farm war, denn sie verkürzte den Weg zum Hafen. Dann hörte er auf, an Boden und Ernten, an Transporte und Häfen zu denken.

Eine Minute lang, vielleicht war es die erste Minute, seitdem er in Jamaika gelandet war, tat er nichts anderes, als den Anblick des Tales zu genießen. Wenn diese Minute nur zu verlängern wäre, die Minute, in der er mit Freude und Genugtuung, ohne Aufgabe, ohne Plan, ohne Auftrag über das weite, fruchtbare Tal sah! Um wieviel Zeit verlängern? In seinem Innern erwiderte eine listige, schwache, aber durchdringende Stimme, die durch seine Gedanken, seine republikanischen Gedanken wie durch eine Mauer schlüpften: Auf immer. – Dann wäre er hier kein Fremder, kein Abgesandter mit einer furchtbar schweren Mission, dann hätte er Anteil an diesem Tal und seinen Ernten, an dem Zuckerrohr, das noch nicht ganz reif war, noch nicht scharf raschelte; dann könnte er Berings Erbe werden, dann käme die Hinterlassenschaft seiner Mutter doch noch an ihn zurück; er würde die Andeutungen ernst nehmen, die ihm sein Großvater bisweilen über das Fräulein Elisabeth Raleigh machte, seine frechäugige, hochbeinige Nachbarin, die ihm im Grunde genommen besser gefiel als alle Pariser Frauen zusammen. Sein Ritt zu ihrem kranken Onkel wäre jetzt eine echte Berufspflicht, er unternähme sie nicht bloß wie all diese Krankenbesuche, um den Grund seines Aufenthalts zu verbergen. –

Er hörte Sasportas' Pferd, bevor er ihn sah. Dann kam kein Getrabe mehr. Sasportas wartete vor der letzten Biegung.

»Mein Freund, sei nicht böse auf mich. Ich ritt plötzlich davon, das kam über mich –« Debuisson sagte: »Schon gut.« – »Ich war verzweifelt«, gestand Sasportas, während sie das letzte Stück Weg, auf das Tor der Raleigh-Farm zu, langsam nebeneinander ritten. »Denn was du mir sagtest, war für mich wie ein Schlag. Es hat mich so schwer getroffen wie die Worte, die du mir nachts nach unserer Ankunft im ›Admiral Penn‹ gesagt hast. Wahrscheinlich hast du damals im Dunkeln gar nicht gemerkt, wie mich deine Worte trafen.«

»Was?«

»Wir seien von nun an allein, hast du gesagt, auf uns selbst gestellt, und kurz und schnell müßten wir handeln, auf eigene Verantwortung – wie der Kommissar in Haiti, Galloudec hatte von ihm erzählt –, dein Mund war auf meinem Ohr. Und ich, der ich die Bedeutung unseres Auftrags verstand, ich fühlte erst richtig bei deinen Worten, was es heißt, allein zu sein. Mir fiel auch ein, was du schon auf der Fahrt gesagt hattest: Daß wir mit Toussaint nicht rechnen könnten –«

Debuisson sagte: »Du hast ein gutes Gedächtnis.« Er fügte hinzu: »Wie du jetzt siehst, hab ich recht gehabt. Kaum ist er die Engländer los, wirft er sich auf die Mulatten.«

Sasportas sagte: »Die Engländer hofften, Mulatten und Neger könnten sich gegenseitig zugrunde richten. Galloudec lebt nicht umsonst bei den Crocrofts. Da kennt er sich aus –« Er biß sich auf die Zunge. Warum er schnell schluckte, was er hatte hinzufügen wollen, verstand er selbst nicht. Wäre ihm nicht vorhin Debuisson mit der erregenden Nachricht und allem, was daraus folgte, gekommen, dann hätte er sicher erzählt, was er wußte, sie hätten es gründlich auf ihrem Ritt durchgesprochen. Denn Sasportas war gestern von der Collings-Farm aus, nachdem er einen Totenschein für einen Feldsklaven ausgestellt hatte, zu Swaby geritten. Dort war er auf Galloudec gestoßen.

Galloudec war noch auf der Herfahrt Sasportas mit großer Zurüchhaltung, fast mit Mißtrauen begegnet. An Debuisson hing sein Herz. Jeden, der Debuisson nahestand, sah er mit einer Art Eifersucht an, er prüfte ihn heimlich, er fragte sich, ob der andere solcher Freundschaft wert sei. Doch das Verbot, die Bering-Farm zu besuchen, zusammen mit seiner Vereinsamung in dem Dorf an der Nordküste, in der fremden Mulattenfamilie, die Schwierigkeit der Nachrichtenübermittlung, die ihm oblag, der Zwang, den er sich ständig auferlegen mußte, machten ihn froh, wenn er Jean Sasportas dann und wann treffen konnte. Er wartete nicht nur auf die Nachrichten, die er dabei von Debuisson erhielt, der junge Mensch gefiel ihm nach gründlicher Aussprache, so wie er war. Er hatte ihm gestern erzählt, er kenne jetzt das Versteck einer beträchtlichen Sendung Waffen, die überflüssig geworden sei durch Toussaints Sieg und die Flucht des Mulattenführers Rigaud nach Europa.

Davon erwähnte Sasportas nichts. Er sagte noch einmal: »Ich hab es nicht fassen können, daß du alles zurücknehmen willst und unsere Vorbereitung für ungültig erklären und abwarten, was eine neue Regierung in Paris dazu sagt.«

Schon war das Hoftor sichtbar, das ihnen scheinbar den Weg versperrte. Sie hätten über die niedrige Mauer aus sonnengebrannten Ziegeln zu beiden Seiten springen können. Das Tor war aus Stein und reich verziert in spanischem Barock. Es war vielleicht der letzte Rest eines Palastes aus der Zeit der Eroberung, aus der Zeit Kolumbus', der zuerst auf dieser Insel gelandet war. Zwei Neger, die den Eingang bewacht oder geschlafen hatten, sprangen auf ihre Füße.

Debuisson stach dem ältesten Raleigh-Onkel, der fast jede Woche einen Schnelläufer mit einem Hilferuf auf die Bering-Farm schickte, ein neues Geschwür auf. Er ließ Jean am Bett des Patienten zurück.

Er ging in den Speisesaal. Die sorgfältig gerichtete Tafel, Möbel und Bilder hätte man ebenso auch im Landhaus der Londoner Raleighs finden können. Seidene Moskitonetze dämpften das Abendlicht, das plötzlich hinter den Fenstern glühte.

Elisabeth Raleigh war unter Knaben aufgewachsen. Es gab auch jetzt bei Tisch nur Brüder und Vettern bis auf ihre Tante, die Frau des Patienten. Zuerst stand ein Neger hinter jedem Stuhl. Nachdem die Gäste bedient waren, wurden sie alle zusammen hinausgeschickt.

Die hier haben verschiedenes gelernt, dachte Debuisson, von dem, was in Haiti passiert ist. Die hier haben verstanden, daß Neger nicht taubstumm sind, sondern nachts diskutieren, was die Weißen bei Tisch erzählen. Er verstand unter »die hier«, was er seit seinem Übergang auf die Seite der Revolution unter Herren und Sklavenhaltern verstand.

Nur eine sehr junge, kleine, fast schmächtige Negerin blieb im Saal, sie bediente Elisabeth und ihre Tante. Debuisson hielt sie zuerst für ein Kind, er sah ihre Brust, als sie sich bückte. Elisabeth befahl ihr nie etwas laut, sondern nur mit der Hand oder mit den Brauen.

Debuisson saß am Ende der Tafel, neben ihm saß ein ältlicher hagerer Vetter, an den man selten das Wort richtete. »Diese Kleine«, erklärte er Debuisson, »war früher andauernd im Kinderzimmer, Elisabeth war in sie vernarrt, ihre Mutter, als die noch lebte, erfüllte ihr jeden Wunsch. Es war ein Spaß, sie durcheinanderpurzeln zu sehen, den hellen Knäuel und den schwarzen.« – »Nachher? War das schwierig?« – »Was schwierig?« – »Der Kleinen beizubringen, daß sie nicht zum Spielen da ist?« – »Bei den Negerinnen passiert doch alles unglaublich früh«, sagte der Vetter, »das ist noch ein Kind und bekommt schon ein Kind, man muß sie rechtzeitig aus den Kinderzimmern entfernen. Elisabeth hat sich diese Ann später wieder herangeholt. Sie braucht ihr nie was zu sagen, die errät, was sie will.«

Als der Tischnachbar den Namen erwähnte, fiel es Debuisson ein, daß sein Großvater dasselbe Mädchen vor kurzem gerufen hatte. Ein Verwalter der Raleigh-Farm hatte sich etwas von Bloomfield, Berings Destillationsaufseher, erklären lassen. Er hatte bei dieser Gelegenheit sein Söhnchen auf dem Marktwagen mitgenommen, damit ihm der gebrochene Arm verbunden werde. Ann hatte den Knaben ins Haus getragen und aus dem Haus in den Wagen. Der Wagen war losgefahren, das Mädchen hatte auf einen Korb Gemüse für Elisabeths Tante gewartet und ihn auf dem Kopf in die Raleigh-Farm gebracht.

Debuisson hörte voll Widerwillen zu, was sein Tischnachbar sprach, er haßte das hagere Gesicht, das Landedelmannsgebaren, das dieser Raleigh-Vetter, obwohl man ihn in der Tischgesellschaft fast übersah, mit einer künstlichen Lässigkeit verband, die ihm in den Tropen angebracht erschien. Er überwand sich aber und sagte: »Ich weiß da wenig Bescheid. Ich bin fast ohne Familie aufgewachsen. Schwestern hab ich keine.«

Der Vetter fuhr fort: »Elisabeth wird einmal mit ihren Töchtern anders umgehen, als ihre Mutter mit ihr umging. Obgleich diese Dame, ich weiß nicht, ob Sie sie sahen, noch schöner, noch liebenswürdiger war, als Elisabeth heute ist. Hier geht niemand mehr so sorglos mit den Schwarzen um, wie es früher der Fall war. Wir haben Lehrgeld genug in den letzten Jahren bezahlt. Unsere werden nicht angesteckt von den Bestien in Haiti. Elisabeth weiß, wie man so was behandelt.«

Das Abendlicht war erloschen von einer Minute zur anderen. Zwei Sklaven gingen mit Kerzenanzündern im Saal herum. Ihre Schatten warfen sich über den Tisch wie riesige Gäste.

Sasportas trat ein. Ann war bisher den lautlosen Anweisungen ihrer Herrin gefolgt. Auf einmal verharrte sie in der Stellung, in der sie sein Erscheinen betroffen hatte: etwas gebückt, den Kopf erhoben, in der Hand ein Tuch, das vom Tisch gefallen war. Elisabeth sagte deutlich, weil das Mädchen ihren Wink nicht bemerkt hatte: »Bring ein Gedeck!«

Das Essen war inzwischen beendet, alle Herren erhoben sich, um in einem Nebenraum Karten zu spielen, vielleicht auch, weil es unklar war, an wessen Seite Sasportas als Arztgehilfe jetzt sitzen sollte. An Debuissons Stellung als Berings Enkel nahm niemand mehr Anstoß. Er galt schon wieder als Einheimischer.

Das hatte er heute abend selbst von neuem mit großer Befriedigung festgestellt. Wenn nur dieser Knabe, dieser Jean, in seiner Torheit, die er für republikanische Pflicht hielt, nicht alles gefährden würde! Wahrscheinlich hatte Jean den schwarzen Schmied Bedford auf der Collings-Farm zu schwierigen Zusammenkünften mit allen möglichen Leuten überredet. Bedford jagte vielleicht schon von einer Farm zur anderen, Gott weiß, was er alles im Schilde führte.

Im Schilde führte? Auf einmal hörte Debuisson, während man um ihn herum etwas überstürzt die Tafel verließ, eines anderen Debuissons Stimme, der sich an seine Seite gedrängt haben mußte, um ihm ins Ohr zu flüstern: Wir müssen so schnell wie möglich beginnen, damit sie nicht glauben, mit dem gewaltsamen Abtransport der besiegten Maronen sei jeder Aufstand unmöglich geworden. – Und er sah das Gesicht des jungen Sasportas, der ihn aufmerksam anhörte.

Es hatte sich nicht verändert, dieses Gesicht. Sasportas begrüßte gerade die zwei Frauen, die noch bei Tisch saßen. Er sagte, er sei bei dem Kranken geblieben, bis das Schlafmittel gewirkt habe. Die Tante ging jetzt hinaus. Debuisson sah Sasportas an, daß dieser ihm gern etwas mitgeteilt hätte. Er war froh, daß Elisabeth, ohne auf Sitten und Bräuche zu achten, gleichmütig um den Tisch herumging und ihn, ohne viel Federlesens, unter den Arm nahm.

Es war ein rundes Zimmer, in das sie ihn führte, das Erdgeschoß eines Turmes, der einmal als Wachturm gedient hatte. Jetzt waren die Wände und Polster weiß bezogen, in den Atlas waren goldene Fäden gewebt. Viele Kerzen brannten, Kristall und Licht machten das runde Zimmer taghell.

Er sah Elisabeth, die näher als je bei ihm saß, verwundert an. Ihr weißes Gesicht war glatt bis auf die fadendünnen Linien zu den Mundwinkeln, ihr beinah ständiges, etwas spöttisches Lächeln. »Ihr junger Freund, denn das ist er doch? Sasportas? Ihr Freund und Ihr Gehilfe?« fragte Elisabeth. »Er soll in Ruhe essen und trinken. Dann soll ihm die Kleine sein Zimmer zeigen. Sie übernachten wohl beide hier bei uns?« Debuisson antwortete: »Das war der Wunsch Ihrer Tante.« – »Für ihr Alter ist Ann ein wenig zurückgeblieben an Wuchs und Verstand«, sagte Elisabeth. Ihr Lächeln war schärfer geworden.

Debuisson hoffte, daß Jean sein Vorhaben vergessen würde, nachts auf die Collings-Farm zu gehen und sich mit Bedford auszusprechen. Wie die Dinge jetzt standen, war es am besten, halb angebahnte Beziehungen sich selbst zu überlassen. Dann würden sie bald im Sand verlaufen.

Plötzlich trat einer der jungen Raleighs ein. Er bat um Entschuldigung für die Störung, aber die Nachricht, die er erhalten hätte, sei außergewöhnlich und sonderbar, so daß er sie ihnen nicht vorenthalten wolle: Der General Bonaparte sei zurückgekehrt nach Frankreich. Er habe die alte Regierung gestürzt, er sei Konsul geworden.

Elisabeth fragte, was denn an dieser Nachricht so außergewöhnlich und sonderbar sei. Etwas Ähnliches begebe sich andauernd in Frankreich, ein Machthaber stürze den anderen.

Ihr Bruder antwortete, sie möge damit recht haben, aber es handele sich diesmal um einen Offizier, der viel von sich reden mache, soweit man dort von Offizieren sprechen könne. Denn die Ernennungen seien willkürlich, viele der Offiziere seien nur eine Art von Bandenführer, die nach Bedarf ein- und abgesetzt würden.

Debuisson, der seit seiner Ankunft auf der Raleigh-Farm auf diese Nachricht gewartet hatte, zeigte sich höchst überrascht; er schüttelte den Kopf; er murmelte etwas.

Der junge Raleigh versprach, nicht mehr zu stören, falls nicht eine neue erstaunliche Nachricht käme.

Elisabeth sagte, als sich die Tür hinter ihm geschlossen hatte: »Sie, Debuisson, haben nur meinen Brüdern erzählt, was Sie bei den Franzosen erlebten. Jetzt will ich auch alles wissen.«

Ann war ihm nicht erst auf der Bering-Farm begegnet, sie hatte Jean Sasportas schon vorher mehrmals gesehen. Kaum waren die Freunde gelandet, da sagten die Haussklaven, der Enkel des Rumdoktors kehre mit einem Gehilfen zurück, der jünger und stärker und sicher auch viel geschickter sei als er selbst. Ann war ans Tor gelaufen, wenn die beiden vorüberritten, sie hatte durch eine

Spalte geguckt, wenn die beiden hinauf ins Gutshaus kamen.

Als sie vor kurzem den kranken Sohn des Verwalters in Berings Haus tragen half, nahm ihr Jean vorsichtig das Kind aus den Armen und sprach mit ihr.

Sie hatte zuerst geglaubt, er richte das Wort an den weißen Knaben. Nein, er sprach mit ihr. Er redete ihr gut zu, im Glauben, sie sei aus Angst verwirrt: »Ich halte das Kind fest. Hab keine Angst!« Noch nie hatte jemand in solchem Ton mit ihr gesprochen.

Sie dachte noch oft, wenn sie zum Denken Zeit hatte, an diesen Ton. Sie rief sich die Worte, und wie sie geklungen hatten, ins Gedächtnis zurück. Sie erinnerte sich daran, wie sein Gesicht ihres gestreift hatte. Jean stellte sich oft das Mädchen vor, das gezittert hatte vor Scheu und Angst, er dachte an ihre Hände und an ihren kurzen schweren Blick, und er war verwirrt und unruhig und viel zu scheu, um sie zu suchen oder gar um rundum nach ihr zu fragen.

Von jeher verrichtete Ann jede Arbeit, die man ihr auftrug, leise, geschickt und geschwind. Bestraft worden war sie noch nie. Sie hatte aber schon mehrmals auf der Raleigh-Farm miterlebt, wie man Neger hart strafte. Einer war ausgepeitscht worden, ein anderer so lange in ein Kellerloch eingesperrt, daß er noch jetzt verdorrt und eingeschrumpft aussah wie ein ausgerissenes Kraut. Darum war ihr immerfort bang. Und seitdem die Kuba-Jäger mit ihren Hunden zur Jagd auf die Maronen in die Berge gezogen waren, lag auf ihrem Herzen die Angst wie Blei.

Weil sie Elisabeth Raleigh bediente, die Tag und Nacht bald dieses, bald jenes von ihr verlangte, war ihr Leben vollständig besetzt und zugleich abgesperrt und streng. Ihre Arbeit war manchmal leicht: Das Fräulein an- oder auskleiden, das Bett richten, bei Tisch auftragen; ein anderes Mal war ihre Arbeit erschöpfend: Man schickte sie, da sie leichtfüßig war und in der Aufwartung freundlich, bei Sonnenglut mit Geschenken beladen oder auch nur mit einer Nachricht oder einer vergessenen Kleinigkeit, auf fremde Farmen oder von einem Ende der Raleigh-Farm zum anderen.

Heute wollte das Fräulein Elisabeth ihren Gästen gefällig sein. Der Ältere würde wohl gern so lange wie möglich allein bei ihr sitzen, der Jüngere würde das Mädchen wohl nicht so schnell wegschicken. Ann hatte Sasportas auf sein Zimmer geführt. Beide hatten gehofft, daß es da oder dort doch so kommen würde. Er wartete stehend, und er sah ihren Händen zu, die das Moskitonetz vor das Fenster spannten. Dann spannte sie eins über das Bett und hob es an, damit er sich niederlege. Er streckte sich aus und hob gleichfalls das Netz, bis sie sich neben ihn legte.

Hier war es still wie in einer Schlucht in den Bergen, alles war weit fort hinter dem Nebel. –

Mit einer sanften Bewegung, um das Mädchen nicht zu erschrecken, erhob sich Sasportas, er sagte: »Gib genau acht! Ich muß fort. Du aber, du bleibst hier, so lange wie möglich. Wenn du nach drei Stunden durch das Haus gehst, dann sag: Er ist eben weg. – Kannst du das für mich tun?« – »Gewiß«, sagte Ann, »was du willst.« Er fragte: »Wie komme ich auf die große Straße, ohne daß man mich sieht?« – »Wohin willst du?« – »Auf die Collings-Farm.« – »Dann steig durchs Fenster. Dort bei der Akazie fällt das Land steil ab. Da kommst du viel schneller zu Collings als auf der großen Straße.«

Sie zeigte weder Neugier noch Angst. Sie half ihm beim Hinausklettern.

Elisabeth hatte noch lange mit Debuisson geschwatzt und getrunken. Sie saß aufrecht da. Ihr Gesicht wurde nicht müder, nicht weicher. Von Zeit zu Zeit dachte sich Debuisson einen neuen Fluch aus und warf ihn ihr stumm an den Kopf. Dann war er wieder sprachlos, gedankenlos. Elisabeth sagte lachend, als ob sie alles erraten hätte: »Wir müssen Schluß machen.« Die Kerzen waren heruntergebrannt. Das Morgenlicht funkelte in den Kristallen.

Als Debuisson sich endlich zu Bett legte, dachte er, da sein Freund nicht mehr zu ihm gekommen war: Dem geht es hier gut.

X

Er war erstaunt, als er mittags erfuhr, Sasportas sei schon unterwegs. Er sagte sofort, als er ihn am Abend in der Bering-Farm traf: »Du hast also doch noch den Bedford besucht?« – »Ja«, sagte Sasportas, »alles ging gut. Man hat ihn bis jetzt nicht erwischt.« – »Du hättest dir deine Gewissensbisse sparen können.« – Darauf sagte Sasportas nichts. Er rückte dicht an Debuisson heran, und er legte den Arm um seine Schulter, und er berichtete, während sie scheinbar gemeinsam in einem Buch lasen, wie sie es in solchen Fällen zu tun pflegten: »Es gibt auf der Collings-Farm zwei Sklaven – keine aus Bedfords Familie, andere, neue –, für die legt er die Hand ins Feuer. Er weiß auch schon, wen die Dudley-Farm schicken wird. Bis zur Svettenham-Farm ist er vorgestoßen, allein. Wen die Raleigh-Farm schicken wird, steht schon längst fest.«

Debuisson unterdrückte seinen Zorn mit großer Mühe. »Hab ich dir nicht gesagt, daß man alles abblasen muß?«

»Das hast du gesagt. Man kann es nicht mehr. Auch wenn ich Bedford nicht wiedergesehen hätte, sogar wenn wir alle drei, du, Galloudec und ich selbst, von dieser Insel verschwänden. Jetzt ist schon eine Bewegung da, von einer Farm zur anderen. Es würde auch ohne uns weitergehen. Darum frage ich dich, ob wir im Stich lassen dürfen, was wir begonnen haben?«

»Dürfen? Wir müssen!« – »Im Stich lassen?« – »Abstellen. Verschieben. Wir sind hier mit einem Auftrag gelandet, der unter anderen Voraussetzungen gegeben wurde, sowohl was das Vaterland betrifft, als auch den Ort, an den man uns schickte. Die aufsässige Bevölkerung im Innern der Insel, die bei der Erhebung eine starke Hilfe gewesen wäre, existiert nicht mehr –«

Jean unterbrach ihn so leise wie möglich und eben deshalb vor Erregung zischend: »Existieren auch keine Sklaven mehr?« – »Doch«, sagte Debuisson, nicht zischend, sondern völlig beherrscht, »hier und vielerorts. Die Frage ihrer Befreiung steht, hier und vielerorts. Nur, glaubst du denn wirklich, wir würden allein mit dieser Aufgabe fertig werden? Nicht wir lassen etwas im Stich. Wir werden im Stich gelassen. Von denen, auf die wir zählten. Darum ist es besser, wir lassen uns auf nichts ein, bis unser Auftrag von der neuen Regierung bestätigt wird oder, was ebenfalls möglich ist, zurückgezogen.«

Sasportas starrte ihn an. Dann sagte er ruhig, auch nicht mehr zischend, als sei er längst an Selbstbeherrschung gewöhnt: »Man kann vielleicht einen Auftrag zurückziehen, einen einzelnen kann man zurückgerufen. Man kann keine Unruhe, keine Bewegung ungeschehen machen. Bisher, wenn irgendwo eine Unruhe ausbrach, gegen Aristokraten und Grundbesitzer, gegen Herren und Könige, auch wenn wir sie gar nicht erwartet hatten, wir nahmen daran teil, wir halfen, wir übernahmen die Leitung –«

»Durchaus nicht in jedem Fall«, fing Debuisson wieder an, doch er zog dann nur die Brauen zusammen, als sei er schon im voraus ermüdet von Jeans erregtem, naivem Widerspruch. Er fragte: »Was schlägst du denn vor?« Sasportas erwiderte fast im alten Ton von Freundlichkeit: »Ich werde Galloudec aufsuchen, wenn es dir recht ist. Er muß wissen, wie weit die Vorbereitung einer Zusammenkunft in der Bagolischlucht schon gediehen ist, und er muß wissen, daß du es für richtig hältst, alles abzublasen.« Er wartete, aber Debuisson sagte nichts mehr.

Sasportas lag in der Nacht mit offenen Augen und dachte nach. Er fühlte sich völlig allein, zum erstenmal im Leben. Es war aber nicht das Alleinsein, das ihm Victor Debuisson klargemacht hatte, nachts, nach ihrer Ankunft in Jamaika. Damals hatte Sasportas erst richtig das Außergewöhnliche ihrer Lage begriffen. Die Verpflichtung einer geheimen Mission, wenn man mit der Heimat nur durch das Band eines Auftrags verknüpft bleibt. Jetzt gab es auch dieses Band nicht mehr. Der Auftrag sei hinfällig, behauptete Debuisson. Bisher hatte Jean den älteren Freund als ein Vorbild betrachtet.

Auf einmal verstand er, daß er von nun an ohne Vorbild und ohne Auftrag das Richtige finden und ausführen mußte.

Das kam ihm nicht schwer vor in dieser Nacht. Er dachte gar nicht über das Wie nach. Er dachte freudig und stolz, daß er von nun an ganz auf sich selbst gestellt sei und nach seinem Gewissen handeln müsse. Ihm war es gleichgültig, was jetzt in Paris die neue Regierung sagen würde, ein verwegen ehrgeiziger General.

Nach dem Sturz Robespierres war Sasportas bestürzt gewesen. Die Aufgabe aber, vor der er damals gestanden hatte, war dieselbe geblieben. – Das glaubte er wenigstens. Denn wäre er sonst mit Debuisson und Galloudec hierhergeschickt worden, um die Befreiung der englischen Sklaven vorzubereiten?

Jetzt wollte Debuisson alles im Sande verlaufen lassen, was sie angebahnt hatten. Es sei ohnedies unerheblich, es sei aussichtslos. Das war Debuissons Meinung.

Sasportas dachte: Wir haben Verbindungen zu einigen Farmen. Wenn wir sie aufgewühlt haben, und Cuffee bricht mit seinen Leuten los – das Beispiel von Haiti muß anstecken. Dort hat es auch plötzlich begonnen.

Er wünschte sich, Galloudec wiederzusehen, so schnell wie möglich. So stark war sein Bedürfnis, sich mit ihm auszusprechen – er erstickte beinahe an Fragen.

Debuisson lag nebenan wach. Seine Gedanken summten wie Fliegen, und er wälzte sich hin und her. Würde ihm Jean gehorchen? Sich ruhig verhalten, wenn er es ihm befahl? Er fühlte, daß sein Einfluß auf diesen jungen Menschen nachließ. Berauscht war Jean von allem, was er in Haiti erlebt hatte – das große Befreiungswunder. Jetzt glaubte Jean fest, es könne woanders genauso bewirkt werden. Die Regierung in Paris hatte selbst noch vor kurzem mit einem Negeraufstand gerechnet, vor allem, weil sie im Krieg mit England lag und weil sie Toussaint, der ihr zu selbstherrlich dünkte, zum Eingreifen zwingen wollte, wenn es hier in Jamaika losging. Es wird aber hier nicht losgehen, dachte Debuisson in der Dunkelheit. Die Zeit der Erhebungen, wie wir sie in Guadeloupe und Haiti erlebten, die ist vorbei. Was sich bis jetzt nicht erhoben hat, wird sich so leicht nicht mehr erheben. Die Sklaven steigen gehörig im Preis, erzählt mein Großvater, denn es geht ein Gerücht um, die Regierung verbiete bald die Zufuhr aus Afrika. Schlau sind die Landsleute meiner Mutter. Die fangen rechtzeitig ab, was droht. –

Galloudec muß ich erreichen, bevor ihm noch Jean den Kopf vollredet. Ich muß ihm ein paar Worte schicken. Nur was ich anordne, gelte. Ich sei als Leiter eingesetzt. Doch was bedeutet das, Leiter? Eingesetzt? Bonaparte hat sicher nicht nur die Regierung, er hat alle Leiter und alle Abteilungen und alle Ämter weggefegt. –

In diesem Augenblick gingen Debuisson und Sasportas, die getrennt wachten und nachdachten, noch einmal gemeinsam denselben Weg auf das Amt in Paris, den sie vor der Abfahrt gemacht hatten. Sie sahen jetzt beide zugleich in ihrer getrennten, von vielen verschiedenen Vorstellungen flimmernden Dunkelheit den gleichen Schreibtisch in einem Pariser Büro und den Mann hinter dem Schreibtisch. Der Mann drückte seine Stempel auf ihre Papiere. Dann erhob er sich, er wünschte ihnen Glück zur Reise.

Sasportas sah Antoines Gesicht besonders klar vor

sich. Er war überrascht gewesen, noch einmal auf ihn zu stoßen – es hatte ihm gutgetan –, in Antoines Händen wurde der letzte Stempel auf dem Papier zu einem echten Abschied. –

Auch der Mann, dachte Debuisson, der uns damals abfertigte, sitzt sicher nicht mehr in seinem Büro. Wir dürfen hier kein Leben riskieren, nicht unseres, nicht fremdes, für Unternehmungen, die vielleicht gar nicht mehr auf der Tagesordnung stehen. Darauf zu beharren könnte plötzlich bedeuten, gegen die eigene Regierung zu handeln.

Am nächsten Tag, als Jean durch die Farm ritt, machte ihm eine junge Feldsklavin, die er nicht kannte, verschiedene Zeichen. Er gab zuerst nicht darauf acht. Sie lief neben ihm her, dann überholte sie ihn. Er verstand schlecht, was sie sagte. Erst als er den Namen heraushörte, begriff er, daß ihm Ann eine Botschaft schickte.

Später erfuhr er, daß die Familie der Feldsklavin auf der Raleigh-Farm gearbeitet hatte. Sie war erst vor kurzem an Doktor Bering verkauft worden, das heißt, einer der Raleigh-Söhne hatte sie in Kingston im Spiel an Bering verloren. Die Feldsklavin war von klein auf mit Ann bekannt. Sie hatten sich irgendwie über die Gutsmauer weg verständigt: Ann erwarte ihn nachts, nicht weit von der Hütte, in der ihre Familie wohne.

Am selben Tag, einem Markttag, war Bering mit Douglas hinunter zum Hafen gefahren. Debuisson ritt allein zu seinem Patienten auf das Raleigh-Gut. Elisabeth überredete ihn zu einem gemeinsamen Ritt auf die Dudley-Farm, die an die Collings-Farm grenzt. Das Gutshaus der Dudleys lag nicht in der Mitte ihrer Plantage, sondern auf einem Hochplateau, so daß man die Ländereien überblicken konnte. Hier gab es mehrere lustige Mädchen, die Elisabeth gern bemutterte. Sie waren noch beinahe Kinder, jede war auf dem Sprung zum Erwachsensein, sie waren keinen Augenblick still, manche ihrer Bewegungen waren schon mädchenhaft. Es wimmelte in diesem Haus von witzigen, beweglichen Menschen. Bei Tisch hätten Vater und Brüder aus Debuisson gern alles herausgeholt, was die Neuerungen im Kochhaus seines Großvaters betraf. Doch Debuisson hütete diese Geheimnisse oder kannte sie gar nicht. Die Dudleys jedenfalls nahmen an, daß er sich unwissend stelle, sie zogen ihn auf. Sie lachten. Debuisson vergaß eine Stunde lang, warum er in Jamaika war. Dann fiel ihm ein, daß nach Sasportas' Bericht auch hier auf der Dudley-Farm ein Neger lebte, der zur Versammlung in der Bagolischlucht erwartet wurde. Er hatte bisher nicht auf die Neger achtgegeben, die hinter den Stühlen standen – hier waren die alten Sitten unverändert geblieben –, jetzt kam es ihm vor, als werde er behorcht und beobachtet.

Er machte Elisabeth ein Zeichen, es sei an der Zeit, aufzubrechen. Sie war sofort damit einverstanden.

Bei ihrer Rückkehr war die Familie, Tante, Brüder und Vettern, schon im Speisesaal versammelt. Die Kerzen wurden angezündet, auch in dem runden weißen Zimmer. Doch Debuisson nahm sich plötzlich vor, nicht mehr länger in diesem Haus zu bleiben. Er bedankte sich und verabschiedete sich.

Als er in der Bering-Farm ankam, lag Douglas zu seinem Erstaunen vor der Haustür. Er weckte ihn, ohne sich zu bücken, wenn auch nicht gerade durch einen Tritt; er stieß ihn ein paarmal leicht mit dem Stiefel an. Douglas sprang schließlich hoch. Er begrüßte ihn freudig erregt mit Ah und Oh. Was Debuisson im geheimen gehofft hatte, war geschehen. Der Doktor Bering vergnügte sich allein in der Stadt. Er hatte Douglas mit allerlei Einkäufen für seinen Verwalter Bloomfield auf Lucys Marktwagen heimgeschickt. Douglas versuchte Debuisson klarzumachen, ein großes Schiff sei gelandet. Es gäbe ein ungeheures Durcheinander drunten am Hafen.

Wenn mein Großvater zurückkommt, dachte Debuisson, dann bringt er einen Sack Neuigkeiten, dann werde ich mehr erfahren. »Zunächst darf nichts unternommen werden, nicht das geringste«, sagte er laut vor sich hin, mit einem Nachdruck, als ob man ihm widerspräche. Er dachte: Douglas werde ich unter dem Vorwand, ich bräuchte ein frisches Mittel gegen Raleighs Geschwüre, wieder hinunterschicken. Galloudec steckt noch in Knowles' Werkstatt.

Douglas war immer bereit, Debuisson einen Dienst zu tun, auch wenn er nicht gerade begeistert war, daß er die schöne Zeit ohne Arbeit und Herrn unterbrechen sollte. Sein Verstand war nicht stark entwickelt, er fühlte aber heraus, daß das Wichtige an dem Auftrag des jungen Herrn Debson nicht das Heilmittel war, sondern der Zettel, den er in Knowles' Werkstatt abgeben sollte. Gleichmütig versprach er, alles sofort zu besorgen.

Bevor Debuisson heimkam, hatte sich Douglas, nach seiner unerwartet raschen Rückkehr vom Hafen, herumgetrieben, da gerade keine Befehlsgewalt im Haus war, genascht, geschwatzt, gesüffelt. Er hatte dabei erfahren, die kleine Schwarze, die Fräulein Raleigh bediene, habe die Abwesenheit ihrer Herrin benutzt, um über die Mauer zu klettern und hier jemand zu treffen. Er gab keine Ruhe, bis er die Spur fand, und er ging ihr nach und kroch in der Dunkelheit hinter der Sklavensiedlung herum. Er staunte, weil sich der junge Weiße eine Mulde in einem Kranz Agaven zum Treffpunkt erwählt hatte. Er senkte die Augen, als hätte er Angst, ihr Glanz könne ihn verraten. Er war enttäuscht, weil sich das Mädchen bald wieder entfernte. Es lief nicht heim auf dem kürzesten Weg. Es sprang, die mondhellen Flächen vermeidend, von einem Gebüsch zum anderen. Weil es so klein und so rasch wie ein Vogel war, verschwand es fast sofort in dem Tal, in dem die drei Farmen zusammenstießen.

Douglas hatte sich aufgerichtet. Ein Groll saß ihm in

der Kehle. Doch spürte er keine Begierde. Verdrossen schlenderte er zum Gutshaus zurück.

Er sagte sich: Dummes Ding. Es hat auf der Raleigh-Farm eine vorzügliche Stelle. Die setzt es mir nichts, dir nichts aufs Spiel. Warum? Weil es dem jungen Herrn gehorcht, der unserem Herrn Debson gehorcht, dem Sohn meines früheren Herrn. – Sein Groll war beinah zur Wut geworden, als er sich vor Berings Tür gelegt hatte, um das Haus zu bewachen. Er hatte selbst nicht erklären können, was ihn erbitterte, auch wenn es jemand auf Erden gegeben hätte, der ihn beobachten und fragen würde. Als Debuisson plötzlich vor ihm stand, hatte er beinahe alles vergessen oder verschlafen.

Der Doktor Bering war sein dritter Herr. Er konnte sich kaum mehr an seinen ersten erinnern, an Jonathan Svettenham. Der war das Oberhaupt einer großen, auf den Antillen und in England berühmten Familie. Seine Söhne und Enkel fuhren mit ihren Frauen und Kindern zu den Hoffesten nach London; dort waren alle Vorbehalte längst überwunden. Der König wußte, was seine Krone dieser Familie verdankte; alle Svettenham-Töchter, frech und schön, waren auf ihren Farmen in Westindien aufgewachsen; sie machten in London kein Hehl daraus, daß sie stolz auf ihren Bukanier-Großvater waren; sie prahlten mit drei Verwandten, die man wegen Seeräuberei aufgehängt hatte.

Der Doktor Bering, der war in Jamaika als Schiffsarzt gelandet. Er ließ sich für immer nieder. Er wurde bald Leibarzt der großen Farmerfamilien. Er war unternehmend und jung, und er beschloß, so reich wie seine Patienten zu werden. Er verdrehte einer kleinen Verwandten der Svettenham-Mädchen den Kopf, die war aus London nur auf ein Jahr Besuch mitgefahren; sie war ziemlich töricht, schwächlich und kränklich. Sie starb bei der Geburt ihrer Tochter. Das Kind wurde sogleich nach London zu seinen Verwandten zurückgebracht.

Von nun an blieb Bering ledig. Er ging, wie er sagte, ganz in der Wissenschaft auf. Bald war sein Rum berühmt, sein Kochverfahren machte von sich reden auf allen Zuckerrohrplantagen, er vergrößerte langsam das Stück Land, das die Svettenhams ihm überlassen hatten, damit er es für seine Tochter verwalte.

Er hatte bald beide gänzlich vergessen, Mutter und Kind. Da kam seine Tochter plötzlich mit ihrem Mann, der Debuisson hieß, auf die Insel zurück, die sie die paar Wochen nach ihrer Geburt beherbergt hatte. In London hatte sie sich in den Franzosen verliebt. Der hatte in unbedeutender Stellung auf der Botschaft gearbeitet, aber er konnte die Stellung nicht halten, denn er spielte, verlor und zahlte nicht.

Sie war so schön und frech und schlau geworden wie alle Svettenham-Frauen. Und sie ließ sich auch nicht auf lange Gespräche mit ihrem Vater, dem Rumdoktor, ein, sie wandte sich sofort an den alten Jonathan Svettenham um Rat und Hilfe.

Der befahl Bering, mit dem Stück Land herauszurükken, das seiner Tochter zustand. Man lieh überdies dem jungen Paar etwas Geld, man überließ ihm Wirtschaftsgerät, Pferde, Maultiere, Vieh, Haus und Möbel und eine Sklavenfamilie. Man prägte Debuisson ein, er müsse alles zurückzahlen, ein einigermaßen brauchbarer Mann käme hier rasch auf seine Kosten.

Douglas gehörte zu der Sklavenfamilie, die Jonathan Svettenham dem jungen Paar zuwies.

Er war ein kräftiger, ausgewachsener Junge. Er hatte bisher den halben Tag lang herumgetrödelt; auf der Svettenham-Farm gab es viele überflüssige Schwarze. Aber Herr Debuisson benutzte den Douglas ausgiebig. Teils weil er seine Kraft brauchte, um schnell wieder zu Geld zu kommen, teils weil ihm der Umgang mit Sklaven neu war und er diese ungewohnte, unbeschränkte Menschenverwendung freudig verwundert ausprobierte.

Das Paar war zufrieden, verliebt und lustig. Es bekam

einen Sohn. Seine Ernten wurden flüssig in Berings Kochhaus, und es war erstaunt, wie leicht man hier gehörig verdiente.

Ob Debuisson wieder gespielt und alles wieder verloren hatte – das kam nicht mehr heraus. Von einem Gastmahl am Hafen kehrten sie nicht zurück. Ein Erdbeben hatte das Gasthaus zertrümmert, und aus den Trümmern zog man die Gäste. Die meisten waren noch lebend, mit zerbrochenen Knochen, mit blutigen Festkleidern, fünf waren vollständig zerquetscht: der alte Jonathan Svettenham, seine Lieblingsenkelin, der Vater der Elisabeth Raleigh und das junge Paar Debuisson.

Der Doktor Bering, der bei demselben Gastmahl gesessen, aber keinen Schaden erlitten hatte, fuhr nachdenklich auf seine Plantage zurück. Sein Besitz hatte sich wieder gerundet. Der Zipfel Land der toten Tochter kam noch einmal unter seine Verwaltung. Er redete den Svettenham-Erben ein – der alte Jonathan hätte ihn ausgelacht –, das Paar habe unsinnig viel geliehen für Möbel, Kleider und Fuhrwerke, ihm, Bering, falle die Hinterlassenschaft zu. –

Jetzt kam Douglas in Berings Besitz. Er gefiel dem Doktor, weil er so groß gewachsen war und sich gut ausnahm als Türhüter und als Begleiter auf Reisen.

Inzwischen war Douglas' Mutter gestorben. Bruder und Vater überließ Bering einem Händler als strittige Restzahlung; der Mann brauchte ohnedies für seinen Transport zum Hafen geschickte Lastträger.

Douglas gefiel es bei seinem neuen Herrn. Besonders wenn er ihn mit seinem letzten verglich, der bei dem Erdbeben umgekommen war. Der hatte ihn hin und her gehetzt, der hatte ihn mehrmals festbinden und schlagen lassen. Fand ihn Bering betrunken vor der Tür, dann brüllte er: »Dich knall ich ab, dann wachst du gar nicht mehr auf!« Geriet Bering bei Tisch in Wut über Douglas' Dummheit, dann brüllte er: »Bück dich!«, und er schlug ihm selbst mit der Faust ins Gesicht.

Die Arbeit war meistens leicht. Es gab auf der Insel ein neues Gesetz, das dem Arzt jedes Kirchspiels vorschrieb, Kranke zu betreuen und Tote anzumelden, Weiße und Schwarze. Fuhr Bering in die Stadt, dann stand Douglas auf seinem Trittbrett turmhoch über Kutsche und Pferd.

Als Douglas von den Maronen erzählen hörte, von Überfällen und Kämpfen im Innern der Insel, war er froh, daß Berings Farm am Rande der Insel lag. Er erstarrte vor Angst und Entsetzen, als die kubanischen Jäger mit ihrer Meute, die man bis zum Gutshaus jaulen hörte, über die große Straße zogen. Besonders fürchtete er, daß sich solche Hunde verlaufen und auf die Bering-Farm springen könnten. Und er atmete auf, als Doktor Bering sagte, die Maronen hätten klein beigegeben. Er stellte sich die Kämpfe der Sklaven in Haiti so ähnlich vor wie einen Überfall der Maronen. Dort sei die ganze Insel, glaubte er, von solchen Wilden zerstört worden.

Er geriet von neuem in Angst, als er von dem Überfall auf die Svettenham-Farm, den kürzlich die Cuffee-Leute gewagt hatten, erzählen hörte. Doch er war überzeugt, daß trotz einiger Mißgeschicke die Weißen zum Schluß alle erledigen würden, Maronen, Cuffee-Bande und Haiti.

Wenn sich auch Douglas andauernd herumtrieb und mit allen möglichen Leuten schwatzte und deshalb glaubte, er sei auf dem laufenden über alle Merkwürdigkeiten, so wurden doch in Wahrheit schwere Gedanken vor ihm wohlweislich verschwiegen. –

Der Aufseher Myrtle hatte einen Neger auspeitschen lassen; der war bald darauf durchgebrannt. Es hieß, ein schwarzer, doch freier Händler, der auf den Farmen herumzog und selbstgebranntes Geschirr verkaufte, hätte ihm zur Flucht verholfen. Wenn er noch Anschluß an die Maronen gefunden hat, sagte sich Douglas, dann ist er mit diesen zusammen erledigt worden. Hat er an Häuptling Cuffee Anschluß gefunden, dann wird er auch bald erledigt sein.

Sein ehemaliger Herr, Debuisson, war ihm zuwider gewesen. Er hatte aber Debuissons kleinen Sohn Victor ins Herz geschlossen. Doktor Bering ärgerte sich, wenn ihm der Junge, der nun einmal sein Enkel war, zwischen den Füßen herumkroch. Douglas schleppte ihn rechtzeitig weg und versteckte ihn und spielte mit ihm; lag er vor der Tür, dann kroch der Junge auf ihm herum wie auf einem mächtigen Büffel.

Fröhlich und freundlich blieb dieser weiße Knabe auch später, wenn er in den Ferien auf Berings Farm kam. Er kam immer seltener; für Douglas war es jedesmal ein Wiedersehensfest.

Bei der Nachricht, die Franzosen hätten den jungen Herrn Debson erschossen, weinte er heiße Tränen. Als eines Tages Herr Bering sagte, der junge Herr sei am Leben und komme wieder, sprang er herum vor Freude.

Jetzt war Herr Debson auf der Farm und nicht nur auf Besuch. Mit ihm war ein fremder junger Weißer eingezogen, der kein richtiger Diener war und auch kein richtiger Herr. Debson, der hatte immerhin eine verständliche Herrensprache, der sagte: Douglas, tu dies! Douglas, tu das! – und man wußte, woran man war. Der fremde Weiße sprach so sachte, als täte ihm selbst seine Stimme weh, wenn er sie nur ein bißchen hob. Debson saß aber immer dicht bei ihm, flüsterte mit ihm, las mit ihm in einem Buch, und sie ritten zusammen aus, heilten zusammen Kranke. Debson ging zwar genauso freundlich wie früher mit Douglas um, aber er hing nicht mehr stark an ihm, das spürte Douglas, er hing jetzt stark an dem fremden jungen Weißen, den er mitgebracht hatte. Dieser Mensch hatte sich irgendwie Debsons Herz zu verschaffen gewußt; er hatte sich auch im Handumdrehen die Schwarze von der Raleigh-Farm zu verschaffen gewußt.

Doch Douglas hing immer noch an Debson, der auf ihm herumgekrochen war wie auf einem Büffel. Jetzt war zwar Herr Bering sein Herr, ein guter Herr, den er durchaus nicht tauschen wollte; er sagte aber Herrn Bering nichts, wenn ihn Debson zum Beispiel in Knowles' Werkstatt schickte. Wenn ihm dort der Mann, den Doktor Bering nie mehr auf der Farm sehen wollte, einen Brief für Herrn Debson mitgab, sagte Douglas auch nichts davon, obwohl ihm niemand ausdrücklich befahl, darüber zu schweigen.

Sasportas hatte für die Bedeutung der Zeit, ihr Maß, ihren Ablauf beinahe so wenig Verständnis wie seine Geliebte. Sich nach den Sternen zu richten – das hatte er hier gelernt, er wußte bei einem Aufblick, wieviel Nacht schon vergangen war. Er rechnete aber nicht nach, ob ihre Zusammengehörigkeit seit Tagen oder seit Wochen bestand.

Ohne Erstaunen hatte sich Ann auf den Weg gemacht. Sie hatte bei der dringlichen Bitte keine Zeit mehr, sich darum zu kümmern, daß sie unmöglich von einem so weiten Weg pünktlich zurückkommen könnte. –

Galloudec hatte inzwischen sein Bleiben in Knowles' Werkstatt etwas hinausgezögert, weil er sich sagte, wahrscheinlich versuche Debuisson auf die Nachricht hin, die er geschickt hatte, mit ihm in Verbindung zu kommen. Als Douglas erschien, überflog er den Brief und sagte: »Schon gut.« Sonst nichts. Dann brach er auf.

Er hatte jahrelang eine uneingeschränkte Achtung für Debuisson gespürt – seit dessen Übertritt auf die Seite der Republikaner, als der Kampf noch ungewiß war. Seine Achtung war noch bestärkt worden durch den Entschluß Debuissons, nach Jamaika zurückzukehren, um dort die Sklavenbefreiung vorzubereiten. Er war auf Sasportas eifersüchtig gewesen, weil dieser junge, unerfahrene Mensch Debuisson begleiten durfte und mit ihm zusammen leben.

Als er sich jetzt auf dem Heimweg nach der Annotta Bay Debuissons Zeilen durch den Kopf gehen ließ, fühlte er dessen Zögern heraus, den Unwillen, auf dem begonnenen Wege weiterzugehen. Zwar mußte Debuisson darauf gefaßt sein, daß Fremde den Brief vor Augen bekamen, und darum ermahnte er Galloudec nur, sich an ihre Abmachungen zu halten, als beträfen sie ausschließlich Berings Verbot, sich auf der Farm zu zeigen. Galloudec erinnerte sich an ihr letztes Zusammensein, an die Anweisungen, die ihm schon damals Debuisson, gewiß aus berechtigter Vorsicht, gegeben hatte. Doch kam es Galloudec heute vor, als lasse sich Debuisson von seiner alten Umgebung einkreisen. Es war ihm vielleicht unbewußt willkommen, wenn er von Paris aus gebremst wurde.

Galloudec verfluchte den langen Weg zur Werft, dazu noch mit einem Maultiertransport, den er nicht verweigert hatte, um keinen Verdacht zu erregen. Bei seiner Ankunft rief ihm Jack, der ältere Crocroft, vergnügt entgegen, das Negermädchen, das ihn erwarte, sei gar nicht übel.

In dem Brief, den ihm Ann schnell zusteckte, gab Sasportas Ort und Stunde an, die für ein Zusammentreffen geeignet waren. Er möge Robert in kurzen Abständen in die Schmiede zu Bedford schicken.

Diese Nachricht bedenkend, strich Galloudec über das Haar des Mädchens. Ann war zu erschöpft, um auch nur zu lächeln. –

Man hatte inzwischen auf der Raleigh-Farm überall nach ihr gesucht. Am zweiten Morgen tauchte sie stöhnend in einer Gärtnerei am äußersten Ende der Farm auf; sie log, ihr Fuß sei verstaucht, sie hätte die Nacht durch um Hilfe gerufen. Man trug sie zu dem Fräulein Elisabeth Raleigh. Die sagte sofort, sie glaube kein Wort von dem Gerede, und wenn Ann jetzt nicht fest mit beiden Füßen auftrete, dann würde sie durchgeprügelt werden. Als Ann ihre Lüge eingestanden hatte, wurde sie in das stickige Kellerloch gesperrt, das als Gefängnis diente.

Davor hatte sich Ann ihr Lebtag gefürchtet. Jetzt dachte sie, das sei das Geringste, was sie erwartet hätte. Sie schlief in sich zusammengerollt, da man in dem vergitterten Loch weder stehen noch liegen konnte. Das Gitter war eng wie ein Dickicht. Sie dachte, soviel sie wollte, an ihr letztes Zusammensein, furchtlos und froh. Elisabeth aber, in ihrem Ärger, beschloß, die kleine Schwarze einem der Dudley-Mädchen zu schenken.

XI

Viel und rasch hatte Bedford gelernt, der junge Sklave, der auf Geheiß des Aufsehers Glavish allein die verwaiste Schmiede besorgte.

Jedem anderen als Bedford wäre es undurchführbar erschienen, eine Zusammenkunft von mehreren ausgewählten Negern in der Bagolischlucht zustande zu bringen. Der Ort mußte geheim bleiben und jeder Name auf der betreffenden Farm; jeder Weg war mit Gefahr verknüpft, sogar mit Todesgefahr, das Verlassen der Farm und die Rückkehr. Doch Bedford war es nicht einmal klar, wie groß sein eigener Anteil an diesem Unternehmen war. Es konnte nur wenigen gelingen, die Ausdauer besaßen und Menschenkenntnis und Klugheit und Mut, und er war einer der wenigen. Er wußte nicht, daß die meisten Ereignisse, an die sich die Menschen für immer erinnern, mit solchen Zusammenkünften begonnen hatten, selbst wenn sie zu nichts führten; sie haben das Leben in Fluß gehalten, das sonst versickern würde.

In Debuissons Auftrag hatte ihm Sasportas mitgeteilt – in jener Nacht, die er mit Debuisson auf der Raleigh-Farm verbringen sollte –, es sei wohl besser, die geplante Zusammenkunft zu verschieben. Dazu sei es zu spät, hatte Bedford erwidert, er hatte Sasportas bei der Antwort starr angeblickt, sein Inneres war getroffen. Er hatte sogleich herausgespürt, daß die Weißen zu zögern begannen. Sicher begann ihr Häuptling zu zögern, den er nie zu Gesicht bekommen hatte; Sasportas aber gehorchte ihm, das hielt Bedford für ausgemacht. Seitdem ihn Sasportas in jener Nacht verlassen hatte, rechnete Bedford damit, daß ihn die Weißen im Stich lassen wurden. Er rechnete stärker als bisher mit seinem Tod. Er rechnete zwar damit andauernd, bei jedem Wagnis, jedem verbotenen Unternehmen, und auch alltags bei allen möglichen sinnlosen Befehlen, so daß er schließlich doch nicht mehr an den Tod dachte. Nur gegen den Gedanken, daß ihn Sasportas im Stich lassen könnte, stemmte sich sein Herz.

Inzwischen war es ihm auch gelungen, Cuffee zu sehen. Oft war er in die Bagolischlucht eingedrungen, um einen Weg zu Cuffee aufzuspüren. Er hatte umsonst die Wasserfälle umklettert, die die Schlucht versperrten. Doch ihre Zusammenkunft war anders geworden, als er sich's vorgestellt hatte.

Frühmorgens war eine Gruppe Männer, die er für Weiße gehalten hatte, mit drei Sklaven in der Schmiede erschienen; er hatte einige Pferde beschlagen müssen. Sie hatten sich eilig davongemacht, bevor er fertig war. Zwei Pferde waren mit einem Schwarzen zurückgeblieben. Plötzlich hatte der Neger gesagt: »Du bist Bedford!« – »Ja.« – »Du hast Cuffee gesucht?« – »Ja.« – »Warum?« – »Er gefällt mir, er ist ein tapferer Neger.« – »Bist du ein tapferer Neger?« – »Ja.« – »Willst du wissen, wie Cuffee aussieht?« – »Ja.« – »Er sieht aus wie ich.« Bedford machte ein Zeichen von Ehrerbietung. Cuffee war viel kleiner als er, sah hager, gehetzt aus. Sein Gesicht war zerknittert und böse. Er war ausgepeitscht worden, das wußte Bedford, bevor er geflohen war. Seine Augen glühten. »Warte nicht, Bedford, bis es für dich zu spät ist. Auf was wartest du? Traue nie den Weißen, komm schnell zu uns, oder wir kommen herunter zu dir. Sei sicher, wir kommen.« – »Es gibt auch Weiße, die gut sind. Ich kenne selbst einen Weißen, der hilft uns.« – »Ein Weißer? Womit? Warum?« – »Da kommt der Verwalter!«

Glavish stand vor der Schmiede. Er sah eine Minute zu. »Wem gehörst du?« – »Dem jungen Herrn Svettenham,

Herr.« – »Was hast du denn hier zu suchen?« – »Die Herren sind zum Hafen, Herr.« – »Eile dich gefälligst, du. Was feixt du denn, Neger?« – »Ach, Herr«, sagte Cuffee demütig mit seinen glühenden Augen, »ich feixe nicht, mein Maul hat man mir bloß eingerissen.« – »Nicht weit genug«, sagte Glavish, »nicht bis zum Ohr, nur auf einer Seite.« Er ging seines Weges. »Wozu erträgst du das Viech«, sagte Cuffee leise, »komm gleich mit uns.« – »Ich kann nicht«, erwiderte Bedford, »sehr viele Neger erwarten mich, ich versprach wiederzukommen, wir werden uns bald alle in einer Stunde erheben; in Haiti fing es genauso an, du, Cuffee, du steigst dann von den Bergen herunter –« – »Ich steige bald einmal von den Bergen herunter, wer will, geht dann mit mir zurück –« – »Wir anderen, wir werden, wie in Haiti, von einer Farm zur anderen ziehen –«

Einer der kleinen Buben pfiff zur Warnung. Sofort fiel der Schatten Glavishs abermals in die Schmiede; der Morgen war bereits hell und klar. Noch bevor Glavish zu schimpfen begann, hatte der fremde Schwarze die Pferde zusammengeknüpft; er war plötzlich auf und davon. Glavish starrte das Geld an, das er im letzten Augenblick hingelegt hatte. Es war der Lohn, der für diese Arbeit vereinbart war. Glavish steckte ihn ein, er lächelte, weil es zuviel war.

Der Doktor Bering hatte am Hafen nur erfahren, daß Bonaparte aufs gründlichste ausfegen würde. Manche Leute hatten gesagt: Vielleicht gibt es jetzt mal Frieden mit den Franzosen; die anderen, weitaus die meisten, hatten gesagt: Einer ist dort wie der andere, die bringen sich gegenseitig um, für uns ist das gar nicht schlecht.

Victor Debuisson schüttelte den Kopf, weil nun auch die Post ausblieb, die ihnen bisher der Amerikaner regelmäßig aus Haiti besorgt hatte.

Heuchelt er? Warum heuchelt er, fragte sich Jean Sasportas. Statt fester Aufträge gab es heute nur einen unausgesprochenen Rat: Schlag dich irgendwie durch, oder tu, was du für richtig hältst.

Der Doktor hatte eine französische Zeitung bei dem Emigranten ergattert, der in der Straße der Handwerker, Galloudecs Beispiel folgend, im Dienste eines Mulatten Stellung angenommen hatte. Debuisson und Sasportas fanden darin in einer der ersten Listen der neuen Ernennungen einen gewissen Cervin als hohen Beamten wieder. Plötzlich fiel ihnen ein: Der hatte vor ihrer Abfahrt ihre Papiere geprüft. Das Amt, in dem dieser Cervin mit Antoine zusammengearbeitet hatte, schien es nicht mehr zu geben. Alles war aufgelöst oder umgruppiert, neu besetzt oder neu benannt.

Sasportas dachte: Wäre Debuisson ehrlich, würde er sagen: Ich kann hierbleiben. Bleib du mit mir hier. Wenn du das nicht willst, dann fahre über Kuba nach Florida und von dort aus nach Frankreich. Über Haiti kannst du nicht fahren. Mit dieser Reise würdest du mich, der künftig hierbleiben will, nur gefährden.

Debuisson sagte: »Man hat uns auch in Haiti vergessen. Der Kommissar Hédouville, der mit uns auf die Antillen fuhr, ist sicher längst nach Frankreich zurück. Dieser Toussaint hat einen französischen Kommissar nach dem anderen zurückgeschickt. Er will keine Anweisungen. Ihm ist nur seine Insel wichtig.«

Das Gesetz, das die Farmer verpflichtete, Todesfälle auf ihrem Gebiet anzumelden, verschaffte Sasportas ein Wiedersehen mit Galloudec, schneller, als er gehofft hatte.

Eines der Svettenhamschen Güter lag, von der großen Plantage abgetrennt, an der Nordküste. Dort gab es sogar einen kleinen Hafen, der für den Transport nach Kuba bestimmt war. In den Negerbaracken dieses nördlichen Gutes war eine Seuche ausgebrochen, die zahlreiche Opfer forderte, besonders unter den Kindern. Sasportas begleitete Debuisson auf der Reise.

Inzwischen hatte sich Robert Crocroft auf Galloudecs

Bitte mehrmals in der Schmiede zu schaffen gemacht, damit ihn eine Botschaft Sasportas' ohne Verzug erreiche. Zwar hielt es Galloudec nach wie vor für geraten, sich nicht in der Schmiede zu zeigen, doch Crocroft teilte Bedford mit, der Franzose hätte seine Freunde auf der Insel keine Minute aus den Augen verloren.

Gleich zu Beginn ihrer Reise fand Sasportas Gelegenheit, vor der Schmiede zu halten, um einige Fragen an Bedford zu stellen. Bedford, mit verschlossenem Gesicht, aber mit kurzen, einzelnen, forschenden Blicken, erzählte ihm, Collings hätte in Vorbereitung der Ernte drei neue Sklaven gekauft, die seien noch unten am Hafen, doch wenn sie hier ankämen, was jede Stunde geschehen könne, würden sie sicher an jedem Aufstand teilnehmen, sie seien frisch aus der Freiheit gekauft und hertransportiert wie seine eigenen Großeltern.

Was sie in der Bagolischlucht beschlossen hätten, fragte Jean Sasportas. Bedford antwortete nicht gleich, und Jean fühlte aus diesem Zögern, daß sich Bedfords Bereitschaft, seinem Rat zu gehorchen, ja sein Bedürfnis nach Rat, vermindert hatte. »Daß wir uns frei machen wie die in Haiti«, erwiderte Bedford. Er fügte hinzu: »Du wirst es spüren, was wir beschlossen haben«, und er war nicht bereit, mehr zu sagen zu Sasportas' Enttäuschung und Kummer. –

An ihrem Reiseziel, der nördlichen Svettenham-Farm, war ein Gottesdienst festgesetzt worden. Der Geistliche hatte ausdrücklich darum ersucht. Hier waren die Neger schon in der zweiten Generation in Arbeit. Bei ihrer Ankunft waren sie alle getauft worden. Wenn sie nicht ihrer Verzweiflung in der Kirche Luft machen könnten, sagte der Geistliche, fielen sie schnell zurück in heidnische Bräuche und liefen nachts in die Berge zu verbotenen Götzendiensten.

Herr Svettenham kam, ein Enkel des alten Jonathan. Er hatte die durch die Seuche ausgefallenen Neger bereits ergänzt. Recht überstürzt, befürchtete er. Er sei mit seinem Sklavenbestand zufrieden gewesen und hätte auch vor der Ernte nichts dazukaufen wollen. Nun seien die Unkosten groß, die stärksten Neger seien schon vor der Auktion für einige Farmer zurückgestellt worden. Auf einen der mächtigen Kerle, die Dudley besäße, kämen zwei kleine magere Schwarze.

Debuisson tröstete ihn. Es gäbe sogar auf der Bering-Farm Kranke und wahrscheinlich Todesfälle, bis sie zurückkämen, obwohl sein Großvater, wenn er auch geizig sei, den Rum ausgiebig fließen lasse, den er als ausgezeichnetes Mittel gegen das gelbe Fieber und jedes andere betrachte.

Dieses Gespräch machte ihnen selbst Lust zum Trinken, sie blieben bis in die Nacht zusammen hocken. Niemand gab auf Sasportas acht. Der ruderte an die Landzunge, auf der sein Treffpunkt lag. Sie gehörte zu dieser Farm, war aber unbewohnt und verwildert. Galloudec kam aus einem nahen Dorf, das San Angel hieß, wie die zerstörte spanische Stadt, von der es der Rest war.

Beide stellten sofort fest, da ihnen keine Zeit blieb zu Beschönigungen und mildernden Erwägungen, jeder von ihnen sei bei der Nachricht, Bonaparte hätte die Macht ergriffen, von Zweifel erfaßt worden, wie sich Debuisson dazu verhalten werde. Würde er rasch vorgehen, um eine vollendete Tatsache zu schaffen, oder warten und vorsichtig sein, um nichts zu riskieren? Sie stellten auch fest, was jeder von ihnen allein erwogen hatte, es müsse zweierlei Mut geben. Galloudec sagte: sogar dreierlei, viererlei, ja vielerlei; denn hätte sich nicht derselbe Debuisson entschieden vorgewagt, das Gepäck seiner Herkunft ganz über Bord geworfen, unter dem übermannenden Eindruck des entschlossenen republikanischen Vorgehens, unter Hugues auf Guadeloupe, während er jetzt das Leichteste, Ungefährlichste wähle und sich wieder auf seine Herkunft zurückziehe?

Sasportas berichtete, Bedford sei stark enttäuscht, und er rechne nicht mehr mit ihrer Hilfe.

Das sei kein Grund, erwiderte Galloudec, ihn allein zu lassen, und den vorbereiteten Aufstand zu dämpfen. Vielmehr sei es gut, um Bedfords Vertrauen frisch zu gewinnen, ihm bald das Waffendepot anzubieten, das die Mulatten für Rigaud auf Haiti bereitet hatten. Cuffee, der würde sicher Gebrauch davon machen. Und Bedford müsse Mittel und Wege finde, ihn davon in Kenntnis zu setzen.

Sie waren sich einig, Galloudec und Sasportas, den Negern beizustehen – das sei ihre Pflicht. Wenn dabei einem von ihnen etwas zustöße, möge der andere daheim berichten, sein Freund hätte, soweit es möglich gewesen sei, seinen Auftrag erfüllt. Sasportas sagte: »Wenn mir etwas zustoßen sollte, dann geh in das Büro, in dem man uns die Papiere vor der Abfahrt ausgestellt hat. Dort findest du Antoine, meinen Freund, einen guten Bürger, der sich gewiß nicht verändert hat.«

So kurz sie zusammengewesen waren, beide empfanden auf ihrem Rückweg ein starkes Gefühl von Kraft und von Dankbarkeit, daß auch der andere mit ihm auf der Welt war. –

In den nächsten paar Tagen besuchten Sasportas und Debuisson einige Farmen und Siedlungen, die auf ihrem Weg lagen. Es gab fast überall Todesfälle. Auf der Collings-Farm waren inzwischen die neuerstandenen Sklaven eingetroffen. Sie ritten zuletzt auf die Raleigh-Farm. Einer der Vettern fieberte stark, vielleicht war er angesteckt worden, vielleicht war es eine unerhebliche Krankheit. Elisabeth nahm Debuisson beiseite: »Erklären Sie bitte Ihrem Gehilfen, er hätte mir nie meine kleine Schwarze von der Arbeit wegrufen dürfen. Sagen Sie ihm, die renne jetzt schon auf die Collings-Farm und noch weiter hinauf, was mir nicht paßt. Ich versprach sie dem Fräulein Dudley.«

XII

Es geschah eine Woche nach ihrer Rückkehr. Der Doktor Bering stürzte in das Zimmer, in dem Debuisson schlief. »Es brennt!« Sein Aufseher Myrtle hatte den Feuerschein auf dem nächtlichen Rundritt wahrgenommen, da, wo sich die drei Farmen berührten.

Auf Berings Befehl brach Debuisson sofort auf, um mit Myrtle die nötige Arbeit zu überwachen. Das gefährdete Stück, die Spitze des Drei-Farmen-Dreiecks, mußte durch einen Graben abgetrennt werden. Zugleich ließ Bering das Kernstück seiner Plantage, das überall Rumdorf hieß, mit Mühle und Kochhaus und Destillation, durch Gräben sichern. Man sah hier durchaus kein Feuer. Man hörte aber Alarmglocken und Hörner, Geschrei und Herumgerenne. Alle Neger mit Frauen und Kindern waren schon längst auf den Beinen.

Bering hielt Sasportas zurück: »Sie helfen Bloomfield!« Er gab seine Befehle mit dünner, durchdringender Stimme. Er blieb nüchtern, obwohl er eine Menge trank. Es war die Gefahr, die ihn munter machte.

Er hatte immer viel von Bloomfield gehalten, dem das Rumdorf unterstand. In dieser Nacht stellte er noch einmal fest, daß Bloomfield seine Sache vorzüglich machte. Wenn hier auch keine Spur von Brand zu erblicken war, Bloomfield schrie seinen Negern zu, das Feuer käme näher und näher. »Es wird euch einholen, wenn ihr nicht schnell genug grabt, ich sperre euch ab, ich jage euch hinter den Feuergraben.« Und gleichzeitig ließ er Fässer anrollen, und er stellte sie in Abständen auf, und er versprach, sie öffnen zu lassen, sobald der befohlene Teil des Grabens beendet sei. Er hieb auch kräftig mit seiner Peitsche vom Pferd herunter, er schrie: »Desto eher kommt ihr an euer Faß!« – Douglas lief mit Aufträgen zwischen Bering und Bloomfield hin und her. Er keuchte, er schnaubte. Er gefiel sich in seiner Rolle. Er wischte durch, wenn Bloomfield gegen ihn schlug, war aber zur Stelle, sobald ein Faß geöffnet wurde.

Als sich die Frauen und Knaben verschnauften und die Arbeit etwas langsamer vor sich ging, ritt Bloomfield die Reihe schneller ab, er traf Sasportas, er rief: »Herr! Schlagen Sie zu!« Er wartete einen Augenblick, Sasportas rührte sich nicht.

»So«, sagte Bloomfield; es klatschte. Er sah Sasportas kurz mit Geringschätzung an. –

Debuisson hatte die Brandstelle schon erblickt, bevor er bei Myrtle angelangt war. Es schien ihm, in der Luft kreise ein Wirbel von brennendem Stroh, der breite sich ständig aus und verfärbe die Nacht. Myrtle rief ihm entgegen: »Bewachen Sie dieses Stück!«, und er ritt in entgegengesetzter Richtung, drehte sich aber nochmals im Sattel um und rief Debuisson zu: »Glavish ist tot!« Debuisson, der seinen Augen und Ohren nicht traute, rief zurück: »Was für ein Glavish?« – »Collings' Aufseher«, rief Myrtle über die Schulter, »in der Schmiede erschlagen!«

Eine Wolke glühender Späne schien von der Collings-Farm auf sie zuzutreiben. In Wut und Angst schlug ein alter Neger auf einen jüngeren, der ihm nicht schnell genug grub. Als der Aufseher Myrtle kehrtgemacht hatte, rief er Debuisson zu: »Nun, Herr, haben Sie eine Probe!« Debuisson fuhr es durch den Kopf: Probe? Was meint er damit? – Der kleine Herr Collings tauchte auf, er flehte Myrtle an, nun auch über sein Stück Feuergraben an Glavishs Stelle die Aufsicht zu übernehmen. Myrtle erwiderte: »Gewiß, Herr, beruhigen Sie sich.«

»Wir schaffen es hier bei uns«, sagte ein junger Herr Raleigh, der selbst die Aufsicht führte, »aber wissen Sie, Debuisson, daß es auch bei den Svettenhams brennt?« Debuisson rief: »Ich war erst vorige Woche dort!« – »Das ist kein Hindernis«, sagte Raleigh lächelnd. Er war sich, so ruhig wie immer, auch jetzt seines Mienenspiels und seiner Haltung bewußt.

Myrtle rief: »Gehen Sie heim, Herr Collings, die Herren Raleigh und Debuisson und ich selbst, wir übernehmen das ganze Dreieck.«

Raleigh schlug ruhig und kräftig auf jeden los, der ihm nicht schnell genug grub. Er stutzte plötzlich bei dem Anblick von drei riesigen Negern, die, wie er wußte, noch der Aufseher Glavish für Collings gekauft hatte. Sie standen ihm gegenüber, Seite an Seite. Einer hielt seine Schaufel mit zwei Fäusten quer über der Brust. Zwei stützten sich lässig auf. Raleigh rief einem der eigenen Sklaven zu: »Erklär diesen Burschen, daß sie drüben im Feuer bleiben, wenn sie nicht mittun.« Der Raleigh-Neger kletterte über den Graben, sprach zu den drei fremden Negern hinauf, es war nicht klar, ob sie ihn verstanden, sie lachten. Raleigh rief Myrtle heran, sie besprachen sich, plötzlich stockten einige Neger und warteten atemlos. Myrtle hatte seine Pistole gezogen. Collings, der noch in der Nähe stand, fing mit bittender Stimme an: »Nein, nein –« Myrtle war rasend, aber er sagte sich, daß diese drei Kerle den Collings einen Haufen gekostet hatten. Er schoß zwischen zwei Köpfen durch, alle drei zeigten ihm nur die Zähne. Dann freilich gingen sie an die Arbeit mit mäßiger Eile. Ein neuer Wirbel, der letzte oder ein frischer, sprühte über der Collings-Farm, es roch nach Brand. Myrtle schrie Debuisson zu: »Um Christi willen, Herr, los!«, und er ritt noch einmal die Gräben entlang, er hieb wild zu. Debuisson sah einen Augenblick in den Brand, dann tat er, was Myrtle tat, er schlug auf einen Schwarzen, der sich verschnaufte.

Was sich auch alles in dieser Nacht ereignet hatte, die Sonne war noch nicht aufgegangen, als sie ins Gutshaus zurückkehrten. Ein paar Neger lagen da und dort auf der Erde, zusammengeknäult, betrunken oder zu Tode erschöpft. Ihre Arbeit war überflüssig gewesen; der Brand war längst erstickt worden, bevor er den äußersten Graben berührt hatte, der die Spitze des Farmendreiecks abschnitt. Es gab gleichwohl viele Gerüchte. Am Hafen wurde bereits behauptet, drei Farmen hätten in Flammen gestanden. – Wo das Feuer zuerst entstanden war, konnte man nicht mehr feststellen; es schien freilich wahr zu sein, daß der kleine Brand, den der Aufseher Myrtle zuerst entdeckt hatte, nicht der einzige geblieben war. Collings hatte das größte Unglück betroffen. Was war mit seinem Aufseher Glavish geschehen? Man wurde daraus nicht recht schlau.

Der junge Raleigh kam in das Beringsche Gutshaus, das er sonst mied. Alle Weißen saßen in einer Stube beisammen, sogar die Aufseher, und aßen und tranken. Raleigh wußte schon Einzelheiten über das Ereignis, das sie Collings' Unglück nannten. Wie ein wildes Tier, das man längst gezähmt glaubt, unversehens zuschnappt, berichtete Raleigh, so hätte der in der Schmiede beschäftigte Sklave, Glavishs verwöhnter Liebling, seinen Herrn erschlagen in einem Anfall von sinnloser Wut, und dann sei er davon in die Wildnis. Auch auf der Dudley-Farm, fuhr er fort, sei ein Brand entstanden, aber fast augenblicklich gelöscht worden.

Sie mutmaßten hin und her. Raleigh hatte sich nicht gesetzt, da er nur erschienen war, um den anderen die Neuigkeiten mitzuteilen, er ritt schnell heim.

Auf einmal, als sei mit mächtiger Hand ein dunkler Vorhang vom Himmel gezogen worden, ergoß sich das Tageslicht auf die Erde. Verhetzte, verschwitzte und angetrunkene Gesichter wandten sich blinzelnd, geblendet ab, aber wohin? Noch stand sie sehr tief, die pralle, leuchtende Sonne, und Berings Stube war schonungslos hell.

Der Hausherr stand auf und sagte, er wolle versuchen, ein bißchen Schlaf nachzuholen. Kurz darauf kam er wieder, und sie beugten sich über den Zettel, den er auf seinem Bett gefunden hatte: »Bald sind wir da. Cuffee.« Einen Augenblick waren alle stumm vor Schreck. Doch Bering lachte. »Angeberei! Jetzt schlaf ich mich aus. Dann bring ich das Ding in die Stadt zum Gouverneur.«

Sie faßten sich und sie fragten sich, was dieser Zettel bedeute. Bloomfield meinte, der übelste Schabernack, nicht mehr. Sie wurden sich einig, daß Cuffee selbst, der Bandenführer, nicht das geringste mit dem Geschreibe zu tun haben könnte. Der war weit weg in den Bergen und nicht einmal mehr für Svettenham eine Gefahr; denn inzwischen waren seine Plantagen, da die alte Besatzung wegen grober Nachlässigkeit beim vorigen Überfall schwere Strafen empfangen hatte, ausreichend mit Leuten aus der frisch gelandeten Truppe gesichert worden. Außerdem standen jetzt sogar über den Wasserfällen der Bagolischlucht, auf dem höchsten Plateau, getarnte Kanonen.

Als Debuisson endlich allein mit Sasportas war, fragte er, bleich vor Zorn: »Warst du das, du Narr?« – »Ich habe davon nichts gewußt«, sagte Sasportas ruhig, »und ich habe nichts geschrieben.« – »Wer sonst?« fragte Debuisson, und er packte ihn an der Weste. Sasportas sah ihn an, und er stellte in dem Morgenlicht fest, daß Debuisson zu zittern begonnen hatte. Er zuckte die Achseln, er antwortete: »Es gibt in der Nähe noch andere als mich, die ich dazu für fähig halte, wo stünden wir sonst? Zum Beispiel vier oder fünf Mulatten, zwei Weiße, auch Neger -« Debuisson sagte kaum hörbar, als seien ihm die Lippen gefroren: »Wie? Welche Weiße?« Sasportas erwiderte lächelnd: »Ich nicht, du auch nicht, also zwei andere. Da wäre zum Beispiel Swaby, der Bedford half, als er aus der Bagolischlucht verspätet zurückkam und Glavish ihm drohte. Glaubst du zum Beispiel, der Pächter Swaby liebt den Farmer Collings? Glaubst du, Galloudec hat ihn umsonst besucht? Und unter den Negern – Bedford selbst, der lesen und schreiben gelernt hat –«

»Dann müßte es Bedford getan haben, bevor er den Glavish erschlug. Mit wessen Hilfe getan? Auf dieser Farm! Mit wessen Hilfe, um Gottes willen? Wo kann er jetzt sein, Bedford?«

»Zum Glück entflohen«, sagte Sasportas. Debuisson

schien nachzudenken, dann sagte er nur: »Ich muß auch versuchen zu schlafen.«

Bald darauf wurde er durch eine Botschaft geweckt, die mit Stafettenläufern gebracht worden war. Ein Dudley, der Bruder der lustigen Mädchen, war plötzlich erkrankt. Als Debuisson zurück in die Stube kam, stand Sasportas noch an die Wand gelehnt, am selben Ort, an dem er ihn zuvor an der Weste gepackt hatte. Man sah Jean an, daß er nicht wußte, wieviel Zeit inzwischen vergangen war. Man sah ihm an, daß er unablässig gewartet hatte, gehorcht, auf etwas gehofft.

Debuisson sagte: »Komm mit! Mach dich fertig! Man braucht uns.«

Ein wenig erleichtert war Sasportas, daß sie von der Bering-Farm ins Innere der Insel ritten. Sein Gesicht blieb gespannt, horchend und wartend. Sie ließen die Einfahrt zur Raleigh-Farm hinter sich, das düstere steinerne spanische Tor in der niedrigen Ziegelmauer; sie sahen es bald schräg unter sich liegen, von dem Abhang aus, den Sasportas erreicht hatte – waren es Tage, waren es Wochen her? –, als er sich tief betroffen und fassungslos von seinem Freund entfernte und dann, Versöhnung suchend, zu ihm zurückritt? Auch jetzt war das Tal in Sonne gebadet. Jede Erinnerung an die Nacht, an den Brand dicht am Drei-Farmen-Dreieck war völlig verflogen. Die reine Luft mit ihrem Gemisch von Erdgeruch und von Meergeruch erweckte alle erdenkbaren Wünsche, Begierden, Leidenschaften und Hoffnungen.

Debuisson sagte: »Nur wenige Tage trennen uns von der Ernte.«

Sie hatten bisher geschwiegen. Sasportas sagte auch jetzt nichts.

Debuisson sagte: »Hier hätte es aussehen können wie in Haiti.« Es könnte noch, wollte ihm Sasportas entgegnen, aber er schwieg. Es wurde ihm plötzlich klar, daß es für diesmal nichts zu erwarten gab. Und als sie die Höhe umritten hatten – auf dem nächsten Stück der Spirale –, verstand er noch mehr: Die Herrlichkeit dieses Tales mit seinen Ernten, das war der furchtbare Preis, der hätte gezahlt werden müssen, nicht irgendwann, sondern augenblicklich, ohne Aufschub, ohne Bürgschaft; doch dieser Preis war nicht aufgebracht worden, darum ging alles weiter, wie es bisher gewesen war.

Sie ritten an einem Zitronenhain vorbei, einem Ausläufer der Collings-Farm. Plötzlich rief sie der neue Aufseher Collings', er hieß gleichfalls Glavish. Er war der Neffe des Toten. Er war erst vor kurzem in Kingston angekommen, zur Empörung seines Onkels, der ihm die kalte Schulter zeigte. Denn schon in England hatte ihm dieser Bursche Scherereien gemacht durch seine unverfrorene Anbettelei, seine Schulden, sein fragwürdigen Geschäfte, seine ernstlichen Polizeiverfahren. Der Neffe hatte sich aber gesagt, wo sein Onkel Fuß gefaßt, und einigermaßen glücklich, wie es in der Familie hieß, könnte er in seine Fußstapfen steigen.

An einem Markttag war er gelandet, und Glavish hatte ihn abgefangen und mit der Drohung begrüßt, er würde ihn glattweg verhaften lassen und heimschicken, wenn er sich je auf der Collings-Farm blicken lasse. Doch dieses Willkommen nahm der Neffe nicht krumm, er sagte sich, auch mir wird sich eine Gelegenheit bieten. Kurz darauf sprach man in seiner Herberge von dem Mord auf der Collings-Farm.

Da trat er sofort entschlossen auf, es fehlte ihm nicht an Gerissenheit. Dem hilflosen Collings schien es in seiner Not, Gott hätte ihm rechtzeitig zur Ernte einen Verwandten des Toten geschickt. Und auch den Sklaven schien es, er sei ein Gespenst des Toten, wie er frech und furchtlos umherritt in den Kleidern des Onkels, mit dem Patronengürtel des Onkels.

»Ich heiße Fred Glavish«, stellte er sich jetzt über die Mauer vor, »und Sie, Sie sind wohl der Doktor Debuisson? Und Sie, Sie sind dann Sasportas? Wißt ihr schon, Jungs, daß sie den Sklaven Bedford gefangen haben? Ein

Mulatte hat ihn erwischt an der Nordküste, als er ihm ein Boot klauen wollte. Vielleicht hat der Bedford sich eingebildet, er käme bis Haiti hinüber. Er war meinem Onkel zu frech geworden, erzählt man mir. Und wie ihn dann einmal mein Onkel von einem Schwarzen auspeitschen ließ, damit er sich daran gewöhne, zur vorgeschriebenen Zeit in der Schmiede zu sein, da ist er rasend geworden -« Obwohl er in düsterem Ton erzählte, strahlten seine Augen über den glücklichen Zufall, den er so kurz nach der Landung am Schopf gepackt hatte.

Er fuhr fort: »Reitet ihr auf die Dudley-Farm? Daß es den jungen Herrn dort getroffen hat, so kurz vor der Ernte, das ist böse. Herr Collings hat mir erzählt, mein Onkel hätte immer gesagt, die Ernte, das sei die große Probe. Die Schwarzen kriegen dann ihre Macheten, sonst können sie nichts schneiden, dann zeige es sich, auf was sie mehr Lust hätten, auf unsere Köpfe oder auf Zuckerrohr, dann zeige es sich, ob ihr Aufseher was versteht. ›Ihr Onkel‹, hat Herr Collings gesagt, ›der verstand etwas, nun zeigen Sie, was Sie können.‹«

»Sie müssen uns morgen, wenn wir zurückkommen, alles genau erzählen«, sagte Debuisson.

Sie galoppierten davon. Ihr Weg verlief jetzt geradezu bis in das Hochtal, in dem das Dudleysche Gutshaus stand. Es war schloßartig, nach altem Brauch mit Schießscharten versehen. Die bewaldeten Berge waren viel näher gerückt, hier sahen sie erst recht undurchdringlich aus.

Als Debuisson mit Elisabeth Raleigh in dieses Hochtal geritten war, hatte er nichts Bedrohliches aus der Nähe der Berge herausgefühlt. Viel kürzer war ihm der Weg erschienen. Bei ihrem Besuch hatte es im Haus von lustigen Mädchen gewimmelt. Jetzt waren sie niedergeschlagen, weil der Lieblingsbruder schwer krank lag.

Alle befürchteten, daß sich das Fieber, das bis jetzt nur bei einzelnen auftrat, während der Erntezeit in der Siedlung der Sklaven ausbreiten könnte. Hier sei gestern beinahe ein Brand entstanden, erzählten die Mädchen, durch Unachtsamkeit. Die Schuldigen seien geprügelt worden und eingesperrt – bis zur Ernte. Nicht zu hart eingesperrt, nicht zu hart geprügelt, man brauche ihre Kräfte. Zum Glück hätten ein paar Feldsklaven das Feuer gelöscht, noch bevor ein Aufseher zur Stelle gewesen sei. –

Debuisson und Sasportas verbrachten die Nacht im Gutshaus. Als sich der Bruder besser fühlte, wurden die Mädchen lustig. Sie schwatzten bis in die Nacht. Sie erzählten den Gästen, man hätte den geflüchteten Sklaven Bedford auch hier im Gebirge mit Hunden gesucht, er sei unvorstellbar schnell und geschickt bis zur Nordküste gelangt, auf unerklärlichen Wegen, er wäre auch dort nie entdeckt worden, wenn er nicht versucht hätte, ein Boot zu stehlen.

Weder Crocrofts noch Galloudecs Name kam in dem Gerede vor. Es wäre wohl niemals zutage getreten, ob einer von ihnen etwas mit der Flucht zu tun gehabt hatte. Doch ziemlich spät, gegen Morgen, als man noch immer zusammensaß, rief die älteste Dudley-Tochter Ann herbei, die ihr Elisabeth Raleigh inzwischen geschenkt hatte. Sie brachte ein paar Speisen und Krüge. Sie hatte infolge der Krankheit des Herrn und der Absendung der Stafettenläufer andauernd auf die Ankunft Sasportas' gehofft. Sasportas hatte nur durch einen kurzen Bericht der Feldsklavin in Erfahrung gebracht, das Mädchen befände sich jetzt auf einer entlegenen Farm; sein Kummer war mit der Erregung der letzten Tage zusammengeschmolzen. Beide senkten die Augen, als sie sich plötzlich erblickten. Ann drehte die Finger um einen Henkel, bis ihre neue Herrin befahl: »Gieß ein! Dann geh zu meinem Bruder.«

Sasportas folgte ihr, sie standen minutenlang zwischen Tür und Angel beisammen. Der weiße Diener der Raleigh-Familie lief an ihnen vorbei, und er blickte neugierig über die Schulter. Anns Arme waren beladen mit Geschirr. Ihre Wimpern strichen über Sasportas' Hände, als er ihr übers Haar fuhr, über Stirn und Augen. Ja, der jüngere Crocroft hatte Bedford versteckt, sagte Ann. Sie wisse nicht, ob sein Bruder dazwischengekommen sei oder ob er gar selbst aus Angst Bedford verraten hätte. Wahrscheinlich sei Bedford schon tot; auch wenn er noch lebe, er werde niemand verraten.

Sie versprach, in Erfahrung zu bringen, wie es mit Galloudec stünde, und wenn irgend möglich für eine Begegnung zu sorgen. Sie glaube fast, daß es möglich sei. Denn, schloß sie zu Sasportas' Erstaunen, hier sei es besser als bei den Raleighs.

Doktor Bering saß ungefähr um dieselbe Zeit beim Gouverneur in der Stadt. Der hörte sich Berings Bericht an, besah sich, gleichfalls belustigt, den Zettel, den Bering in seinem Bett gefunden hatte. »Schon zur Zeit meines Vorgängers«, sagte er, »wenn irgendwo ein Schwein geklaut wurde oder ein Huhn, hieß es, das war ein französischer Agent. Unsere Aufregung, ganz ohne Revolution, hatten wir im Innern der Insel schon lange vor 1789, unsere Stammgäste, die Maronen, das ganze Pack entlaufener Sklaven und Sträflinge. Ein bißchen Hundegejaule hat schließlich genügt, um es zu bändigen. Dann nahm ich es getrost auf mich – obwohl ein paar unserer Herren behaupteten, das dürfte ich nicht, das sei irgendeinem Vertrag zuwider – als ob es das gäbe, einen Vertrag mit Buschräubern –, sie allesamt auf ein Schiff zu packen und nach Halifax abzuschieben. Und jetzt gibt es irgendwo einen Brand, es gibt sogar meinetwegen zwei Brände, weil eine Köchin nicht achtgab und weil woanders ein Funke aus einer Pfeife sprang. Und wieder heißt es: Agenten! Revolution! Und in derselben Woche wird ein Neger verrückt und schlägt seinen Hammer auf den Kopf eines Aufsehers. Schon wieder heißt es: Agenten! Und jetzt dieser Zettel, den Ihnen irgendein Witzbold ins Bett gelegt hat. Immerhin, es gibt viel zuviel Emigranten auf unserer Insel. Wir müssen mal wieder sieben und ein paar Dutzend nach Kuba oder nach London schicken.«

Darauf sagte Bering: Wahrhaftig, übertriebene Ängstlichkeit sei nicht seine Gemütsart. Er habe es bloß für richtig gehalten, alles schnell dem Gouverneur zu berichten, um so mehr, als er selbst unter seinem Dach vorzügliche Leute französischen Ursprungs beherberge, die unter dem üblen Zuwachs von Fremden ungebührlich zu leiden hätten.

Sie sprachen darauf von Berings Destillationsverfahren, das ein Gewinn für Jamaika sei. Und dann von der Ernte, von den Preisen, von der Beschränkung der Negereinfuhr. Der Gouverneur kam auch auf Toussaint zu sprechen, den kleinen Neger mit der weißen Perücke, der seinen schärfsten Gegner umgelegt hätte, Rigaud, den Mulatten. »Toussaint hat jetzt in Haiti die Zügel straff in der Hand«, sagte der Gouverneur. »Wir haben mit ihm einen Vertrag, er schickt uns keine Agenten, und der General Bonaparte hat andere Sorgen als die Befreiung der Neger.«

Daheim erzählte Doktor Bering genau, was man alles besprochen hatte am Tische des Gouverneurs, und was es Neues im »Admiral Penn« gab und auf dem Markt. »Im selben Käfig«, wandte er sich an Debuisson, »den bei eurer Ankunft Dudleys Sklave besetzte, steckt jetzt der Bedford, Collings' Sklave, fast tot, aber noch nicht ganz.«

Zweimal im Jahr, zur Erntezeit, war Bering erstaunlich nüchtern. »Um sich auf das Kommende vorzubereiten«, wie er sagte. Er bestand darauf, daß sich sein Enkel bei den nächsten Krankenbesuchen von seinem Gehilfen vertreten lasse, es sei an der Zeit, daß Debuisson manches von Bloomfield lerne, auch wolle er ihm selbst ein paar Kniffe anvertrauen. –

Hinter der Dudley-Farm lag ein Streifen von Niemandsland; dieses Gelände war vielleicht einmal bebaut worden, heute schob sich der Wald vor, ja, er warf sich an vielen Stellen gierig darauf. Der nächste Bergrücken war so dicht bewachsen, daß er massiv wirkte und selbst die Siedler nicht wußten, daß er von einer schmalen, gewundenen Schlucht durchzogen war. – Obwohl Ann erst seit kurzem auf der Dudley-Farm lebte, hatten ihr die Neger schon diesen Treffpunkt gezeigt, den sie selbst seit langem benutzten. Sie brachte dort Galloudec und Sasportas zusammen.

Ihre Zeit war bemessen, es blieb ihnen keine Minute zum Trauern. Galloudec sagte, niemand hätte Bedford verraten. Zwei Kinder, die sich im Spiel unter dem Steg versteckt hatten, seien schreiend ins Dorf gelaufen, als sich Bedford des Bootes bemächtigen wollte. Da sei Robert Crocroft nichts anderes übriggeblieben, als sich arglos zu stellen. »Bedford, als er den Glavish erschlug«, fuhr Galloudec fort, »hatte fest geglaubt, er gäbe damit ein Zeichen zum Aufstand. Er hatte geglaubt, das Unrecht, das ihm geschehen sei, hätten alle gespürt wie ihr eigenes, und seine Rache wirke wie die Gerechtigkeit. Doch nichts geschah bis auf ein paar Zwischenfälle, anscheinend ohne Zusammenhang. Wenn Bedford die Zähne zusammengebissen hätte und ausgehalten und unablässig Menschen gesammelt, dann wäre auf jeder Farm ein fester Kern entstanden und eine Verbindung zwischen den Kernen.«

»Was jetzt?« fragte Sasportas.

»Was Bedford hätte tun sollen, nur ohne ihn«, sagte Galloudec. Man müsse einen Menschen finden, der so wie Bedford alle zusammenhalte, doch einer, der unerschütterlich sei, unerregbar, besonnen. Er dachte dabei an den Feldsklaven, den Swaby, der Pächter, von dem elenden Glavish gemietet hatte. Ein älterer Mensch, älter als Swaby, wortkarg, familienlos, was alles nicht häufig vorkommt. Und in der Bagolischlucht sei er auch gewesen, vermutete Galloudec. Sasportas versprach beim Abschied, Swaby zu besuchen.

Er traf ihn aber nicht an. Denn Swaby saß bei einer Verrechnung in Collings' Gutshaus mit Glavish zusammen, dem Neffen des erschlagenen Verwalters, der, um sich zu bewähren, die Zange noch schärfer ansetzte.

Der Feldsklave aber, auf den es Sasportas ankam, vertrat seinen Herrn. Er machte den Wirt, nicht anmaßend, nur höflich und gastfreundlich; der Vorrat des ärmlichen Hauses stand ihm ganz zur Verfügung. Er kannte sich aus in allen Winkeln und Fächern. Bei Tisch erzählte er, er hätte Swaby von dem Gedanken abgebracht, ihn, seinen Sklaven, freizuschreiben. Sie würden sich, so oder so, zusammen abrackern, Tag und Nacht. Bald würde ja Swaby abzahlen können, was er gekostet hätte. Doch wenn er als Freier hier arbeite, entstünden neue Verrechnungen nach neuen Gesetzen, die sicher auch wieder nur dem Collings und seinem Aufseher nutzten.

Sasportas brachte vorsichtig das Gespräch auf Bedford. Der Neger sah ihn fest an, seinem Gesicht war zu entnehmen, daß er wußte, mit wem er sprach. »Bedford verendet in seinem Käfig«, sagte er, und seine runden, fast stumpfen Augen begannen zu glänzen, »und nur eine kurze Schiffsreise entfernt singen und tanzen alle Schwarzen vor Freude in den Städten und auf den Farmen.«

Es sei für heute genug, dachte Sasportas, Bekanntschaft geschlossen zu haben. Er war mit seinem Besuch zufrieden. Er dachte auch, Swabys Land sei eine geeignete Einbruchstelle für die Cuffee-Leute, wenn es zu einem Überfall auf das Drei-Farmen-Dreieck käme.

In dieser Nacht kehrte Ann spät auf die Dudley-Farm zurück. Sie war längst vermißt worden. Ihr neues Fräulein beschloß, sie an einem der nächsten Tage ohne viel Federlesens irgendwem zu verkaufen, und machte sich über Elisabeth Raleigh lustig, die sich recht mütterlich und besorgt gestellt hatte, und außerordentlich freigiebig, nur, um das unzuverlässige Ding möglichst schnell loszuwerden.

Davon erfuhr Sasportas nichts mehr. Er erfuhr aber noch auf einem Umweg – da manchmal Neuigkeiten von der Nordküste in Kingston schneller anlangten als von einer Farm zur anderen –, daß ein Spezialregiment von Gebirgssoldaten die Cuffee-Bande vernichtet habe.

Gewiß noch durch Bedford hatte Cuffee erfahren, das für Rigaud bestimmte Waffenlager befände sich in einem Mulattendorf nicht weit von der Annotta Bay. Ob er nun als Mittelsmann Bedford nicht mehr benutzen konnte oder ob er es vorgezogen hatte, in jedem Fall sich allein zu verschaffen, was er brauchte, da er die Weißen haßte und den Mulatten mißtraute – er überfiel eines Nachts das Dorf. Die Bewohner waren entsetzt; wie ein Schwarm Raubvögel ließ sich die Cuffee-Bande von einem Felsvorsprung herab auf ihre Bucht nieder.

Da jeder Schritt, jeder Handgriff im voraus genau bestimmt war, hoben sie schnell das Lager aus, und sie schwangen sich mit ihrer Beute dieselbe Felswand hinauf. Günstig war ihnen der Morgendunst, der an diesem Küstenstrich in goldgrünen Schwaden auch noch lange nach Sonnenaufgang zwischen Meer und Gebirge liegt. Doch Cuffee wußte nicht, daß Svettenhams Hafen inzwischen vortrefflich gesichert war. Er wußte auch nichts von den Kanonen, die schon im geheimen ins Gebirge gebracht worden waren. Sein wildes Unternehmen trug sogar dazu bei, den Standort der Cuffee-Leute genau zu bestimmen. Gegen die Explosionen half den Negern auch ihre Waffenbeute nichts mehr. Einige, die schließlich noch lebendig, wenn auch verstümmelt, gefangen wurden, behaupteten, die Engländer hätten mit schwangeren Kugeln geschossen, jedes Geschoß hätte zahllose kleine Geschosse zur Welt gebracht. Cuffee war nicht gefangen worden, und seine Leiche wurde niemals gefunden.

XIII

Kurz nach der Zuckerrohrernte kam eine Abteilung Soldaten auf Berings Farm an. Sie hatte eine Kutsche begleitet, in der im Auftrag des Gouverneurs zwei uniformierte Beamte saßen. Ein dritter Herr in Zivil, von Beruf Gerichtsschreiber, war in geringem Abstand neben der Kutsche hergeritten.

Auf den Feldern war Ruhe. Im Rumdorf begann der Betrieb. Die Neger fragten sich verstört, was dieser Besuch zu bedeuten hätte. Doktor Bering war stark beschäftigt; er war durchaus nicht gefaßt auf Besuch. Er hatte seine eigene Beschwerde schon fast vergessen. Er übertrug Bloomfield, der bei solchen Anlässen einspringen mußte, die Versorgung all dieser Leute. Bloomfield hatte gerade jetzt alle Hände voll zu tun; er war gar nicht entzückt von dem Auftrag.

Der älteste der beiden Beamten hatte ein zuverlässiges, strenges, unbestechliches Aussehen. Kein Reisestaub war an seiner Kleidung sichtbar. Bering dachte belustigt, ein solcher Beamter würde in London nicht anders aussehen. Der Jüngere war recht munter; er hatte, wie sich bei Tisch erwies, in England studiert, er war aber hier geboren.

Sie prüften zu dritt die Liste der Farmbewohner. Hinter einige Namen, über die er Genaueres wissen wollte, malte der ältere Herr seine Häkchen. Darunter waren die Namen der Verwalter Myrtle und Bloomfield, Debuissons und Sasportas', die Namen der schwarzen Wirtschafterin und ihrer Mulattensöhne.

Bering kam nach und nach dieses ganze Gehabe komisch vor. Jetzt bereute er seinen Besuch beim Gouverneur. Er erzählte rasch, was er von den Betreffenden wußte. Da zeigte es sich, daß der junge Beamte Victor Debuisson schon in der Schulzeit gekannt hatte und in der Studienzeit mehrmals wiedergesehen. Bering schickte Douglas weg, um Debuisson zu holen. Was Jean Sasportas betraf, der als Kind spanischer Eltern in Frankreich geboren sei, dachte und sagte der ältere Herr, was sie hier meistens bei solchen Auskünften dachten und sagten: Heute sei ihm ein Mann spanischer Herkunft lieber als ein französischer Emigrant.

Douglas war unterdes fortgegangen, um Debuisson zu dem jungen Gerichtsbeamten, dem Studienfreund, zu holen. Er nahm niemals Befehle besonders dringlich, wenn sie beiläufig gegeben wurden, im Trinken und Schwatzen oder bei einer der mannigfachen, undurchschaubaren Beschäftigungen, mit denen alle weißen Herren die Zeit zu vertreiben suchten; denn die waren nun einmal darauf aus, die Zeit zu vertreiben, anstatt sie festzuhalten. Wie es Douglas bei seinen Rundgängen meistens tat, guckte er bei der Wirtschafterin Lucy herein, die auf dem Markt und in der Küche seit langem die Oberaufsicht führte. Heute wurde ein Festmahl für das Gutshaus gerichtet, während man die Soldaten an Feuerstellen im Freien verpflegte. Einige von ihnen hatten aber schon ausgekundschaftet, wo es besondere Leckerbissen zu ergattern gab, und sie waren um die dicke Lucy herumscharwenzelt, und sie hatten ihr allerhand Merkwürdigkeiten als Gegengaben verabreicht.

Jetzt gab Lucy dem Douglas manches zu süffeln und manches zu naschen, und sie erzählte ihm, soviel sie verstanden hatte, was der Besuch der Stadtleute bedeutete. Sie war dicklich und ältlich, aber frechäugig und immer noch tanzwütig. Ihre lange geschmeidige Zunge, die viel roter als ihre Lippen aussah, schoß beim Reden andauernd hervor, als ob sie die Neuigkeiten nicht von sich gebe, sondern wie Mücken aus der Luft schnappe.

Douglas bedachte, während er ihr zuhörte und ein paar Gläser ausschleckte, schon zum hundertstenmal das Anliegen seines Herrn, diese Lucy zu heiraten. Dazu hatte er aber nicht die geringste Lust. Was zu holen war in Lucys Röcken und Küche, stand ihm von jeher zur Verfügung. Wie er an Lucys Mulattensöhne dachte, an ihr häufiges kurzes Zusammensein mit weißen Herren, vielleicht sogar mit Herrn Doktor Bering selbst, in einer Zeit, in der Lucy nicht ältlich und dicklich gewesen war, sondern biegsam wie eine Blume auf einem feinen Stengel, kam ihm plötzlich die Sklavin Ann in den Sinn, die mit dem jungen weißen Herrn, dem Freund des Herrn Debson, in eine Mulde hinter der Feldsklavensiedlung gekrochen war. Meistens vergaß Douglas, was er nicht mit eigenen Augen vor sich sah oder wovon er nicht sprechen hörte. Und er hatte von Ann nichts mehr gehört und gesehen, seit sie von der Raleigh-Farm entfernt worden war. Jetzt aber, wie ein Zauber, wie ein Blatt, das von einem unsichtbaren Wind dahergeweht wird, tauchte der Gedanke an die kleine Schwarze in ihm auf, wie sie diesem Sasportas aufs Wort gehorcht hatte. Lucy hatte wohl in vergangenen Jahren manchem weißen Herrn genauso strikt gehorcht, aber jetzt verlangte Doktor Bering, daß sie sich mit ihm, Douglas, zusammentäte. Groll erfaßte Douglas.

Zuerst hörte er kaum hin, was Lucy schwatzte. Nach und nach begriff er, daß ein englischer Soldat ihr erklärt hatte, sie alle seien hier, um verdächtige Franzosen aufzuspüren, die sich eingeschlichen hätten, um diese Insel außer Rand und Band zu bringen, damit Jamaika verbrenne, so wie Haiti verbrannt war. Und auch den Negern hätten sie schon Geld zugesteckt und Kornschnaps und Rum, damit sie ihnen helfen würden bei Bränden und Morden. Dumme Schwarze, sagte Lucy, könnten glauben, sie seien frei, wenn schließlich alles drunter und drüber gehe, frei, wie die Cuffee-Leute in den Bergen, wie früher einmal die Maronen – die hätten alle büßen müssen. Jahrelang suche man schon umsonst nach den französischen Aufwieglern, jetzt sei man ihnen sicher auf der Spur.

Douglas horchte auf. Er verstand nicht viel von dem Gerede. Von Freisein und Freiwerden verstand er gar nichts. Doch ein Gedanke gärte in ihm, er wußte selbst nicht wodurch; der quoll und quoll und quälte ihn, sprengte beinah seinen Kopf. Und Lucy spießte ihm eine Mango auf, die kaum angefault, aber für Berings Tisch doch nicht makellos war, und sie hieß ihn den Saft schlürfen und den Kern abnagen. Aber Douglas spürte plötzlich, daß der fremde junge Herr, Herrn Debsons Freund, verdächtig war, und wenn der es war, war's auch Herr Debson. Das spürte Douglas.

Kleine Einzelheiten reihte er scharfsinnig aneinander, alles war zusammen in seinem Gefühl: Diese beiden werden gesucht. Ihm fiel ein, wie sie sich Unverständliches zugeflüstert hatten, abgebrochen, wenn jemand eintrat, sich über ein und dasselbe Buch gebeugt. Wie er, Douglas, einen Zettel in Knowles' Werkstatt abgegeben, und er sah das kniffige Gesicht des fremden Franzosen beim Lesen. Und sein Herr Debson, der zu ihm sanft wie früher sprach, aber heuchlerisch sanft – manchmal, in der letzten Zeit, war das Gesicht seines Herrn Debson abgezehrt gewesen. Manchmal hatte der junge weiße Herr schnell etwas gesagt, zisch-zisch, dann war etwas aus dem Gesicht seines Herrn Debson herausgefallen. Alles war aus dem Gesicht seines Herrn Debson herausgefallen, als er, Douglas, ihm den letzten Zettel aus Knowles' Werkstatt überbracht hatte. Seitdem war Debsons Gesicht kahl. Und die beiden weißen Herren, Debson und sein Freund, waren untereinander, waren zu anderen Menschen, weißen und schwarzen, anders als früher, sie waren hastig, sie waren lauernd und wartend. Sie hatten ein Geheimnis. Sie hatten etwas Verbotenes vor. Ihrethalben waren diese Beamten gekommen. Douglas war dessen so sicher, als könne er Akten lesen.

Aber den kleinen Debson, den er meistens am Fell gepackt hatte und irgendwohin gestopft, wenn er dem Doktor Bering zwischen die Beine geraten war, den wollte er in Sicherheit bringen. Wenn man nur den einen loswerden konnte und den anderen warnen! Das war schwer zu machen. Jedenfalls wollte er Debson helfen.

Er stand plötzlich auf. Lucy zog ihre knallrote Zunge ein und sah ihm erstaunt nach. Heute morgen hatte Douglas irgend jemand sagen hören, Doktor Debson gehe zu Myrtle hinauf.

Der wohnte in seinem Bungalow auf dem Drei-Farmen-Dreieck, aber nicht wie der Aufseher Bloomfield mit seiner Familie zusammen, sondern nur mit seiner Mutter, an der er sehr hing. Einige Leute sagten, er sei ihr unehelicher Sohn, und die Familie, die ihr gegen Zofendienste die Überfahrt bezahlt hätte, hätte ihr auch erlaubt, den Knaben mitzunehmen.

Andere sagten, der Vater Myrtle hätte bei seinem Tod riesige Schulden hinterlassen, und der junge Myrtle, ein kleiner Marinebeamter, hätte eben hier in Jamaika am Hafen die erstbeste Stelle annehmen müssen und sie gleich wieder aufgegeben, als sich ihm der Verwalterposten bot. Eine Braut erwarte ihn noch immer in London, er sei sparsam und gewissenhaft, und er träume von nichts anderem als der Heimfahrt.

Vor Myrtles Tür lag ein glatter, geschmeidiger Hund. Douglas erschrak. Aber Myrtles Mutter band den Hund schnell fest. Von Debuissons Verbleib wußte sie nichts. Ihr Sohn war sogar von hier aus sichtbar, aufrecht unter streifenweise gebückten Negern auf der sacht abfallenden Plantage. Es nahm doch Zeit, bis ihn Douglas erreicht hatte. Nein, auch Myrtle hatte heute nichts mit Debuisson zu tun gehabt.

Douglas hoffte, Debuisson wisse schon Bescheid, er sei schon weg. Und er nahm sich Zeit für den Heimweg.

Inzwischen hatten die beiden Beamten die Absicht geäußert, nachher auch auf der Collings-Farm ihre Pflicht zu erfüllen. Bering sagte, Douglas könne ihnen einen Abkürzungsweg zeigen, und er fragte durchs Fenster, ob Douglas zurückgekehrt sei.

Douglas trat ein. Er schwitzte, aber er sagte fast dreist: »Er ist nicht mehr bei Herrn Myrtle, nein, verzeiht, ihr Herren, er ist fort.«

»Von wem sprichst du denn, Dummkopf?« fragte Bering.

»Von Herrn Debson. Er war heute nicht bei Herrn Myrtle, er ist nicht mehr da, er ist auf der Raleigh-Farm oder auf der Collings-Farm, oder er ist schon auf der

Dudley-Farm oder weit fort. Verzeiht, Herren, man kann den Herrn Debson nicht mehr finden.«

Bering erklärte lachend, dieser Douglas hätte schon im Haus von Debuissons Eltern gedient. Dann schrie er: »Los! Zeig diesen Herren den Weg auf die Collings-Farm!« Und er ging zu Bloomfield hinaus, um mit ihm die Abfahrt zu regeln.

Douglas, der sich jetzt allein mit den beiden Beamten im Zimmer befand, die mit ihren Perücken, Litzen und Knöpfen und Degen beklemmend und sonderbar auf ihn wirkten, wie eine Staatsgewalt, Militär oder Justiz, auf einen Menschen wirkt, der nie mit ihr in Berührung gekommen ist, fing zu beben an. Er schwitzte noch stärker, seine Augen traten hervor, er faßte sich aber ein Herz, er wiederholte: »Den Herrn Debson kann man nicht finden. Sicher, den kann man nicht finden.«

Der ältere Herr hatte Douglas genau beobachtet. »Komm einmal zu mir«, sagte er plötzlich, »warum sagst du andauernd, man könnte Herrn Debuisson nicht mehr finden?«

»Er ist fort, er ist fort«, sagte Douglas, »er ist weit fort. Sicher.«

Der ältere Beamte sah ihn scharf an und fragte: »Warum bist du so sicher, daß er weit fort ist? Warum bist du so sicher, daß man ihn nicht mehr finden kann?«

Douglas geriet in große Verwirrung unter den scharfen und bösen Augen dieses Beamten, die ihm unerträglich blendend erschienen wie das weißblaue Himmelslicht. Und er sagte mit schwankenden Knien: »Weit fort ist Herr Debson, das ist nicht meine Schuld.«

Der Beamte fragte: »Was ist nicht deine Schuld?« Darauf sagte Douglas: »Sein Vater war früher mein Herr. Herr Debson kam aus dem Krieg, ich war froh, ich tat, was er wollte.«

Der junge Beamte hörte zuerst belustigt zu, dann mit großem Erstaunen, wie sein Vorgesetzter mit dem Sklaven Douglas verfuhr.

»Ja. War früher dein Herr. Jetzt ist Doktor Bering dein Herr. Der Gouverneur dieser Insel ist aber der Herr aller Herren. Er ist auch Herrn Debuissons Herr. Er ist auch mein eigener Herr. Er wird dich auf dem Marktplatz in den Käfig sperren, wenn du mir nicht sofort alles sagst.«

Diese Drohung versetzte Douglas in furchtbare Angst, er fiel auf die Knie.

Der ältere Beamte sagte: »Steh auf, wenn wir dich etwas fragen.«

Douglas tat, als ob es ihm außerordentlich schwerfalle, im Stehen zu antworten. Von einer Minute zur anderen war seine Angst, eines elenden Todes sterben zu müssen, viel größer geworden als seine Liebe zu Debuisson, dem Sohn seines früheren Herrn. Es gab auch gar kein Entrinnen, im Herzen nicht, in Wirklichkeit nicht, wenn solch ein Herr, von dem dieser furchtbare weiße Herr sprach, der Herr über alle Herren war. Douglas stammelte, zweimal, nein, dreimal hätte er etwas auf das Geheiß des Herrn Debson getan, ohne Herrn Doktor Berings Erlaubnis, in Knowles' Werkstatt einem fremden Franzosen etwas gebracht und einen Brief zurückgebracht auf die Bering-Farm.

Er hatte alles erzählt, was er wußte, und noch viel mehr, als er wußte, da trat plötzlich Debuisson ein. Im Rumdorf, in der Raffinerie, hatte ihm Bloomfield das neue Verfahren beigebracht. Irgend jemand war mit der Nachricht zu ihm gelaufen, sein Jugendfreund sei auf Besuch im Gutshaus. Die Soldaten, die mit ihren Pferden rundherum lagerten, wunderten ihn. Er erkannte bei seiner Ankunft den jungen Beamten, mit dem er zur Schule gegangen war. Er stutzte, als dieser seine Begrüßung kalt erwiderte.

Inzwischen hatte der Schreiber mit Bloomfield gegessen. An einem Tisch mit der Familie, da ihr Rang seinem Rang ungefähr gleich geschätzt wurde. Man rief ihn ins Gutshaus. Er setzte sich mit seinem Schreibzeug und seinem Stempel an einen kleinen, besonders hergerichteten

Tisch neben den großen, an dem die beiden Beamten mit Debuisson sprachen. Auf ihre ersten Fragen erwiderte Debuisson etwas spöttisch, es müsse jedem verständlich sein, daß er den Neger Douglas beauftragt hätte, sich gelegentlich nach Galloudec umzusehen, da er diesem Mann sein Leben verdanke, der Großvater Bering aber hier keinen Besuch von Fremden gestatte.

»Verraten Sie uns mal, Debuisson«, sagte der Jüngere, »ob all das stimmt, was Ihr Großvater sagte. Sie waren, sagte er, und ich bin sicher, Herr Doktor Bering glaubt, was er sagte, lange Zeit in französischer Gefangenschaft. Sie wurden, wie es häufig geschah in diesen Jahren, durch das ganze Karibische Meer von einer Insel zur anderen mitgeschleppt. Sie waren gerade in Haiti, als dort für uns die Kämpfe ungünstig ausgingen. Da fanden Sie, Debuisson, so sagt Ihr Großvater, eine Gelegenheit, mit den Unseren heimzufahren. Und wie war es mit Sasportas? Der hat Medizin studiert? Sie haben sich mit ihm angefreundet in der Gefangenschaft? Er ist Ihre rechte Hand geworden?«

Debuisson sagte: »So ist es.«

Der ältere Beamte hatte ihn nicht aus dem Auge gelassen. Jetzt sagte er: »Sie werden hier keinen Tag länger mit diesem Menschen zusammenbleiben.«

Debuisson öffnete den Mund. Er brachte kein Wort heraus.

»Schnell, schnell jetzt, Herr, schnell, aber alles und ganz genau. Sie können entweder bald auf unserem Schiff lebendig nach London fahren oder im Meer unter dem Galgenberg schwimmen.« –

Als Jean Sasportas ungefähr eine Stunde später eintraf, saß Debuisson, von dem er zunächst nur den Hinterkopf sah, noch immer den beiden Beamten gegenüber; der Schreiber saß noch immer an seinem besonderen kleinen Tisch. Sasportas sah von einem zum anderen. Debuisson war zusammengefallen. Die zwei Beamten sahen zufrieden aus.

Der Jüngere nickte ihm spöttisch zu, und er wies ihm mit übertrieben einladendem Arm einen Stuhl an. Sasportas möge sich über verschiedene Punkte äußern, sagte der Ältere, die zwar aus Debuissons Geständnis hervorgingen, aber noch einer Ergänzung bedürften; vor allem möge er ihnen noch einmal die Weißen und Farbigen angeben, mit denen sie in Verbindung gewesen seien; wer ihnen schon vor der Ankunft bei der Auftragserteilung empfohlen worden, mit wem sie erst später selbständig Verbindung aufgenommen. Sasportas erwiderte, davon wisse er nichts. – Vielleicht falle ihm doch noch etwas ein, sagte der Jüngere, falls er dann wie Debuisson die Insel sofort und ohne Prozeß verlassen dürfe. Sasportas sagte: »Ich bin kein Debuisson.«

Man hatte bisher ruhig, sogar höflich mit ihm gesprochen. Jetzt brüllten sie, sie drohten, er werde dieselbe Behandlung wie ein Neger erfahren, denn er sei für die Neger hergekommen. Er schwieg, aber es freute ihn, daß sie brüllten. Er wußte, daß ihre Worte aus dem Haus dringen und sich wie ein Lauffeuer unter den Schwarzen fortpflanzen würden. Er hoffte, die Nachricht von seiner Verhaftung erreiche vor Nacht die Dudley-Farm. Ann würde begreifen, warum er nicht kam, wie er's versprochen hatte; sie würde Galloudec warnen.

Beide wurden in Marktwagen in die Stadt hinuntergebracht. Der Transport war stark bewacht. Nur Sasportas war gefesselt. Unterdes aß Doktor Bering mit den Beamten in Muße das Mahl auf, das Lucy vorbereitet hatte; denn jetzt brauchten seine Gäste den Weg nicht fortzusetzen. Wenn Bering auch immer wieder einem neuen Anfall von Entrüstung und Entsetzen unterlag, tief in seinem Innern entstand schon ein gewisser Triumph, daß er, wenn auch auf unglaubliche Art, seines einzigen Erben ledig wurde. Warum er aber darauf erpicht war, möglichst viel Gut ohne Nachfolgerschaft zu hamstern, hätte er selbst nicht sagen können.

Die Beamten erstatteten am frühen Morgen dem Gouverneur Bericht. Auf sein Geheiß wurde Debuisson zur Belohnung für sein freimütiges Geständnis mit einem der nächsten Schiffe nach London geschickt. Sasportas war in den Kerker eingesperrt worden, den schon die Spanier erbaut hatten. Wenn er sich an dem Gitter hochzog, konnte er durch ein Luftloch über das Meer sehen, und er war danach erregt von freudigem Staunen, als sei ihm, wenn auch nur im Flug und sekundenweise, alles im Leben Erreichbare zuteil geworden. Ein ähnliches Staunen hatte ihn einmal auf Haiti vor Toussaints Festzug erfaßt, den er sich immer wieder in den wenigen kurzen und heißen Nächten in seinem Loch vorzustellen versuchte.

Manchmal brachte ihm ein stumpfsinniges, gänzlich verschrumpeltes Männlein, das sich taubstumm stellte oder es wirklich war, etwas Wasser und einen Happen Maisbrot; seine Haut war vielleicht weiß gewesen, sie war jetzt schmutzig gelbgrau. Als es einmal von einem Schwarzen vertreten wurde, fühlte Sasportas in dessen Augen und sogar in dem Zeichen, mit dem ihm der Neger zu schweigen gebot, da sie belauert wurden, was er bei jedem Blick durch das vergitterte Loch empfand. Weil er nichts mehr zu verlieren hatte, sagte er: »Macht ohne mich weiter!« –

»Jetzt fährt Debuisson, dein Freund, ab«, sagte ein junger uniformierter Beamter der Militärjustiz, der, um einen Holzpflock unter das vergitterte Loch stellen zu lassen, einem Gehilfen pfiff; es war wieder das verhutzelte Männlein. Diesmal brauchte sich Sasportas nicht angestrengt hochzuziehen. Man wies ihn vielmehr an, auf den Pflock zu steigen und gründlich hinauszusehen, bis der Dreimaster hinter dem Horizont verschwunden war, und der Beamte forschte in den Zügen des Gefangenen nach der Hoffnung auf Entkommen und der Angst vor dem Vergessenwerden.

Doch Sasportas hielt es gar nicht für ausgemacht, daß Debuisson gerade auf diesem Schiff, dessen Fahrt über die See gegen den unermeßlichen Abendhimmel man ihn mit den Augen zu verfolgen zwang, die Insel verlassen haben sollte. Er selbst hatte schon längst in Gedanken die Abfahrt hinter sich gebracht, die endgültige, die unwiderrufliche. Er lachte, als er abermals aufgefordert wurde, seine Komplicen zu nennen. Nüstern und Lippen des Beamten zogen sich zusammen vor Ekel über den Gestank in dem Kellerloch und über die unerklärliche Verbohrtheit dieses Gefangenen.

Wegen der großen Hitze hielten sie nachts in Kingston Gericht. Sasportas wurde wiederum vor die Wahl gestellt, zum Galgen geführt zu werden oder nach vollem Geständnis zum Hafen, um abzufahren.

Aus solcher Aufforderung entnahm er, daß sie auch von Debuisson nicht ganz so viel Namen, wie sie brauchten, erfahren hatten, und er war glücklich, daß er von einem gewissen Tag an nicht mehr so offenherzig wie früher mit seinem Gefährten gesprochen hatte. Daher blieb zum Beispiel Swaby, der Pächter, ungeschoren, sein Sklave ebenfalls, und mancher Neger, mit dem Bedford, der Schmied von der Collings-Farm, Verbindung angeknüpft hatte.

Da Sasportas sich weigerte, etwas auszusagen, wurde die Hinrichtung vorbereitet. Vornehme Leute kamen zu Pferd und in Kutschen, und sie brachten auch viele Sklaven mit, damit die Schwarzen etwas aus diesem Schauspiel lernten. Svettenham und andere Farmer aus dem Innern der Insel konnten unmöglich rechtzeitig eintreffen, Herr Collings war kein Freund solcher Schauspiele, er blieb daheim, obwohl die Raleighs, die über den kürzesten Fahrweg verfügten, ihn benachrichtigt hatten und ihren Wagen angeboten. Elisabeth hatte auch einen Schnelläufer zu den Dudley-Mädchen geschickt, die in Festkleidern kamen; ihre Brüder kamen mit Orden und Degen. Die Kutschen und die einzelnen Zuschauer warteten aber nicht hinter dem Richtplatz, sondern, wie es üblich war, auf seitlichen Plätzen, damit sie den ganzen Vorgang beobachten konnten. Auf diesen Plätzen gab es, wie stets bei solchen Gelegenheiten, da ja die Hauptsache schnell vorbei war, allerlei Schaubuden und Marktstände. Man hatte auch einige hundert Neger, die irgendwo in der Stadt oder auf den Docks und Werften in Arbeit standen, zum Galgenberg in Port Royal geschickt. Bevor der Henker Hand an Sasportas legte, trat eine Gerichtsperson vor, und sie forderte den Verurteilten auf, die Namen seiner Komplicen zu nennen, er könne damit noch immer sein Leben retten.

Sasportas erwiderte: »Ich sehe hier viele meiner Komplicen, sie stehen hier, sie stehen dort.«

Als man ihm die Schlinge um den Hals legte, rief er: »Ihr Neger, macht es wie die in Haiti!«

Nach einer Minute schnitt der Henker den Strick durch. Der Leichnam fiel ins Meer wie ein Stein. Man hörte kein Aufklatschen in der Brandung.

Galloudec war schon auf der Flucht. Wie es sein Freund gehofft hatte, hatte Ann ihn gewarnt. Sie war unglaublich schnell und leichtfüßig und vollkommen furchtlos in den Farmen herumgestrichen, um alles genau über Sasportas' Schicksal zu erfahren. Ihr lag nichts am Leben. Auch wenn man sie totschlagen würde bei der Heimkehr, nach dem verbotenen Weglaufen, ihr war es eins. Sie wußte, daß sie bereits verkauft war an einen schweren und schlechten Platz zu einem Spottgeld, um sie zu strafen und noch mehr, um das Fräulein Raleigh zu kränken. Bald würde ihr neuer Herr sie abholen lassen. Ihr neuer Herr, das wußte sie freilich damals noch nicht, war jener Pächter Swaby, sie würde dort die Frau des Feldsklaven werden, den Galloudec empfohlen hatte. Hart würde ihr Leben sein, und hart und finster ihr Mann. Sie würde oft bitter weinen um ihren weißen Toten, doch schlecht war ihr Mann nicht.

Robert Crocroft war in die Berge geflüchtet, wie es

Hunderte, Neger und Mulatten und einzelne weiße Männer, vor ihm getan hatten, die etwas von einer Staatsmacht über Jamaika, einer spanischen oder englischen, fürchten mußten. Er hoffte irgendwie, nach Haiti zu entkommen, wenn sich die erste Verfolgungswelle gelegt haben würde. Galloudec hatte zuerst dieselbe Absicht. Doch er sagte sich, damit würden auch seine Verfolger rechnen. In ihren Händen war alle Macht, und er besaß nur das kleine Boot, das ihm Crocroft, furchtlos und treu bis zuletzt, überlassen hatte. Er steuerte gegen die Südküste von Kuba. Er war bald erschöpft. Der Wind war ihm nicht treu, er blies nach Südwesten, womit um diese Zeit niemand rechnete, so daß er fürchtete, an seinen Zufluchtsort zurückgeworfen zu werden. Er beschloß, die nächste Vogelinsel anzusteuern, von der ihm Schiffer erzählt hatten.

Sie glich der Krone eines mächtigen Baumes, der aus dem Meeresgrund wächst. Seine Erinnerung an eine Gruppe winziger, nur von Vögeln bewohnter Inseln, die er einmal auf seiner Fahrt ins Karibische Meer gesehen hatte, war so verblaßt und gleichzeitig doch noch so beklemmend, als liege die Fahrt Jahrzehnte zurück oder er habe nur davon geträumt oder davon erzählen hören in einer Kneipe.

Bei dem unablässigen Geschrei und Gekrächze kam ihm der Gedanke, die Vögel könnten über ihn herfallen und ihn zu Tode hacken. Sie beruhigten sich aber, sie schwirrten nur in ihrem Baum, auch er beruhigte sich, und er dachte nach. Er beschloß, zu warten, bis der Wind umschlug, und, sobald er wieder bei Kräften war, auf Santiago de Kuba zuzusteuern. Er könnte dann leicht ein spanisches Schiff sichten, vielleicht sogar ein französisches. Denn Spanien war in Frieden mit Frankreich, es gab einen dünnen Handelsverkehr.

Dann wieder glaubte er, solch eine Hoffnung sei sinnlos. Immerhin, es war besser, auf dem Meer umzukommen, als den Engländern in die Hände zu fallen. – Was man von mir verlangt hat, dachte er, hab ich getan. Wir hätten mehr tun können, wäre nur Debuisson stark geblieben.

An das Vogelgeschrei war er bereits gewöhnt wie an die Brandung. Er sah in die Richtung von Port Royal, er dachte: Ann hat gesagt, heute wird Sasportas gehenkt. – Es war ihm zumute, als leuchte ein Licht von der Spitze des Galgens zu ihm herüber. Ich hätte ihm vor einem Jahr, dachte Galloudec, nicht viel zugetraut. Wenn ich ihn bisweilen im Leben traf, ahnte ich gar nicht, was das für ein Leben sein wird. Das Licht war erst am Schlußpunkt aufgestellt worden.

Ungefähr zwei Wochen später sprach er darüber in Kuba mit seinem alten Freund Malbec. Der hatte aufgeschrien vor Freude, als er Galloudec in dem Schwarm Menschen entdeckte, der, verdächtig aus allen möglichen Gründen, in den Festungshof gebracht wurde, seinem vorläufigen Aufenthaltsort, halb Lazarett, halb Gefängnis.

Die Spanier, die Galloudec aufgefischt hatten, hielten zuerst sein wirres Gerede für Krankheit oder Erschöpfung. Sie waren auch nicht daraus schlau geworden, ob der Schiffbrüchige ein französischer Emigrant sei oder ein Bürger der neuen Republik. Sie hätten lieber einen Emigranten gerettet, obwohl der Krieg zwischen Frankreich und Spanien schon lange beendet war. Zu Galloudecs Glück kam keiner auf den Gedanken, er könnte aus Jamaika geflohen sein. Sie brachten ihn in das Fort von Santiago. Und hatte er ihnen zuerst einen stumpfsinnig erschöpften Zustand vorgetäuscht, noch vor der Ankunft befiel ihn ein schweres Fieber, wie um die Täuschung wahr zu machen.

Malbec, der sonst niemals große Gefühle zeigte, war freudig bewegt; dagegen zeigte Galloudec nicht einmal Erstaunen über das unvermutete Wiedersehen. Ob ihm dabei erst in den Sinn kam, worum ihn Sasportas gebeten hatte, oder ob er, wie er behauptete, die Flucht nur fortgesetzt hatte, um dessen Freunden die Wahrheit berichten zu können, er mahnte Malbec bald flehend, bald streng, seinen Bericht heimzubringen.

Manchmal, in klaren Momenten, fiel ihm ein, daß es niemand mehr in Paris gab, der wissen wollte, ob ihr Auftrag erfüllt sei. Manchmal vergaß er vollständig, daß niemand mehr in Paris auf Nachricht warten und Rechenschaft fordern würde. Doch immer endeten seine Gedanken bei dem Bürger Antoine, der seines Erachtens unbedingt warten mußte und erfahren, was mit Sasportas geschehen war.

So schwach er war, er geriet in Zorn, wenn ihn Malbec zum Schweigen bringen und auf dem Lager zurückhalten wollte. Er schrieb ein paar Zeilen auf einen Fetzen Papier, und er sah unverwandt zu, wie Malbec das Papier in seine Jacke einnähte.

XIV

»Ich habe es Ihnen endlich gebracht«, sagte Malbec, »er hat Tag und Nacht von nichts anderem gesprochen. Und ich dachte bei mir: Laß ihn reden. Der Mann hat viel hinter sich. Ich glaubte auch in der ersten Zeit, er stelle sich krank, um einem Verhör zu entgehen. Wir ahnten nicht, daß er bald sterben würde. Wenigstens ich nicht. Er vielleicht schon von Anfang an. Was weiß ich?

Ich hatte mein ganzes Elend vergessen, als ich plötzlich Galloudec in Santiago vor mir sah.

Mein Schiff, nach Florida unterwegs, war aufgehalten worden in Kuba. Die Spanier behaupteten, wir hätten verbotenen Handel getrieben. Als sie damit nicht durchkamen, hieß es, wir schleppten das gelbe Fieber ein. Und man sperrte uns in das Loch, das aus reinem Hohn Lazarett hieß.

Ich hätte freilich ohne diesen widerwärtigen Zwischenfall Ihnen niemals erzählen können, was Galloudec mir erzählt hat. Jetzt weiß ich auch, was er immerfort mit dem Licht gemeint hat. Es scheint nicht bloß zurück auf Sasportas' Leben, es scheint auf alle, mit denen Sasportas zu tun gehabt hat; die wären doch sonst spurlos verschwunden in einem tiefen Wasser oder in einem Urwald; ihre Namen stehen in keinem Buch und auf keinem Denkmal; sie hatten vielleicht nicht einmal richtige Namen. Bedford, Cuffee – waren das richtige Namen? Doch haben sie richtige, wichtige Dinge fertiggebracht, genauso richtige, wichtige wie die, die hier in Paris fertiggebracht worden sind.

Mein armer Freund Galloudec, der hat recht getan, als er mir das Versprechen abnahm, Ihnen die Nachricht zu überbringen. So hat doch Jean Sasportas ein wenig Nachruf, leise und vorsichtig, nach etlichen Jahren. Ihr Gedächtnis und meins, das ist keine Ehrensalve, es rühmt ihn aber, es trägt ihn, es hält ihn fest.«

Er erhob sich plötzlich und sagte: »Für mich ist es höchste Zeit. Sonst fahren mir meine Marktleute weg. Vielen Dank, ihr Freunde, lebt wohl!«

Das Ehepaar Antoine sah ihm vom Fenster aus nach, wie er den Hof durchquerte, und, ohne sich umzusehen, in der Gasse verschwand. Aus der Stadt kamen einzelne Rufe wie Vogelkrächzen. Die Herbstnacht zerfloß unmerklich in einer milchigen Dämmerung. Spät kam der Tag in das abgelegene Zimmer zwischen den Höfen.

Anhang

Anna Seghers: Ein Brief

Zur Entstehung der Antillen-Novellen

Liebe Renate Francke,
hier erzähle ich Ihnen, wie ich es Ihnen versprach, die Entstehung meiner Antillen-Novellen. Ich sagte Ihnen schon, daß Ihre Fragen mich dazu brachten, sie aufzuschreiben, soweit ich mich daran erinnern kann.

Wir fuhren im zweiten Kriegsjahr von Marseille nach der Insel Martinique, um von dort nach Mexiko zu gelangen.

Die Hitlerarmee hatte den Norden Frankreichs besetzt. Marschall Pitain regierte aus Vichy. Man rechnete mit der Besetzung des ganzen Landes. Deutsche Antifaschisten, spanische Republikaner und viele antifaschistische Angehörige fremder Staaten waren in Konzentrationslagern und Gefängnissen eingesperrt. Damals bot die Regierung von Mexiko, an ihrer Spitze der Präsident Cárdenas, politischen Emigranten Asyl an.

Es war derselbe Cárdenas, der 1938 die amerikanischen und englischen Erdöl-Gesellschaften enteignet hat, die die mexikanischen Erdöl-Quellen widerrechtlich ausbeuteten. Davon spricht eine kleine Geschichte in meiner Serie »Der erste Schritt«.

Da wir hofften, von der Antilleninsel Martinique aus Mexiko zu erreichen, fuhren wir los, aus dem Mittelländischen Meer in den Atlantischen Ozean. Gibraltar war künstlich vernebelt. Männer und Frauen schliefen getrennt in den Lagerräumen des Schiffes, die mit Holzverschlägen in Schlafräume umgewandelt waren. Als wir nach ein paar Wochen in Martinique ankamen, dem westlichsten Punkt Frankreichs, den damals noch die Vichy-Regierung verwaltete, wurden wir interniert.

Es stellte sich heraus, daß es zunächst kein direktes Schiff nach Mexiko gab. Unsre Visen liefen ab. Wir suchten einen Zwischenaufenthalt, um von dort auf einem Umweg nach Mexiko zu fahren. (In meinem Roman »Transit« steht viel über die tödliche Bürokratie dieser Zeit.) Wir beschafften uns Visen nach San Domingo.

Wir fuhren los auf einem der wenigen Schiffe, die diesem kleinen Staat gehörten. Er hat formell eine eigene Regierung, er ist ökonomisch vollständig abhängig von den Vereinigten Staaten. Er liegt ungefähr zwei Tage Schiffahrt von Martinique entfernt, auf einer Antilleninsel, die aus zwei Teilen besteht, aus San Domingo und aus Haiti. Beide sind Negerrepubliken. Die Sprache von Haiti ist französisch, die von San Domingo ist spanisch. Bürger von Haiti sind die Dichter französischer Sprache Jacques Roumain und Jacques Stephen Alexis. Sie sind bei »Volk und Welt« und bei »Reclam« übersetzt. Jacques Roumain starb vor mehreren Jahren. Alexis ist vor einiger Zeit in Haiti ins Gefängnis gesetzt worden, ich hoffe, daß er jetzt frei ist, aber ich weiß es nicht.

In jeder Kabine des Schiffes hing die Photographie eines Mannes, der mir unbekannt war: Trujillo, der Diktator von San Domingo. Er wurde stets »Benefactor« genannt; das heiß »Wohltäter«. Derselbe »Benefactor« hat in einer Hungersnot, als arbeitslose Neger aus Haiti auf seinen Inselteil kamen, alle ins Meer treiben lassen.

Davon erfuhren wir erst viel später.

Vor mir an Deck, wahrscheinlich genau so erschöpft wie ich, lagen zwei spanische Frauen. Sie sprachen spanisch mit den Negermatrosen. Im Zuhören – ohne daß ich viel verstand – wurde mir plötzlich die Größe, die Gewalt der vergangenen spanischen Kolonialmacht klar, die Breite der »Conquista«, der einstmaligen spanischen Eroberungen, die der Grund dafür waren, daß hier an dem fernsten Punkt, den ich auf Erden erreicht hatte, ein Teil der Bevölkerung spanisch sprach.

Wie ich schon sagte, war ich damals viel zu müde, um meine Umgebung zu studieren. Ich nahm auch in San Domingo nur wahr, was ich zufällig sah: die kleine Kolonialstadt, Reste von Spanischem Barock, moderne Villen am Ufer, dahinter erbärmliche Hütten. Ich fand ein Café mit einem Ventilator. Dort setzte ich mich oft hin, während wir ein geeignetes Schiff erwarteten, und schrieb an meinem Buch »Transit«, das ich schon in Marseille begonnen und unterwegs auf dem Schiff fortgesetzt hatte.

(Ich glaube, die Frage ›Mit Abstand schreiben oder sofort‹ wird meistens falsch gestellt. Der Roman »Transit« wurde beinahe in der Zeit geschrieben, in der sich seine Handlung abgespielt hat. Die Schriftsteller stellen manchen Eindruck sofort dar, und manchmal den gleichen nach Jahrzehnten. Als junger Mensch beschrieb Tolstoi, was er im Kaukasus erlebte, und in hohem Alter entstand aus derselben Erfahrung »Hadschi Murat«)

Bald erfuhren wir, daß man nicht von San Domingo aus, sondern nur von den Vereinigten Staaten aus nach Mexiko fahren konnte. Wir wurden diesmal in Ellis Island interniert. Während wir dort waren, fand der Überfall Hitlers auf die Sowjetunion statt.

Eines Tages brachten uns Polizisten zum Hafen auf ein Schiff, das über Kuba nach Veracruz fuhr. Von dort aus gelangten wir mit der Bahn nach der Stadt Mexiko, die hoch in den Bergen liegt.

Ich sah San Domingo nicht wieder. Doch später, in Mexiko, erhielt ich Bücher über Haiti und San Domingo. Ich machte mir die Geschichte der Insel klar, die ich mit meinen Augen gesehen hatte. Ich las in englischer Sprache die Biographie des Negers Toussaint L'Ouverture, der einer der bedeutendsten Menschen ist, die sich in der Zeit der Französischen Revolution entwickelt haben. Bisher hatte ich nichts von ihm gewußt. Wir lernen, wir wissen entsetzlich wenig von den Ereignissen und den Menschen von Lateinamerika.

Nun erfuhr ich aus diesen Büchern, die ich begierig las, verschiedene Tatsachen, die ich zuerst in der Novelle »Die Hochzeit von Haiti« verwertete. Es ist keine Erfindung, sondern historisch, daß Toussaint den Sohn eines jüdischen Juweliers als Sekretär anstellte. Dieser ging in der schwersten Zeit mit ihm in den Urwald. Aus denselben Büchern erfuhr ich auch von dem Schicksal Sasportas'. Ich erfuhr, daß er aus Paris vom Direktorium auf die Antillen geschickt worden war, um in Jamaika für die Befreiung der englischen Negersklaven zu arbeiten. Daß er verraten wurde. Daß sein Freund und Kampfgefährte, Debuisson, sein Leben durch ein Geständnis gerettet hat.

Ich hatte wahrscheinlich gleich die Absicht, drei Antillennovellen zu schreiben. Dazu war ich nach meiner Rückkehr entschlossen. Ich dachte viel an die Länder und Inseln, die ich verlassen hatte. Sie wurden mir deutlich in der Erinnerung. Was ich gesehen hatte, ergänzte sich durch das, was ich aus Büchern erfahren hatte.

Zuerst schrieb ich in Berlin und Paris »Die Hochzeit von Haiti«. Ich las dazu noch ziemlich viel in historischen Quellen nach. Um auf Ihre Fragen einzugehen: In der Konzeption die Toussaint von seinem Staat hatte, erinnert heute vieles an die jungen Nationalstaaten, die aus ehemaligen Kolonien entstehen. Als ich die Novelle »Hochzeit von Haiti« schrieb, war unsere Republik noch nicht gegründet, und ich konnte nicht, wie Sie glauben, historische Parallelen ziehen. Erst später haben mich manche Probleme bei unserem eigenen Aufbau an manche Probleme beim Aufbau jener Inselrepublik zur Zeit der Französischen Revolution erinnert.

Ich habe wahrscheinlich bei dem Titel »Die Hochzeit von Haiti« an »Die Verlobung von St. Domingo« von Kleist gedacht. Kleist, den ich sehr bewundere, kann nichts dafür, daß er von der Negerrevolution nicht viel wußte und nicht viel verstand. Für ihn war San Domingo etwas Phantastisches, Exotisches.

Beim Schreiben der Novelle »Wiedereinführung der Sklaverei in Guadeloupe« hat mir ein Zufall geholfen. Ich war in Warschau nach dem Intellektuellenkongreß in Wroclaw. Französische Freunde hatten mir vor der Reise ein Buch geliehen: »Esclavage et Colonisation« von

Victor Schoelcher. Das Denkmal Schoelchers stand in Martinique. Denn er hat dort in der Revolution von 1848 die Befreiung der Neger mitbewirkt. Das Gymnasium von Martinique hat seinen Namen.

Die Einleitung dieses Buches schrieb der französische Negerdichter Césaire, der in Wroclaw gesprochen hatte. Er war, als ich seine Einleitung las, bereits zurück nach Paris gefahren.

Er war vielleicht erstaunt, als ich in Paris fragte, ob er Material besitze über die Geschichte der Neger von Guadeloupe. Vielleicht war er auch gar nicht erstaunt, denn er antwortete: »Ich bin Deputierter von Martinique und Guadeloupe, nur, leider, habe ich keine Zeit, ich muß gleich abfahren.«

Er gab mir aus seiner Bibliothek ein paar Hefte. Ich fragte ihn nach einem Mann namens Hugues, der, wie ich aus Büchern wußte, die Befreiung der Neger von Guadeloupe durchgeführt hat.

Césaire sagte, schon reisefertig, in großer Eile: »Nun ja, das hat er recht gut gemacht, er hat aber schlecht geendet.«

Ich ging unruhig weg. Ich fragte mich: Warum hat dieser Hugues schlecht geendet?

Ich ging in die Bibliothèque Nationale, um nach einer Antwort zu suchen. Dort steht die »Biographie Universelle«. Ich fand den Namen. Aus dem Artikel ergab sich, daß Hugues wegen Seeräuberei angeklagt worden war. Wahrscheinlich hat es sich darum gedreht, daß Hugues mit seinen Inselbewohnern die Schiffe von Emigranten anhielt, die ihre Juwelen und ihre Güter wegschaffen wollten. Doch das war nicht sein Makel, von dem der Deputierte von Guadeloupe gesprochen hatte. Als er vor Gericht nach Frankreich gerufen wurde, erlebte er dort den 18. Brumaire. Er ging zu Bonaparte über. Er ließ sich von Bonaparte seinen Rang und sein Amt bestätigen.

Derselbe Césaire hat mir auch gesagt in unserem minutenlangen Gespräch, daß bei der Nachricht von der

Wiedereinführung der Sklaverei – durch Bonaparte – der Mulattenkommandant sich und sein Fort in die Luft gesprengt hat. Darüber habe ich später verschiedenes nachgelesen.

Ich hatte die Absicht, sofort meine dritte Novelle zu schreiben, die in Jamaika, auf der englischen Insel, spielen sollte. Ich wußte ja manches über einige der wichtigsten Personen. Ich begann die Geschichte, ich schrieb ein paar Seiten, doch diese Seiten gefielen mir gar nicht. Ich warf sie weg und ließ die Novelle liegen.

Viel später, nachdem ich meinen letzten Roman »Die Entscheidung« beendet hatte, ging ich an diese dritte Novelle. Im großen und ganzen blieb der Entwurf derselbe: Ein Matrose bringt Nachricht von einem Menschen, der in einer vollständig anderen Situation Jahre zuvor sein Leben für die Befreiung der Negersklaven geopfert hat. Doch diesmal gelang es mir besser, glaube ich, zu schreiben, was ich zu schreiben beabsichtigt hatte. Ich schrieb auf jeden Fall diese Novelle mit großer Freude. in einer Bibliothek fand ich noch viel Material. Aus England und Frankreich schickten mir Freunde auf meine Bitte alte Geschichts- und Reisebücher, die mir halfen. Die Landschaften waren mir vertraut. Wie ich Ihnen bereits erzählte, haben die wichtigsten Namen und Personen in der Novelle »Das Licht auf dem Galgen« in Wirklichkeit existiert, und die Umstände der Verhaftung entsprechen der Wirklichkeit. Einige Seiten aus den alten Beschreibungen sind meinem Buch eingefügt; die Übersetzungen in Deutsch waren sehr früh ausgeführt worden, wie Sie feststellen können, 1805. Ich freute mich, als ich die Namen, die mir aus der ersten englischen Biographie Toussaints bekannt waren, in dieser alten Übersetzung wiederfand.

Jetzt haben Sie es fertiggebracht, liebe Renate Francke, die Entstehungsgeschichte der drei Novellen aus mir herauszufragen. Hoffentlich können Sie sie gebrauchen.

[1963] Ihre Anna Seghers